영상보도 가이드라인

2025 개정

영상보도 가이드라인

2025
개정

한국영상기자협회

미디어Q

· 차례 ·

제 2 장 영상취재 가이드라인

7. 취재질서와 포토라인

8. 인터뷰 및 취재원 보호

제 3 장 영상편집 가이드라인

1. 자료영상의 사용

제 4 장 분야별 가이드라인

1. 전쟁 및 내전

16

제 1 장

영상보도의
기본원칙

1. 보도의 정확성

영상기자는 보도의 정확성을 추구해야 한다. 영상보도의 정확성은 영상 저널리즘에 대한 시민의 신뢰를 확보하는 기반이다. 정보의 핵심과 전모를 철저하게 파악하고 검증한 후에 전달해야 한다. 영상보도는 1차적으로 사건에 접근하여 정보를 직접 취재해야 한다. 사실 확인을 위해 단일한 출처에 의존해서는 안 되며 크로스체킹을 실시해야 한다. 출처는 반드시 명기해야 한다. 사실의 왜곡, 추정된 정보를 확인된 사실로 변형하는 행위, 의도적인 선별·강조·생략, 선동적 표현은 영상보도의 정확성을 훼손한다. 보도 후 오류를 발견했을 때는 이를 밝히고 적절한 절차를 통해 빠른 시간 내에 바로잡는다. 영상보도의 정확성은 신속성에 우선한다. 영상보도의 정확성은 방송으로 전달될 때는 물론 온라인으로 제공될 때도 동일하게 유지되어야 한다.

2. 보도의 공정성

영상기자는 어떠한 경우에도 보도의 객관성, 보편타당성, 형평성을 견지한다. 의견이 양분되어 있는 쟁점에 관한 취재는 쌍방의 의견을 대변할 수 있어야 한다. 특정한 주장을 입증하거나 특정한 정보에 편향된 시각을 가지고 취재원을 접하거나 영상을 구성하지 않아야 한다. 정부나 공공기관, 사회단체, 기업, 시민 등이 제공하는 정보나 영상자료에 대해서는 객관성, 진실성, 맥락성 등을 반드시 확인해야 한다. 의도적으로 특정한 사실을 생략하거나 과장하지 않아야 하며 특정한 의견이나 주장을 사실인 것처럼 영상을 구성해서는 안 된다. 중요한 사실을 희생하고 관련성이 낮은 정보를 포함한 어떤 영상보도도 공정하지 않다. 영상보도의 공정성은 단순한 중립이나 양립성에 의해 충족되지 않으며 진실과 정확성을 추구하려는 영상기자의 노력에 의해 달성될 수 있다.

3. 보도의 독립성

영상기자는 어떠한 경우에도 우리 사회의 진실과 정의를 왜곡할 수 있는 외부 및 내부로부터 일체의 부당한 간섭과 압력을 거부한다. 영상보도는 정부, 정당, 정파, 사상, 신념, 종교, 기업, 기관, 단체 등의 이해관계로부터 독립을 유지하고 자율적으로 취재 및 방송을 해야 한다. 이들로부터 부지불식간에 이용당하지 않도록 상시 경계하고 성찰해야 한다. 영상기자는 명백히 정당한 사유가 없는 한 취재하거나 방송한 자료를 외부에 공개하지 않으며 자료의 공개를 요구하는 일체의 압력을 배격한다.

4. AI 시대, 영상기자와 영상보도의 역할

영상기자는 취재 및 보도를 통해 사람들 간의 소통과 공감을 위한 정보를 제공함으로써, 사회의 투명하고 합리적이며 통합적인 발전을 추구한다. 영상보도는 공적인 필요와 인간이 직접 제기하는 질문에서 출발하며, 현장 취재와 사실 검증, 편집 및 제작 과정 전반에 걸쳐 인간의 판단과 감독을 통해 완성되어야 한다. 영상보도에 있어서 인공지능이 보조적인 도구로써 기능할 수는 있지만, 그에 대한 윤리적 판단과 결과물에 대한 책임은 철저하게 인간 기자의 몫이다. 인공지능이 저널리즘에 활용되는 환경에서도, 현장의 기록자이자 공적인 커뮤니케이션 핵심 수행자로서 영상기자의 존재와 역할은 더욱 존중되어야 한다.

5. 인격권과 취재원 동의

영상기자는 공익에 관한 것으로 보도의 정당성이 인정되지 않는 한 타인의 생명, 자유, 신체, 건강, 명예, 사생활의 비밀과 자유, 성명, 음성, 대화, 그 밖의 인격적 가치 등에 관한 권리를 침해해서는 안 된다. 특히, 공인이나 공적 사안에 관한 것이 아니라면 초상권 등 인격권의 주체로부터 취재 및 방송에 관한 명시적 동의를 받도록 한다. 공인이나 공적 관심사라고 하더라도 초상권 등 인격권의 침해가 항상 정당화되는 것은 아니며 초상의 공개가 국민의 알 권리와 직접 연결되지 않을 수 있다는 점을 명심해야 한다.

6. 취재원에 대한 배려와 존중

영상기자는 인간의 존엄성과 시민의 기본권을 존중하며 불의로부터 이를 지켜야 한다. 영상기자는 인종, 민족, 국적, 지역, 신념, 종교, 나이, 성별, 직업, 학력, 계층, 지위 등에 대한 편견과 차별, 혐오를 배제한다. 특히 영상기자는 인권의 침해를 방지하는 데서 나아가 인권의 보호와 신장을 위해 노력해야 하며 어린이와 노인, 사회적 약자와 소수자 등의 권리를 보호하는 데 앞장서야 한다. 영상기자는 인명을 경시하거나 범죄의 수단이나 방법 등의 내용을 자세히 묘사하지 않는다. 또 범죄 사건의 취재와 방송에 있어서 피해자는 물론 피의자, 피의자 가족과 주변 인물에 대해 불필요한 영상을 취재하지 않는다. 특히, 입원 치료 중인 환자나 사고, 재난 피해자의 입원 치료를 취재할 때 당사자 또는 보호자의 동의를 반드시 얻어야 한다. 영상기자는 인권이 침해되는 현장에 투입되는 최전선의 척후이자 인권 보호의 최후 보루라는 점을 자각해야 한다.

7. 영상기자의 생명, 안전 및 인격권 보호

영상기자는 취재와 방송 등 모든 면에서 높은 수준의 품위를 유지해야 한다. 사회 통념과 상식을 존중하고 방송인으로서 전문성과 성실성을 유지하며 영상취재와 보도물에 대해 책임을 진다. 아울러 영상기자에게는 스스로의 생명과 신체에 치명적인 위험이 발생하지 않도록 필요한 조치를 소속 방송사와 동료에게 요구할 권리가 있다. 영상기자의 상급자와 방송사는 방사능 피폭, 전염병 감염, 폭발과 붕괴 등으로부터 안전이 확보되지 않은 지역에 영상기자를 투입해서는 안 된다. 방송사는 영상기자의 안전과 인격을 보호할 최선의 의무를 이행해야 한다. 영상기자 스스로 자신의 생명과 인권, 안전을 지킬 수 있어야 타인 또한 존중할 수 있을 것이라고 우리는 믿는다.

제 2 장

영상취재 가이드라인

사유지 및 공개공간에서의 취재

A. 사유지 취재

Q 1

주택이나 사무실, 공장 등 사적 공간에 허가 없이 출입하여 영상취재해도 되는가?

◉ 안 된다. 사유지 출입에는 원칙적으로 사유지 관리자의 허가가 필요하다.

◉ 보도를 위해 반드시 촬영이 필요하다고 판단했다면, ▲취재 목적이 정당하고 ▲대안이 부재하다는 점을 보도책임자에게 설명·보고하고 취재 승인을 받아야 한다.

◉ 일선 영상기자는 보도책임자가 승인 여부에 대해 결정을 해주지 않더라도 반드시 '승인해 달라'는 보고를 명시적으로 하고 이에 대한 기록을 남겨두어야 한다.

◉ 보도책임자는 일선 영상기자들의 취재 승인 요청에 성실히 답변해야 한다.

▶ 업무방해죄는 허위사실 유포, 위계 또는 위력으로써 타인의 업무를 방해한 경우 성

립한다(형법 제314조 제1항). 이에 따라 기자가 해당 기관이나 회사의 사무실에서 위력을 행사했는지 여부가 범죄 성립의 관건이 될 것이다. 업무를 도저히 볼 수 없을 정도로 소리를 치거나 행패를 부리지 않고 단지 사무실에서 나가지 않는다는 사정만으로 업무방해죄가 성립하기는 어렵다.

▶ 하지만 주거침입죄 또는 퇴거불응죄에 해당할 수는 있다(형법 제319조 제1항 및 제2항). 특히, 퇴거불응죄가 성립하려면 해당 건물 관리자의 퇴거명령이 정당해야 할 것이다. 퇴거불응죄가 적용되면 주거침입죄에 준하여 3년 이하의 징역 또는 500만 원 이하의 벌금에 처해질 수 있다.

☑ 연관 사례

사람들에게 인기 있는 식품을 만드는 공장이 A지역에 있다. 지역민들을 다수 고용하고 지역 농가의 농산품들이 납품되는 효과를 거두었다. 사장은 거래처 납품기일 지연을 이유로 월급, 원료대금 지급을 차일피일 미루었다. 어느 날 갑자기 직원들 몰래 공장과 기계, 생산한 제품들이 몰래 사라졌다. 며칠 후 다른 B지역에 원래의 A지역의 공장에서 발생한 것과 같은 일이 벌어지고 있다는 제보를 받았다. B지역에 취재를 갔다. 창고 안에 설치된 기계와 생산 활동을 확인하기 위해서는 창고 안에 들어가는 것이 불가피했다. 취재진은 열려진 공장 안쪽으로 동의 없이 들어가 가동 중인 기계, 일하는 직원들, 생산 제품을 촬영했다. 기계, 제품은 제보 받은 것과 동일했다. 취재진과 직원 간의 마찰이 있었고 취재진은 감금당했다. 경찰이 출동한 후 취재진은 풀려났다. 확인 결과 B지역의 공장 주인은 기계와 제품들이 시장에 저렴하게 나와서 정식으로 현금을 지불, 구매한 것으로 확인 되었다. B지역의 공장 주인은 A지역 사건과 무관하다고 주장했다. B지역 공장주인은 취재진을 건조물 침입죄로 고소했다. 취재진의 행위는 정당하며, 법적 책임을 면할 수 있는가? 동의나 허가 없는 사유지에 대한 취재진의 침입은 위법할 수 있다. 또한 동시에 공장직원의 기자에 대한 감금행위도 위법하다.

사업장 무단침입으로 인한 취재의 위법성이 인정된 사례

한 방송사 기자가 제보를 받고 사행성 성인오락실에 들어가 게임장의 전체 모습, 게임기, 내부 시설, 직원의 모습을 촬영하고 게임장 입구를 막아서서 여성 직원이 밖으로 나가지 못하도록 했다. 촬영된 영상은 해당 방송사의 메인 뉴스 시간에 보도되었다. 법원은 사업장에 대한 무단침입(100만원) 및 직원의 출입을 방해한 점, 허위보도(불법 환전이 이루어진다고 보도한 점)에 의한 명예훼손의 점(700만원)을 인정했다.(서울남부지방법원 2014. 11. 6. 선고 2014나5918 판결)

비밀취재 과정에서 교회에 들어간 것을 위법한 건조물침입으로 보지 않은 사례

한 방송사는 유명 목사가 신도들을 기망하여 금품을 편취한다는 제보를 받았다. 제보의 진위 여부를 확인하기 위해 해당 목사가 있는 교회에 신도로 가장하여 해당 목사를 만나 면담하는 과정을 촬영했다. 이러한 내용은 해당 방송사 프로그램을 통해 보도되었다. 해당 목사를 비롯한 교회 측은 건조물침입, 퇴거불응, 명예훼손 등을 이유로 소송을 제기하였으나 법원은 원고들의 청구를 기각했다. 법원은 "'사회상규에 위배되지 아니하는 행위'라 함은 법질서 전체의 정신이나 그 배후에 놓여 있는 사회윤리 내지 사회통념에 비추어 용인될 수 있는 행위"라고 전제한 후 "이 사건 교회의 예배당은 누구라도 자유롭게 출입하여 예배할 수 있는 곳이고, 위 교회의 면담장소 역시 누구라도 면담을 신청하는 경우 별다른 조건 없이 출입이 가능한 곳으로 보여 이를 순수하게 사적인 영역에 해당한다고 단정하기 어려우며(피고 D는 이 사건 교회에 처음으로 예배를 드리러간 당일 면담을 신청하여 원고 A와 면담을 가졌다), 그 밖에 피고 D가 취재 목적을 숨긴 채 이 사건 교회에 들어가는 과정에서 이 사건 교회의 사실상의 평온이 훼손되었음을 인정할 별다른 근거가 없는 점… 등을 종합하면, 피고들의 위 비밀 취재행위는 사회윤리 내지 사회통념에 비추어 용인될 수 있는 행위로서 사회상규에 위배되지 아니하는 정당한 행위에 해당하여 위법성이 없다"고 판단했다.(서울남부지방법원 2016. 7. 7. 선고 2015가합3601 판결)

범행 장소에서의 동행취재를 주거침입으로 본 사례

주택 또는 영업장은 개인의 사적 공간으로 법관이 발부한 영장 없이 들어가면 불법적인 주거침입에 해당할 가능성이 크다. 판결 중에는 음대 교수의 작업실에 압수·수색 중인 경찰과 동행하여 들어간 기자들에 대하여 "원고의 연습실과 같은 개인의 사적인 장소는 비록 취재 당시 원고가 현행범으로 체포되고 있는 때라고 하더라도 체포와 관련되어 적법절차를 갖춘 사람 이외에는 관계자의 동의 없이는 출입이 금지되고 그 곳에서의 취재도 원칙적으로 불법"이라고 판시한 것이 있다.(서울고등법원 2001. 1. 11. 선고 99나66474 판결)

Q 2

주택이나 사무실, 공장 등 사적 공간에 영상기자가 직접 들어가지 않고, 드론이나 로봇카메라 등의 장비를 내부로 들여보내 영상취재해도 되는가?

◯ 안 된다. 영상기자가 직접 출입하지 않더라도 촬영 도구가 공간 내부로 들어가는 것도 무단침입에 해당될 가능성이 높다.

◯ 보도를 위해 반드시 촬영이 필요하다고 판단했다면, ▲취재 목적이 정당하고 ▲대안이 부재하다는 점을 보도책임자에게 설명·보고하고 취재 승인을 받아야 한다.

◯ 일선 영상기자는 보도책임자가 승인 여부에 대해 결정을 해주지 않더라도 반드시 '승인해 달라'는 보고를 명시적으로 하고 이에 대한 기록을 남겨두어야 한다.

◯ 보도책임자는 일선 영상기자들의 취재 승인 요청에 성실히 답변해야 한다.

▶ 형법상 '주거침입죄'는 사실상의 주거의 평온 보호를 목적으로 삼고 있다는 점에서 사람의 신체의 일부가 들어가지 않았더라도 주거 침입이 인정될 가능성이 높다. 즉, 기자가 운용하는 드론이나 로봇카메라 등과 같은 취재 장비가 주거 안으로 들어갈 경우 사실상의 주거의 평온이 깨질 위험이 크기 때문이다.

[관련 법규]

● 형법 제319조(주거침입, 퇴거불응) ① 사람의 주거, 관리하는 건조물, 선박이나 항공기

또는 점유하는 방실에 침입한 자는 3년 이하의 징역 또는 500만 원 이하의 벌금에 처한다.

- 경범죄 처벌법 제3조(경범죄의 종류) ① 다음 각 호의 어느 하나에 해당하는 사람은 10만 원 이하의 벌금, 구류 또는 과료의 형으로 처벌한다. 37.(무단 출입) 출입이 금지된 구역이나 시설 또는 장소에 정당한 이유 없이 들어간 사람

B. 공개공간 내 건축물 취재

Q 3

누구나 갈 수 있는 개방된 장소에서 특정 공공시설물, 회사 건축물, 종교시설, 간판 등을 별도의 허가 없이 촬영하여 보도할 수 있는가? 관계자가 촬영을 제지하는 경우 어떻게 대처해야 하나?

| 사례 |

1. 압수수색 중인 OO그룹 본사 건물 외경을 도로에서 촬영하자 보안직원이 "우리 건물을 왜 허가 없이 촬영하느냐"라며 경찰을 부르겠다고 한다.
2. △△백화점 건물 외경을 거리에서 촬영하던 중 보안직원이 이를 제지하는 상황이다.
3. □□교회 외경 촬영 중, 교회 관계자가 촬영을 제지하는 상황이다.

⊙ 별도의 허가 없이 촬영하여 보도할 수 있다.

⊙ 공개된 장소에 있는 건축물의 외관은 초상권과 같은 인격권의 보호대상이 아니다. 개방된 장소에서의 건축물 외관 촬영은 법적으로 문제되지 않는다.

⊙ 관계자가 촬영을 제지하는 경우, 위의 내용을 설명하고 보도를 위한 촬영을 계속할 수 있다. 지속적이고 의도적인 촬영 제지 행위는 취재 업무방해 행위임을 고지할 수 있다.

⊙ 언론사는 보도에 따른 명예훼손 여부를 검토하여 영상취재 및 영상편집 과정에서 기술적 조치를 통해 불특정(블러 등) 처리할 수 있음을 설명한다.

▶ 건축물은 저작물로서 저작권 보호의 대상은 될 수 있으나, 시사보도를 위해 복제·배포·공중송신할 수 있으며 '개방된 장소의 건축물'은 판매 목적이 아니라면 복제가 허용된다(저작권법 제26조 및 제35조 제2항). 따라서 방송 제작을 위한 영상 촬영은 법적으로 문제되지 않는다.

[관련 법규]

● 저작권법 제26조(시사보도를 위한 이용) 방송·신문 그 밖의 방법에 의하여 시사보도를 하는 경우에 그 과정에서 보이거나 들리는 저작물은 보도를 위한 정당한 범위 안에서 복제·배포·공연 또는 공중송신할 수 있다.

● 제35조(미술저작물등의 전시 또는 복제) ② 제1항 단서의 규정에 따른 개방된 장소에 항시 전시되어 있는 미술저작물등은 어떠한 방법으로든지 이를 복제하여 이용할 수 있다. 다만, 다음 각 호의 어느 하나에 해당하는 경우에는 그러하지 아니하다. 4. 판매의 목적으로 복제하는 경우

Q 4

공개공간임에도 불구하고, 공공시설물 관리주체의 자체 규정으로 '사전 허가 없는 촬영'을 금지하는 것이 법적으로 타당한가? 이러한 공공장소에서 관리주체의 사전허가 없이 취재활동을 할 수 있는가?

⊙ 공공시설물 관리주체의 자체 규정으로 영상 촬영을 금지하고 있더라도, 해당 규정이 언론의 취재보도를 제한할 만큼 정당한가에 대한 해석이 필요하다.

⊙ 공공시설물 관리주체가 법률이 아닌, 자체 규정으로 일체의 영상 촬영을 금지하고 사전 허가 받도록 하는 것은 헌법상 언론의 자유 보장을 고려할 때 위헌의 소지가 있다. 심지어, 법률로 취재활동을 금지하고 사전허가 받을 것을 요구하고 있다면 목적의 정당성, 수단의 적절성, 법익균형성 등 매우 엄격한 요건을 갖추었을 경우에 한하여 그 합헌성을 인정받을 수 있다.

⊙ 원칙적으로 공개된 장소에서의 촬영 등 취재활동은 법적으로 문제되지 않으므로. 취재 사안과 해당 공공장소의 특성, 취재의 긴급성, 대안 가능성 등을 고려하여 판단하는 것이 바람직하다.

[관련 법규]

• 헌법 제21조 ① 모든 국민은 언론·출판의 자유와 집회·결사의 자유를 가진다.
  ② 언론·출판에 대한 허가나 검열과 집회·결사에 대한 허가는 인정되지 아니한다.

Q 5

특정 학교에서 이슈가 발생하여 이를 보도하고자 한다. 교육청은 해당 학교에 관한 정보를 제공하면서도 가급적 학교가 특정되지 않는 방식으로 보도해달라고 한다. 어떻게 할 것인가?

⊙ 사건의 종류와 보도의 공익성을 신중히 고려한 뒤, 필요할 경우 특정 학교

임이 식별될 수 있도록 외경이나 간판 등을 포함한 영상을 취재·보도할 수 있다.

🔴 학교 비공개(불특정)가 필요한 사안의 경우, 학교명은 물론 학교의 전경 등이 노출되지 않도록 해야 한다.

🔴 다음의 기준을 참고하여 신중히 판단한다.

　▲ 특정 학교의 업무 관련 문제 (시험문제 유출, 성적 조작 등) → 학교 공개(특정) 가능

　▲ 특정 학교에 국한된 학생 관련 문제 (학교폭력, 성폭력, 교권침해 등) → 미성년 학생의 신원 공개 가능성을 고려하여 학교 공개 신중 (단, 성폭력의 경우 학교 비공개)

　▲ 특정 학교가 아닌 학교 전반의 문제 → 학교 비공개(불특정). 학교 공개할 경우 특정 학교만의 문제로 오해할 수 있음

▶ 학교는 법적으로 '영조물(공공시설)'로서 명예의 주체가 아니다. 하지만 교사, 교직원, 학생 등 학교 구성원의 명예훼손 문제가 있을 수 있다.

Q 6

교육 현안이나 정부정책을 보도할 때, 특정 학교를 촬영하여 보도할 수 있는가?

🔴 특정 학교를 촬영하여 보도할 수 있다.

🔴 하지만 해당 이슈가 특정 학교나 인물에 국한된 문제로 오인되지 않도록 촬영에 신중을 기한다. 특히 학교와 학교 구성원에게 부정적인 영향을 미칠 수 있는 사안의 경우 더욱 신중해야 하며 학생과 교직원 등의 초상권 침해에 유의해야 한다.

Q 7

공원이나 거리에서 영상취재 시, 주변에서 들려오는 음악이 녹음될 수 있다.
이 음악이 포함된 영상을 보도할 경우, 저작권 침해에 해당할 수 있는가?

● 해당 영상을 보도하더라도 저작권 침해에 해당하지 않는다.

▶ 한국의 경우, 방송을 통한 시사보도 예외규정에 따라 '들리는 음악'이 포함된 영상을
보도해도 문제되지 않는다. (저작권법 제26조)

▶ 언론사의 유튜브 채널에는 유튜브의 운영정책상 저작권법 제26조(시사보도를 위한
이용)가 적용되지 않으므로 이를 고려하여 '취재 중 수음된 음악'이 포함된 영상 사용
에 주의해야 한다.

[관련 법규]

● 저작권법 제26조(시사보도를 위한 이용) 방송·신문 그 밖의 방법에 의하여 시사보도를
하는 경우에 그 과정에서 보이거나 들리는 저작물은 보도를 위한 정당한 범위 안에서
복제·배포·공연 또는 공중송신할 수 있다.

C. 공개공간 및 학교 내 인물 취재

Q 8

공개된 장소의 일반 시민을 촬영하여 보도할 수 있는가?

| 사례 |
1. 출퇴근 시간대 시청역 인근 직장인
2. 명동거리의 관광객 등 인파
3. 해수욕장의 가족 단위 시민

- 시내 거리 등 공개공간에서 인물이 식별되지 않는 수준의 전경(롱샷, 풀샷)이나 인물의 뒷모습 또는 신체 일부 등을 촬영한 영상을 보도할 수 있다.
- 원칙적으로 촬영 장소가 공원, 거리 등 공공장소라는 이유만으로 시민의 초상 촬영 및 공개가 허용되는 것은 아니다. 촬영 및 보도를 위해서는 당사자의 동의를 얻어야 한다.
- 특히 부정적인 뉴스에서 특정인을 부각하여 촬영(원샷, 투샷)하는 경우 초상권 침해의 가능성이 크다.
- 긍정적인 뉴스 또는 가치중립적인 뉴스(날씨, 교통, 일반적 경제상황 등)의 경우에도 그룹샷이나 풀샷을 사용할 것을 권장한다.

▶ <BBC 편집가이드라인(BBC Editorial Guidelines)>은 Section 7. Privacy에서 장소나 행위에 따른 개인의 프라이버시와 관련하여 다음과 같은 내용을 제시하고 있다.
  - 공공장소나 반(半)공공장소*에 있는 사람들의 경우는 자신의 거주지나 여타 민감한 장소에서와 같은 정도의 프라이버시를 기대할 수 없다. 단, 의학적 치료를 받는 경우 등 그 활동이나 정보가 내재적으로 사적인 종류에 속하는 경우는 공공장소라 하더라도 개인의 프라이버시를 합당하게 기대할 수 있다. (*반(半)공공장소: 공항, 기차역, 쇼핑몰과 같이 사적 자산에 속하더라도 일반 대중들이 출입하는 곳)
  - 개인의 행위가 범죄 행위이거나 심각히 반(反)사회적인 경우 프라이버시의 권리는 약화된다.
▶ <BBC 편집가이드라인(BBC Editorial Guidelines)>의 Section 7.Privacy에서 제시하는 공공장소에서의 취재 원칙은 다음과 같다.
  - 공공장소와 반(半)공공장소에서 공개적으로 촬영할 때, 일반적 장면의 한 부분으로 어떤 개인들이 우연히 찍힌 경우 그들을 촬영하는 공익의 측면이 그들의 프라이버시에 대한 기대보다 크기 때문에 BBC 제작진은 명백한 동의를 구하지 않는다. 그러나 어떤 개인이나 조직이 프라이버시 보호를 이유로 촬영이나 녹화/녹음(라이브 방송이든 아니든 간에) 중단을 요청하면, 편집상 계속 진행이 정당치 못하다고 판단

될 경우 통상적으로 중단하는 것이 원칙이다.

- BBC는 통상 사유지에서 촬영하기 전에 관련 당사자의 동의를 구한다. 그러나 공중이 일반적으로 접근하는 장소들(공항, 기차역, 쇼핑몰 등) 혹은 불법적이거나 반사회적 행위 노출이 예상되는 장소들에서는 사전 허가 없는 녹음/녹화가 정당화될 수 있다. 만약 사유지 혹은 반(半)공공장소의 소유자, 합법적 점유자 혹은 그 대리인이 그 장소를 떠나 줄 것을 요청한다면 통상적으로 그래야 한다. 제작자는 불법 침입에 관한 법 내용을 숙지하고 있어야 한다. 자칫 동의 없이 사유 장소에 접근하면 민사 사건의 대상이 될 수 있다. 통상적으로는 형사 사건은 아니다. 어떻게 진행해야 할지 잘 모를 경우, PLA(Programme Legal Advice: 프로그램 관련 법적 자문 담당)의 자문을 구하는 게 안전하다.

▶ 독일 예술저작권법(Kunsturhebergesetz, KUG) 제23조에서는 초상권자의 동의가 없어도 배포하거나 공개적으로 전시할 수 있는 예외사유 중 하나로 '인물이 단지 배경으로서 부수적으로 등장하는 사진'을 명시하고 있다.

| 조정 사례 | 손해배상이 인정되지 않은 경우

• 동해안 백사장에서 골프 연습 중인 남녀의 모습이 방송 보도된 사례에서 초상권 침해 등을 이유로 손해배상을 구하는 조정을 신청했으나 담당 중재부는 누구인지 알아보기 어려울 정도로 충분히 블러 처리되었다는 이유로 손해배상청구를 기각하는 결정을 내렸다.(2025서울조정2541)

• 오프로드 차량동호회 회원 일부가 산길에 차량을 무단주차하여 불편을 끼쳤다는 방송과 관련해 당사자들이 손해배상 등을 구하는 조정을 신청했으나 역시 누구인지 식별할 수 없을 정도로 블러 처리가 되어 있다는 이유로 기각 결정이 내려졌다.(2024부산조정47·48)

| 조정 사례 | 손해배상이 인정된 경우 2017서울조정17(급여소득자 소득 수준 관련 보도에서 관련 없는 일반 시민의 모습을 보도, 100만원), 2018강원조정3(경

포대해변에서 휴가를 즐기고 있는 시민들 모습을 클로즈업해서 보도, 1인당 50만 원), 2020서울조정307·308(맛집으로 소문난 유명 식당에서 음식을 먹고 있는 손님의 모습을 촬영·보도, 100만원)

공공장소에서의 촬영 또는 증거 수집 목적의 촬영이라도 초상권 침해를 인정한 사례
유명 기업인의 양가 상견례, 데이트 장면이 촬영, 보도되었다. 이와 관련한 소송에서 법원은 해당 장소가 호텔 앞, 거리 등으로 공공장소였지만 사생활 및 초상권 침해를 인정, 1500만원의 손해배상청구를 인용했다. 법원은 "사생활의 비밀과 자유 또는 초상권에 대한 부당한 침해는 불법행위를 구성하고, 그 침해는 그것이 공개된 장소에서 이루어졌다거나 민사소송의 증거를 수집할 목적으로 이루어졌다는 사유만으로는 정당화되지 아니한다."고 판시했다.(대법원 2013. 6. 27. 선고 2012다31628 판결) 또 다른 사건에서 원고들은 피고(보험사)를 상대로 손해배상청구소송을 진행하고 있었는데 원고들의 후유장애의 정도에 대한 증거자료를 수집할 목적으로 보험사 직원들이 아파트 주차장, 회사 주차장, 차량수리업소 마당, 도로 등 일반인의 접근이 허용된 공개된 장소에서 원고들의 모습을 사진 촬영했다. 법원은 증거수집 목적이라는 피고들의 항변에도 불구하고 "공개된 장소에서 이루어졌다거나 민사소송의 증거를 수집할 목적으로 이루어졌다는 사유만으로는 정당화되지 아니한다."고 하여 초상권 침해를 인정했다.(대법원 2006. 10. 13. 선고 2004다16280 판결)

Q 9

특정 시기나 시대적 상황을 반영하는 시민의 표정이나 특정 행동을 클로즈업으로 촬영하여 보도할 수 있는가?

| 사례 |
1. 폭염에 허덕이며 땀 흘리는 사람들의 얼굴 표정
2. 한파에 움츠린 사람들의 행동
3. 폭우와 돌풍 속에서 빠른 걸음으로 이동하는 시민의 모습
4. 빙판길에 미끄러져 넘어지는 시민의 모습

○ 시기, 시대적 상황을 반영하는 장면이라도 일반 시민을 특정하여 촬영할 경우, 당사자의 동의를 받아야 한다.

○ 당사자의 동의 없이 특정인을 부각해서 촬영했다면 초상권 침해의 소지가 있다. 적극적인 거절이나 항의를 하지 않았다고 해서 촬영에 동의한 것으로 판단해서는 안 된다.

○ 다만, 다음에 열거하는 사정이 있다면 '묵시적 동의'를 인정받을 수도 있다.
  ▲ 카메라 앞에서 스스로 촬영에 응해 포즈를 취하는 경우
  ▲ 자발적으로 기자에게 설명하거나 인터뷰에 응하는 경우

○ 아울러, 촬영 대상자에게 방송사, 프로그램 이름, 영상 사용 용도에 관해 적극적으로 설명하는 것이 초상공개에 대한 동의를 인정받는 데에 도움이 될 것이다.

| 조정 사례 |

2011서울조정1412(김정일 사망 호외기사를 읽는 행인의 모습, 100만원)

2013강원조정20(대형마트 영업규제 보도, 마트 시식 장면, 50만원)

2014서울조정1454(명절증후군 보도, 백화점 쇼핑 장면, 150만원)

2015서울조정754(직장 여성들의 차별, 워킹맘 엑스포 참여자, 150만원)

2016서울조정388·389(호객행위 문제점, 대학로 공연티켓 판매하는 모습, 150만원)

2017서울조정948(대학가 졸업 기념 촬영 트렌드 변화, 50만원)

2017서울조정2274(채용 면접 대기자, 80만원)

2018강원조정3(경포대해변에서 휴가를 즐기고 있는 시민들 모습을 클로즈업해서 보도, 1인당 50만원)

2020서울조정1899(코로나19 선별진료소에 방문한 엄마와 유치원생 자녀의 뒷모습을 보도, 400만원)

Q 10

대학 측의 협조를 얻어 강의실에서 수업을 듣고 있는 대학생들의 모습을 촬영하여 보도할 수 있는가?

◉ 당사자의 동의가 없었다면 초상권 침해에 해당할 수 있다.

◉ 초상권 동의는 당사자 본인에게 받아야 한다. 대학 측은 강의실에 대한 관리권한만 가지고 있을 뿐, 대학생들의 초상에 대한 촬영 동의 권한을 가지고 있지 않다.

▶ 대학 혹은 담당 교수의 사전고지로 대학생들이 충분히 촬영이 될 것을 알았거나 알 수 있었다면 초상권 침해의 문제는 발생하지 않을 수도 있다. 그러므로 촬영 전에 학교 측과 사전논의를 거쳐 촬영사실을 미리 고지하거나 사후적으로라도 당사자들의 승낙을 받을 필요가 있다.

| **조정 사례** | 한 방송사에서 우리나라 대학생들과 관련한 프로그램을 제작·방송했다. 서울시내의 한 유명대학 강의실의 장면을 촬영하고자 학교 측의 동의를 구했고, 수업 담당 교수로부터도 양해를 받았다. 그러나 수업을 듣는 학생들의 동의를 구하지는 못했다. 학생 한 명을 미리 섭외해 수업 도중 질문을 여러 차례 하도록 했고 질문이 이어질 때 다른 학생들의 반응을 촬영했다. 카메라에 찍힌 한 대학생이 자신의 초상권 침해를 이유로 손해배상을 구하는 조정을 신청했고, 해당 언론사는 초상권 침해를 인정, 300만원을 위자료로 지급하기로 합의했다.(2014서울조정101)

Q 11

초등학생들이 등장하는 초등학교의 교내 행사 장면을 학교장의 동의를 받아 촬영하여 보도할 수 있는가?

⊙ 미성년자 촬영은 법정대리인의 동의가 없었다면 초상권 침해에 해당한다.

⊙ 미성년자의 초상권 동의는 반드시 법정대리인(부모 등)에게 받아야 한다. 사전 혹은 사후에 법정대리인의 동의를 구한 후 촬영하고 보도해야 한다.

⊙ 학교장은 학교에 대한 관리책임자이므로 학내 촬영에 대한 허가권한을 가지되 학생들의 초상 촬영에 대한 동의 권한은 가지고 있지 않다는 점에 주의한다.

▶ 사전 동의 방법: 학교 측의 사전고지로 학생 보호자들이 영상 촬영에 대해서 양해했다면 초상권 침해의 문제는 발생하지 않을 수도 있다. 그러므로 촬영 전에 학교 측과 사전논의를 거쳐 학교에서 미리 '가정통신문'을 통해 촬영사실을 고지, 부모의 승낙을 받을 수 있도록 할 필요가 있다.

▶ 불가피하게 사전 동의를 받지 못했을 경우, 학교를 통해 미성년자의 법정대리인(부모 등)의 사후 동의를 받도록 한다.

Q 12

불법 심야 운영 중인 사설학원을 취재 중이다. 학원에서 수업을 마치고 나오는 미성년자 학생들을 영상편집 과정에서 블러 처리할 것을 염두에 두고 특정하여 촬영하고 보도할 수 있는가?

- 영상편집 과정에서 블러 처리할 것을 염두에 두더라도, 인물을 식별 가능하게 특정하여 촬영했다면 그 행위 자체로 초상권 침해에 해당한다.
- 위 사례의 경우 학생들을 촬영하는 것 외에 불법심야 운영을 입증할 방법이 없으므로 해당 장면을 촬영하여 보도할 수 있다. 다만 촬영 단계에서부터 학생들이 특정되지 않도록 조치해야할 필요가 있다.

Q 13

장례식장을 취재하려고 한다. 어떻게 해야 하는가?

- 취재를 위해 고인을 추도하는 장례식 분위기를 해쳐서는 안 된다.
- 유가족의 동의 없이 장례식장 안으로는 들어가지 않으며, 유가족을 클로즈업해서 촬영하지 않아야 한다.
- 유가족이 취재를 원하지 않으면, 장례식장 밖에서 원거리 촬영으로 장례식 분위기만을 전달하도록 한다. 조문객의 촬영도 최소화한다.

Q 14

공원에서 과도한 신체 노출을 하거나 애정행각을 벌이는 사람들을 촬영하여 보도할 수 있는가?

- 촬영 장소가 공원, 거리 등 공공장소라는 이유만으로 초상 촬영 및 공개가 허용되는 것은 아니다. 당사자의 신원이 특정되지 않도록 촬영과 편집에서

적절한 기술적 조치를 취한 후 보도해야 한다.

▶ 과다 노출은 경범죄 처벌법상 처벌대상에 해당된다. 그런데 노출한 신체 부위 및 그 정도에 따라서 경범죄에 해당될지 여부가 달라진다. 이런 점에서 질문한 사안이 경범죄에 해당되는지 불분명하다는 점을 염두에 두어야 하고, 설령 경범죄에 해당되는 사안이라 하더라도 당사자의 신원이 공개되지 않도록 신중을 기해야 한다.

▶ 초상권 침해 외에 명예훼손도 문제될 소지가 있는 사안으로서 사안 자체(부적절하거나 금지된 행태)는 보도하되 사안의 당사자가 특정되지 않도록 주의해야 한다.

[관련 법규]

● 경범죄 처벌법 제3조 33. (과다노출) 공개된 장소에서 공공연하게 성기·엉덩이 등 신체의 주요한 부위를 노출하여 다른 사람에게 부끄러운 느낌이나 불쾌감을 준 사람.

Q 15

법적으로 취사가 금지된 국립공원에서 고기를 구워서 먹고 있는 시민을 촬영하여 보도할 수 있는가?

◑ 촬영 장소가 공원, 거리 등 공공장소라는 이유만으로 초상 촬영 및 공개가 허용되는 것은 아니다. 그러나 사안의 특성이 공익적이고 언론의 자유와 알 권리에 부합한다면 위법성이 조각될 여지는 있다.

◑ 초상권 침해 외에 명예훼손 여부를 다툴 수 있는 사안이므로, 사안 자체(금지된 취사 행태)는 보도하되 당사자의 신원이 특정되지 않도록 주의해야 한다.

02

공인 및 공직자 취재

Q 16

'공인'은 누구인가? 취재·보도 대상이 공인인지 여부는 왜 중요한가?

- 공인을 별도로 규정한 법령은 없다.
- 법무부, 공수처의 훈령인 '형사사건 공보 규정', '사건 공보 준칙' 등에 일부 공인을 규정하고 있다.
- 하지만 실제 법원의 판례는 훈령에서 규정한 것보다 공인의 범위를 더 넓게 보고 있다.
- 공인에 대한 취재·보도는 명예훼손, 초상권 등 인격권 침해 분쟁에서 사적 인물과 달리 언론의 자유와 면책 범위가 더 확장, 적용될 수 있다. 또 공인의 공적 사안에 대한 언론의 취재·보도는 언론의 사명이기도 하다.

▶ 법무부 훈령 '형사사건 공보 규정' 제12조에 규정된 '공적인물'은 다음과 같다.

1. 고위 공직자 (차관급 이상의 입법부·행정부·헌법재판소·선거관리위원회·감사원 소속 공무원 / 국회의원 / 지방자치단체의 장, 지방의회 의장 / 교육감 / 고등법원 부장판사급 이상의 법관 / 대검찰청 검사급 이상의 검사 / 치안감급 이상의 경찰공무원 / 지방국세청장 이

상 및 이에 준하는 국세청 소속 공무원 / 대통령실 비서관 이상 및 이에 준하는 대통령실 소속 공무원 / '공직자윤리법' 제3조의2의 규정에 의한 공직유관단체의 장 2. 정당의 대표, 최고위원 및 이에 준하는 정치인 3. '공공기관의 운영에 관한 법률' 제4조 제1항에 따라 기획재정부장관이 지정한 공공기관의 장 4. '특정경제범죄 가중처벌 등에 관한 법률' 제2조 제1호의 금융회사등의 장 5.자산총액 1조원 이상의 기업 또는 기업집단의 대표이사, 최대주주, '자본시장과 금융투자업에 관한 법률' 제9조 제1항에 따른 대주주 6. 제1호에서 제5호까지의 직 중 어느 하나에 있었던 사람

▶ 공수처 훈령 '사건공보 준칙' 제12조에 규정된 '예외적 실명공개' 대상은 다음과 같다.
1. '공수처법'상의 고위 공직자 (대통령 / 국회의장 및 국회의원 / 대법원장 및 대법관 / 헌법재판소장 및 헌법재판관 / 국무총리와 국무총리비서실 소속의 정무직공무원 / 중앙선관위의 정무직공무원 / '공공감사에 관한 법률' 제2조 제2호에 따른 중앙행정기관의 정무직공무원 / 대통령비서실·국가안보실·대통령경호처·국가정보원 소속의 정무직공무원 및 1급 이상의 공무원 / 국회사무처, 국회도서관, 국회예산정책처, 국회입법조사처의 정무직공무원 / 대법원장비서실, 사법정책연구원, 법원공무원교육원, 헌법재판소사무처의 정무직공무원 / 검찰총장 / 특별시장·광역시장·특별자치시장·도지사·특별자치도지사 및 교육감 / 고등법원 부장판사 이상의 판사, 대검찰청 검사급 이상의 검사 / 치안정감이상의 경찰공무원 / 중장이상의 장성급 장교 / 금융감독원 원장·부원장·감사 / 감사원·국세청·공정거래위원회·금융위원회 소속의 1급 이상 공무원) 2. 자산총액 10조원 이상의 기업 또는 기업집단의 대표이사, 최대주주 및 대주주. 3. 제1호 또는 제2호의 직에 있었던 사람.

▶ **[판례에 의해 공인으로 인정된 사례]** 대통령, 국회의원, 4급 이상 고위공무원 / 기초광역단체장 및 의원, 시의원, 공공기관장 / 세인의 관심을 받는 대통령 아들 / 세인의 관심을 받는 대통령 조카사위 / 재벌그룹 회장 또는 부회장 / 유명 언론사 대표 / 방송사 국장 / TV 뉴스앵커를 지낸 방송사 보도국 차장 / 영화배우 등으로 활동하는 연예인 / 유명 프로야구 선수 / 공영방송 PD / 대학 총장 / 대표적인 시민단체에 소속된 대학교수 / 국회의원 후보자 (한국보건복지정보개발연구원장) / 변호사 / 여대생 시절 전대협 대표로 밀입북하여 세간에 상당히 널리 알려진 인물 / 다수 교인이 속한 교회 대표자 / 정치·이념적 의견표명으로 장기간 지속적으로 언론기관을 포함하여 사회 전체의 관심

대상이 되어 온 사람 / 사단법인 협회 회장으로 언론에 칼럼을 게재하는 등 대외활동을 활발히 한 자 (자료: 언론중재위원회(2024), <알면 유용한 언론분쟁 Q&A>, 22쪽).

▶ **[판례에 의해 공인으로 인정되지 않은 사례]** 방송사 최대주주 / 전직 구의회 부의장 / 지역사회에서 인지도가 있는 택시노조활동가 / 유명 가수의 결혼 상대로서 미스코리아 대회에 참가한 적이 있는 사람 / 일반인이 범죄 피의자 또는 피해자가 된 경우 / 판문점 공동경비구역 내 장교 살해 사건 용의자로 지목된 부사관 / 평범한 정신과 의사 / 집단소송 사건과 관련하여 언론매체에 몇 차례 인터뷰하고 기사화된 적이 있는 변호사 / 유명 기업인과 결혼 예정인 여성 / 연예계에서 은퇴한 후 가정생활에 전념하고 있는 전직 연예인 / 법원공무원노동조합 사무국 실무 직원 / 동남권 광역경제발전위원회 사무총장 / 5급 법원 사무관 (자료: 언론중재위원회(2024), <알면 유용한 언론분쟁 Q&A>, 23쪽).

| **조정 사례** | 2023년 발생한 오송 지하차도 참사와 관련해 청주시 안전정책과장이 피고인으로서 재판에 출석하는 장면을 촬영, 방송에 내보냈다. 이에 해당 과장은 자신의 초상권 침해 등을 이유로 손해배상을 구하는 조정을 신청했으나 언론사 측은 과장급 공무원의 실명 공개의 타당성 내지 필요성을 근거로 손해배상금 지급에 합의할 의사가 없어 조정이 결렬되었다.(2024충북조정100)

판례

다수 매체를 통해 얼굴이 알려졌고 공적 활동을 한 사람이라면 공적 인물에 해당한다고 본 사례 원고는 다문화전문가이자 특정 정치인 지지모임의 회장으로서 다수의 언론매체를 통해 이름과 얼굴을 알려왔다. 게다가, 원고는 다수의 개인과 기업으로부터 후원을 받고 평창동계올림픽 개막식에서 공연을 진행한 국내 최초의 다문화합창단을 이끌고 있는 사람이기도 하다. 이러한 사정을 고려하여 대법원은 원고를 "사회에 직접 또는 간접으로 영향을 줌으로써 공적 인물로 활동하였다"고 보았고 피고 언론사의 원고의 동의 없는 초상 촬영 및 공표행위에 대해서도 초상권 침해를 인정하지 않았다.(대법원 2023. 4. 13. 선고 2020다253423 판결)

Q 17

공인의 주거 공간에 대한 취재보도는 가능한가?

◉ 취재 대상이 공인이고, 취재하려는 쟁점이 공적사안이며, 다른 취재 방법을 모두 동원했음에도 불구하고, 공인의 주거 공간에 대한 취재가 유일한 대안 일 경우 공인의 주거 공간에 대해 취재·보도할 수 있다.

◉ 이와 같은 조건을 충족하지 못할 경우 공인의 주거지에 대한 취재는 자제되 어야 한다.

판례

정치인이 자신의 아파트 거실에서 측근들과 회의하는 장면을 사진 촬영한 것이 위법하지 않다고 본 사례 모 정당의 최고위원, 상임고문 및 3선 국회의원을 역임한 정치인 A 씨가 동료 정치인에게 거액의 정치자금을 제공하는 사실이 드러났다. 해당 자금의 출처가 어디인지에 세간의 관심이 쏠리는 상황에서 A 씨가 자신의 아파트 거실에서 측근들과 회의하는 장면이 맞은편 아파트에 있던 기자에 의해 촬영되었다. A 씨는 사생활 침해 등을 이유로 소송을 제기했으나 법원은 "비록 그 장소가 원고의 자택 거실이라고 하더라도 원고의 사생활에 해당한다고 보기 어려울 뿐만 아니라, 설령 이것이 원고의 사생활에 해당된다고 하더라도 원고가 정치자금 지원에 대한 의혹을 받는 상태에서 그 측근들과 회의를 하고 있는 모습은 공중의 정당한 관심의 대상이라고 할 것이므로 그 보도에 위법성이 없다"고 보았다.(서울지방법원 2002. 12. 6. 선고 200가합13985 판결)

Q 18

공인의 공적 영역과 사적 영역을 어떻게 구분할 것인가? 또한, 구분함에 있어 서 어떤 점을 유의해야 하는가?

◉ 시간적인 측면에서 공인이 출근하기 전, 그리고 공인이 퇴근한 이후는 공인

의 사생활 영역으로 간주될 수 있다.

○ 장소적인 측면에서, 공인의 주거지는 사적 공간으로 간주될 수 있다.

○ 인적인 측면에서, 공인의 가족 등은 그 가족 구성원이 공인에 해당하는지
여부, 그리고 취재하려는 내용의 공익성 여부를 따져 판단해야 한다.

▶ 대한민국 헌법 제27조 ④항과 형사소송법 제275조의2는 '(형사)피고인은 유죄의 판
결이 확정될 때까지는 무죄로 추정된다.'며 피고인의 무죄추정을 명시하고 있다. 영
상기자와 취재진은 우리의 취재가 헌법과 법률이 정하고 있는 '무죄추정의 원칙'에
충실한 것인가를 고민해야 한다.

Q 19

공인의 가족에 대한 취재는 가능한가? 어떤 점을 유의해야 하는가?

○ 공인의 가족이라고 하더라도 그가 공인은 아니다. 취재하려는 사안의 성격
을 고려해야 한다. 또 공인의 사생활 영역을 판단하는 시간적, 장소적 기준
도 공인의 가족을 대상으로 한 취재보도에 고려해야 한다.

○ 만약 ① 취재 사안이 공인의 가족 중 해당 구성원과 관련이 있을 때 ② 공인
의 가족 중 해당 구성원이 공적, 공개된 활동에 참여하고 있을 때 ③ 공인의
가족 중 해당 구성원이 자발적으로 공적 논쟁에 참여하고 있을 때라면 공
인의 가족에 대해 취재보도 할 수 있다.

○ 그러나 공인의 가족이라도 ① 미성년자에 대한 직접 취재 ② 질병 등 공인
가족의 내밀한 사항에 대해 취재보도할 수 없다.

Q 20

수사당국이 브리핑한 고위공직후보자의 위장전입문제가 인사청문회의 쟁점이 되고 있다. 해당 공직자의 위장전입지와 실거주지를 확인하기 위해, 해당 주소지들의 공동주택 우편함을 열어 우편물을 촬영해 보도할 수 있는가?

- 안 된다.
- 청문회의 의혹 제기나 수사당국을 통해 알려진 사실을 확인하기 위해, 후보자와 그 가족의 사적 공간을 침해하거나 그들의 개인정보가 노출될 수 있는 취재, 보도행위를 해서는 안 된다.
- 공직후보자나 공인에게 제기된 불법적 행위에 대한 의혹을 취재하는 언론과 기자의 활동은 수사기관이나 여론이 확정한 범죄에 대한 증거를 찾는 작업이 아니라 해당 후보자나 공직자가 올바로 직무를 수행하기 위한 도덕성과 자질을 갖고 있는가를 제대로 검증하는 기회가 되어야 한다.

Q 21

공인의 주거공간에 대한 취재를 하는 중, 공동주택의 입주자대표(혹은 관리소장)가 퇴거를 요구하고 있다. 어떻게 해야 하는가?

- 주민들의 "사실상의 평온"을 해치는가를 고려해, 취재진의 취재가 "통상적인 출입인가"를 따져 보아야 한다.
- 취재가 꼭 필요한 경우, 취재진의 과열을 막기 위한 공동취재단 구성, 운영 등을 현장의 취재진, 회사의 데스크와 방송사, 언론사간 데스크간의 협의 등을 통해 대응해야 한다.
- 공동주거공간에서의 취재의 필요성과 취재진의 취재 과열 방지를 위한 적극적인 노력 등을 입주자 대표에게 적극 설명하여 양해를 얻도록 해야 한다.
- 방송사나 언론사에 소속 되지 않은 개별 유튜버 등에 대해서도 주민들의 생

활의 안정과 평온의 침해를 최소화하며 취재할 수 있도록 협력을 요청하고, 입주자 대표 측에게도 구체적으로 입장을 제시해 주기를 요청해야 한다.

Q 22

국회 청문회, 국정감사, 국정조사 등에 나온 증인이나 참고인, 기관장을 돕기 위해 배석한 공무원을 별도의 동의를 받지 않고 영상취재·보도할 수 있는가?

● 가능하다.

● 고위 공무원은 '공직자윤리법'에 따라 재산 등록 의무를 지는 대상이다. 판례에 따르면, 국정감사나 국회 상임위에 참석하는 실국장급 고위공무원들은 공인으로 간주될 가능성이 크고, 따라서 이들의 초상 노출은 문제가 되지 않는다.

● 한편, '국회에서의 증언·감정 등에 관한 법률' 제9조(증인의 보호) ②는 국회에서 증언하는 증인과 참고인이 중계방송이나 사진보도에 응하지 않겠다고 의사를 표명하거나, 비공개를 요구할 경우, 본회의나 위원회의 의결로 중계방송을 금지하거나 회의 일부 또는 전부를 비공개로 할 수 있도록 규정하고 있다.

● 따라서, 국회에서 이루어지는 본회의, 국정감사, 국정조사, 상임위 회의에 참석한 증인과 참고인, 그들을 보좌하는 고위공무원과 국회의원 보좌관, 비서관들은 본인들의 특별한 요청이 받아들여져 본회의, 위원회의 비공개 의결을 거치지 않은 이상 방송과 영상, 사진취재에 자신들의 초상이 노출되고, 취재되는 것에 대해 이의를 제기할 수 없다.

● 단, 본회의장이나 상임위 회의장, 국정감사회의장 밖에 대기하는 실무담당 공무원이나 기관의 직원들을 취재할 경우, 이들은 공인에 해당되지 않을 가능성이 크므로 초상권을 보호하기 위해 노력해야한다.

공개변론으로 실시되는 형사재판에 출석한 피고인의 초상이 실시간 중계 및 녹화된 영상물의 홈페이지 게시로 공개된 사안에서 당사자의 초상권 침해를 인정하지 않은 사례 대법원은 유명 가수의 그림 대작 형사사건의 공개변론을 진행했고, 이 과정에서 공동피고인으로 재판에 출석, 변론에 임한 해당 가수 매니저의 초상이 실시간 중계 및 녹화된 영상물의 홈페이지 게시로 일반에 공개되었다. 이에 해당 매니저가 자신의 동의 없이 재판 중계 및 동영상 게시가 이루어짐으로써 초상권이 침해되었음을 주장하며 국가를 상대로 손해배상을 구하는 소송을 제기했다. 하급심에서는 공개변론 동영상을 모자이크 없이 게시하여 얼굴이 노출되게 했으므로 초상권 침해가 인정된다고 보아 원고의 손해배상청구를 일부 인용하였으나, 대법원은 문제의 동영상 게시는 재판장의 명령에 따른 것에 불과하여 별도의 위법성을 인정할 수 없다고 보아 원고패소 취지로 손해배상청구를 일부 인용한 하급심 판결을 파기, 환송했다.(대법원 2025. 2. 27. 선고 2023다233895 판결)

Q 23

기초의회 의원들이 해외 출장 중에 보인 부적절한 행위를 보도했는데, 해당 의원들이 자신들은 공인이 아니라며 초상권 침해와 명예훼손으로 언론사를 고소하겠다고 한다. 이에 어떻게 대응할 수 있는가?

⭕ 공직선거법 제49조 제4항은 선거후보자의 재산내역, 병역의무내역, 최근 5년간의 소득세·재산세·종합부동산세의 납부 및 체납내역(이 부분은 선거후보자와 선거후보자의 직계존비속 포함), 금고이상의 형의 범죄경력, 초·중등교육법 및 고등교육법에서 인정하는 정규학력을 공개하도록 규정하고 있다. 이러한 규정과 기존 판례에 비춰볼 때 기초의회 의원은 공인으로 간주할 수 있고, 이들의 공적 활동은 국민의 알권리 대상에 해당한다.

⭕ 재정자립도가 낮은 지방기초자치단체들의 경우에도 연간 총예산 규모는 수천억 원에 이르며, 막대한 예산의 집행과 계획을 감시하고 의결하는 일을

평균 7~10인의 기초의원들이 결정하고 있다. 기초자치단체 의원들의 공적 행위를 감시하고 보도하는 것은 언론의 중요한 사회감시기능을 실천하는 것이다.

사례 **선거기간에 현수막을 낫으로 훼손한 "충주시 K모 의원"**

2024년 제22대 국회의원 선거 사전투표 첫날인 4월 5일, 충북 충주시에서 국민의힘 소속 시의원이 사전투표를 독려하는 현수막을 낫으로 훼손한 사건이 발생하자, 지역의 한 방송사는 최초 보도에서 해당 인물을 '충주시 K모 의원'으로 익명 처리하고 외형을 블러처리하여 인물의 특정이 어렵도록 했으나, 해당 인물이 선출직 공직자인 기초의회 의원으로서 공적 지위에 있고, 익명 보도가 오히려 타 기초의원 전체에 대한 오해나 명예훼손 가능성을 초래할 수 있으며, 유권자의 알 권리와 선거의 공정성 보장을 위한 공익성이 크다는 점을 고려해 후속 보도부터는 실명과 정당명을 공개하고, 경찰 수사 착수 및 더불어민주당의 고소 사실 등을 포함한 사건의 경과를 보도했다.

03
집회 · 시위, 행사 · 축제, 스포츠 경기 등의 취재

A. 집회·시위

Q 24

집회·시위에 참여하거나 시위 중인 사람들을 촬영하여 보도할 수 있는가?

- 가능하다.
- 사실 왜곡과 같은 예외적 사정이 없는 한, 집회에 참여하거나 시위에 임한 이들은 자신의 초상권 침해를 주장할 수 없다.
- 언론을 통한 공개는 집회나 시위의 목적과 부합하므로, 그 참여자들은 초상 촬영 및 공개에 묵시적으로 동의한 것으로 해석된다.
- 또한, 현행법은 언론사 기자의 집회 및 시위 현장 출입을 보장하고 있으므로, 이러한 법규의 취지에 비추어 볼 때 집회 및 시위 현장에서 이루어지는 취재와 보도활동은 적극적으로 보호받아야 한다.

▶ '집회 및 시위에 관한 법률'은 언론사 기자가 신분증을 제시하고 기자임을 나타내는 완장(腕章)을 착용한 경우, 집회 및 시위 현장 출입을 보장하고 있다.

▶ 이에 따라 현장을 취재하는 기자는 신분증을 지참하고 완장을 항시 착용하는 것을 원칙으로 한다.

▶ 판례에 따르면, "공공장소에서의 집회·시위란 본질적으로 참가자들이 자신의 의사를 널리 일반에 알리기 위한 것이고, 보도의 자유 역시 언론의 자유에 관한 헌법 제21조에 따라 보장되는 헌법상의 권리인 점 등을 고려할 때 공공장소에서 이루어진 집회·시위 현장에서 사진을 촬영하여 보도하는 행위는 독자에게 왜곡된 사실을 전달하거나, 특별히 피촬영자를 모욕하거나 비방할 목적으로 이루어진 경우가 아닌 한 면책된다고 보아야 할 것이다."라고 판단했다.

[관련 법규]

● 집회 및 시위에 관한 법률 제2조(정의) 이 법에서 사용하는 용어의 뜻은 다음과 같다.

1. "옥외집회"란 천장이 없거나 사방이 폐쇄되지 아니한 장소에서 여는 집회를 말한다.

2. "시위"란 여러 사람이 공동의 목적을 가지고 도로, 광장, 공원 등 일반인이 자유로이 통행할 수 있는 장소를 행진하거나 위력(威力) 또는 기세(氣勢)를 보여, 불특정한 여러 사람의 의견에 영향을 주거나 제압(制壓)을 가하는 행위를 말한다.

3. "주최자(主催者)"란 자기 이름으로 자기 책임 아래 집회나 시위를 여는 사람이나 단체를 말한다. 주최자는 주관자(主管者)를 따로 두어 집회 또는 시위의 실행을 맡아 관리하도록 위임할 수 있다. 이 경우 주관자는 그 위임의 범위 안에서 주최자로 본다.

4. "질서유지인"이란 주최자가 자신을 보좌하여 집회 또는 시위의 질서를 유지하게 할 목적으로 임명한 자를 말한다.

● 제4조(특정인 참가의 배제) 집회 또는 시위의 주최자 및 질서유지인은 특정한 사람이나 단체가 집회나 시위에 참가하는 것을 막을 수 있다. 다만, 언론사의 기자는 출입이 보장되어야 하며, 이 경우 기자는 신분증을 제시하고 기자임을 표시한 완장(腕章)을 착용하여야 한다.

집회·시위에서는 원칙적으로 초상권 침해가 인정되지 않는다고 한 사례

피해자는 광우병 촛불집회 참가자로서 집회 현장 부근에서 있었던 싸움을 말리고 있었는데 언론이 이 장면을 촬영·보도했다. 이에 피해자는 초상권 침해 등을 주장했지만 법원은 초상권 침해를 인정하지 않았다. 법원은 "피고가 원고의 허락을 받지 않고 원고의 얼굴이 명백히 드러나는 사진을 기사에 게재하여 영리적으로 이용함으로써 초상권 침해의 구성요건이 충족된다. 그러나 원고의 사진이 게재된 기사는 당시 전국민적 관심사인 '광우병 촛불집회' 중 일어난 특정 시위현장을 보도하는 것이어서 공공성이 인정되는 점, 원고의 모습은 이러한 현장을 촬영하는 중 우연히 포함된 것이지 원고를 의도하여 촬영한 것으로는 보이지 않는 점, 원고 스스로도 집회에 참석하기 위해 당시 현장 주변에 있었던 것이어서 언론기관에 사진 촬영될 수도 있다는 것을 어느 정도는 예견할 수 있었던 점, 원고의 사진이 원고의 평가를 저하시키는 것이 아닌 점 등을 종합하면 위법성이 조각된다."고 판단했다.(서울중앙지방법원 2010. 11. 25. 선고 2009가단300209 판결)

Q 25

집회·시위 참가자가 자신의 얼굴을 가리며 촬영 거부 의사 표시를 적극적으로 하고 있다. 이 경우 영상취재는 어떻게 해야 하는가?

⊙ 촬영 거부 의사를 밝힌 집회·시위 참가자의 의사를 존중하여 해당 참가자를 부각하여 촬영하지 않도록 노력한다.

⊙ 촬영 거부 의사를 밝힌 당사자를 부각하지만 않는다면, 초상 보호를 이유로 블러나 모자이크 처리를 하지 않아도 된다.

Q 26

집회·시위의 주최 측이나 참가자가 특정 언론사의 취재를 거부하고 있다. 주최 측의 이러한 취재거부는 정당한가? 취재진은 어떻게 대응해야 하는가?

◗ 언론사의 집회·시위에 대한 정당한 취재활동은 헌법과 집시법 제4조에 의해 보장되고 있음을 설명하고 취재를 계속한다.

▶ '집회 및 시위에 관한 법률'에서는 언론사 기자가 신분증을 제시하고 기자임을 표시하는 완장(腕章)을 착용하는 경우에 집회 및 시위 현장 출입을 보장하고 있다. 따라서 이를 취재하는 기자가 신분증을 제시하고 완장을 착용하고 있다면 특정 언론사의 취재 배제는 정당하지 않다.

Q 27

'1인 시위' 참가자가 피켓 문구 촬영에는 동의하지만 자신의 얼굴 촬영은 거부하는 경우, 이를 촬영하여 보도할 수 있는가?

◗ 공개된 장소에서의 1인 시위는 취재·보도할 수 있다.
◗ 하지만 당사자가 초상 공개를 적극적으로 거부하고 그 사안의 특성상 초상 공개가 적합하지 않다고 판단했다면 블러 처리 등을 통해 참가자의 의사를 존중해주어야 한다.

▶ '1인 시위'는 집회 및 시위에 관한 법률(집시법)의 적용을 받지 않지만 헌법에 의해 보장된 정당한 의사표현 방식이다.

Q 28

집회·시위 진행 중 참가자와 경찰 간의 몸싸움이 발생했다. 이를 촬영하여 보도할 수 있는가?

◗ 가능하다.
◗ 집회가 취재 가능한 공적 사안인데다가 집회 도중 발생한 경찰과 시위대 간

의 충돌이나 폭력 사건은 보다 공적인 성격이 강한 사건이다.

◐ 다만, 사실 왜곡(폭행 가담 여부 등)에 주의해야 한다.

Q 29

집회의 양상이 폭력적으로 변하여 취재진의 신변이 위협받는 상황이 벌어지는 경우 어떻게 해야 하는가?

◐ 2024. 12. 3. 비상계엄 이후 발생한 일부 집회 및 시위 현장에서 취재진에게 물리적인 위협이 가해지는 사례가 있었다. 당시 한국영상기자협회에서는 2025. 1. 22., 2025. 4. 1. 두 차례에 걸쳐 다음과 같은 유의사항을 공지하였다.

<집회·시위 취재시 안전을 위한 유의 사항>

최근 서부지법 폭동 사태에서 시위대로부터 무차별 폭행과 폭언으로 피해를 당한 취재진에게 깊은 위로의 말씀을 드리며 빠른 회복을 기원합니다. 현장 취재는 늘 중요하지만 취재진의 안전도 중요합니다. 따라서 집회·시위 현장에서 취재진의 안전을 보장하기 위해 한국영상기자협회와 방송기자연합회는 다음과 같은 사항들을 권고합니다.

1. 현장에서 취재할 경우 폭력이 발생할 수 있는 위험 지점에서 안전거리를 유지하고 유사시 빠르게 탈출할 수 있는 경로를 미리 확보해 둡니다. 위험 상황이 발생하면 즉시 현장에서 벗어나도록 합니다.

2. 안전상 필요한 경우 영상기자와 오디오맨을 보호할 추가 인력을 배치합니다. 그러지 못한 경우에는 도움을 받을 수 있는 경찰관들 근처에 위치를 선정합니다.

3. 방송사 로고가 부착된 촬영장비를 사용해 공개적으로 취재하는 것이 위험한 경우 표식을 제거하거나 무리하게 근접 취재를 시도하지 않도록 합니다. 집회·시위 참가자들을 자극할 수 있는 무리한 인터뷰, 스탠드업, 생중계도 지양합니다. 시비를 거는 참가자들과 불필요하게 대립하지 말고 이동할 것을 권합니다.

4. 취재데스크는 현장 취재진의 안전을 최우선적으로 고려해 취재지시를 내리고, 현장 상황에 대한 기자의 판단을 최우선적으로 반영합니다. 또한 취재진에게 액션캠 등 보조 촬영장비를 부착해 갑작스런 폭력과 위해 상황을 채증할 수 있도록 합니다.

---

5. 헌법이 보장한 언론의 취재·보도 자유를 억압하는 집회·시위 참가자들의 초상을 흐림 처리할 필요 없습니다. 자칫 사건의 심각성을 경감시키거나 왜곡시킬 수 있습니다.
6. 경찰은 현장 취재진이 보호를 요청하거나, 안전한 취재 구역의 보장을 요구하는 경우 적극 협조하기 바랍니다.

2025년 1월 22일
한국영상기자협회, 방송기자연합회

<집회·시위 취재시 안전을 위한 유의 사항>

탄핵 심판 선고를 앞두고 집회·시위 현장에서 격렬한 충돌이 예상되는 가운데, 최일선에서 현장을 마주하는 취재진들의 안전이 심히 우려되고 있습니다. 이에 협회는 집회 및 시위 취재시 안전 유의 사항을 준수하여 줄 것을 다시 한 번 당부드립니다. 내용은 아래와 같습니다.

1. 현장에서 취재할 경우 위험 지점에서 안전거리를 유지하고 유사시 빠르게 탈출할 수 있는 경로를 확보한 뒤 위험 상황이 발생하면 즉시 현장에서 벗어나도록 합니다.
2. 안전을 위해 영상기자와 오디오맨을 보호할 추가 인력을 배치합니다. 어려울 경우 경찰관들 근처에 위치를 선정, 필요 시 도움을 받도록 합니다.
3. 경찰은 현장 취재진이 보호를 요청하거나, 안전한 취재 구역의 보장을 요구하는 경우 적극 협조하기 바랍니다.
4. 방송사 로고가 부착된 촬영장비 사용이 어려운 경우 표식을 제거하거나 무리하게 근접 취재를 시도하지 않도록 합니다. 집회·시위 참가자들을 자극할 수 있는 무리한 인터뷰, 스탠드업, 생중계도 지양합니다. 공격적인 참가자들과 불필요하게 대립하지 말고 이동할 것을 권합니다.
5. 취재데스크는 현장 취재진의 안전을 최우선으로 고려해 취재지시를 내리고, 현장 기자의 상황 판단을 최우선적으로 반영합니다. 또한 취재진에게 액션캠 등 보조 촬영장비를 부착해 폭력 및 위해 상황 발생 시 채증할 수 있도록 합니다.
6. 헌법이 보장한 언론의 취재·보도 자유를 억압하는 집회·시위 참가자들의 초상을 흐림 처리할 필요 없습니다. 자칫 사건의 심각성을 경감시키거나 왜곡시킬 수 있습니다.

위 6개 원칙을 준수하여, 언제나 현장 취재진의 안전을 최우선으로 고려하며 취재에 임할 수 있도록 회원 및 회원사 측에서도 적극 협조하여 주시기 바랍니다.

2025년 4월 1일
한국영상기자협회

Q 30

법원 앞에서 열린 집회가 폭력적으로 변했다. 많은 참가자가 경찰과 법원 경비 인력을 집단으로 공격하고 법원 건물 안으로 난입했다. 그 과정에서 사무실 집기를 파괴하며 법관들에게 폭력을 가하자는 구호를 외쳤다. 이러한 현장을 보도할 때 폭력을 행사하는 사람들의 얼굴을 블러 처리해야 하는가?

⊙ 해당 사례에서 집회 참여자들이 물리력을 앞세워 법원에 난입한 것은 집회가 폭력으로 변질된 양상이라고 봐야 한다. 원칙적으로 집회 참여자들의 초상권은 당사자의 묵시적 동의 의사에 의해 제한된다. 특히, 법원 청사에 폭력을 행사하며 난입하여 기물을 파괴하고 인력에 대한 위협을 계속하는 시위자들의 모습을 왜곡없이 보여주었다는 점에서 초상권이 보장될 여지는 없다고 봐야 한다.

⊙ 해당 사례는 폭력을 행사하는 불법적인 시위자들의 초상권 보호가 제한된다는 점 외에도, 역사를 기록한다는 영상 저널리즘 차원에서 보더라도 현장 상황은 있는 그대로 기록되고 방송될 필요가 있다.

⊙ 영상 기자는 '집회 및 시위에 관한 법률'에 따라 취재보도가 보호된다. 다만, 영상 기자들이 취재 현장에서 폭력 행사자들의 폭력으로부터 보호를 받기 위해 법에 규정한 대로 기자라는 '완장'을 착용하고 취재에 임할 필요가 있다.

⊙ 서부지법 폭동사태에 관해 법원은 폭력을 행사하며 법원에 난입한 시위자들에게 징역형 등의 실형을 선고한 바 있다.

판례

집회·시위에서는 원칙적으로 초상권 침해가 인정되지 않는다고 한 사례

2009년 6월 10일 서울광장에서 개최된 '6월 항쟁 계승·민주회복을 위한 범국민대회' 당시 회사원이었던 피해자는 그 부근을 지나가고 있었다. 경찰이 횡단보도를 막자 이에 대해 항의를 했고 경찰에게 항의하는 피해자의 모습이 촬영, 보도되었다.

피해자는 자신의 동의 없는 초상 촬영이라는 점을 문제 삼았으며, 또 경찰을 폭행하려고 한 적이 없음에도 마치 자신이 경찰을 폭행하려고 했던 것처럼 보도되었다는 이유로 소송을 제기했다. 이에 법원은 "공공장소에서의 집회·시위란 본질적으로 참가자들이 자신의 의사를 널리 일반에 알리기 위한 것이고, 보도의 자유 역시 언론의 자유에 관한 헌법 제21조에 따라 보장되는 헌법상의 권리인 점 등을 고려할 때 공공장소에서 이루어진 집회·시위 현장에서 사진을 촬영하여 보도하는 행위는 독자에게 왜곡된 사실을 전달하거나, 특별히 피촬영자를 모욕하거나 비방할 목적으로 이루어진 경우가 아닌 한 면책된다고 보아야 할 것"이라고 전제한 후 "다른 시민들과 함께 경찰과 대치하여 몸싸움을 하는 등 차단조치에 대하여 항의를 한 원고의 행위는 그 자체가 이미 공공장소에서의 집회 내지 시위에 해당하고, 이와 같은 집회 내지 시위에 참가한 원고의 모습을 촬영하여 보도한 이상, 특별한 사정이 없는 한 초상권 침해로 인한 피고들의 책임이 면제된다고 봄이 상당하다."라고 판단했다.(서울중앙지방법원 2010. 1. 27. 선고 2009가합81994 판결)

Q 31

집회·시위 진행 중 알몸 시위나 자해 행위 등을 촬영하여 보도할 수 있는가?

⊙ 블러 처리 등 적절한 방식으로 해당 장면의 노출을 최소화하여야 한다. 비록 당사자의 자발적인 의사 표현이라는 점에서 초상권 침해의 문제는 없을 지라도, 보도 윤리의 관점에서 문제의 소지가 있을 수 있다.

| **조정 사례** | 언론이 분신자살 장면을 보도했다. 고통으로 일그러진 표정을 포착해서 촬영한 것이다. 이에 유족들이 손해배상청구를 위한 조정을 신청했고, 유족 1인당 100만원 위자료가 인정되었다.(2008서울조정43,44) 다만, 이 사건에서 중재부가 위자료를 인정한 이유는 초상권 침해 때문이 아니라 유족의 고인에 대한 추모감정 침해를 인정했기 때문이다.

B. 행사 · 축제

Q 32

누구나 자유롭게 참여 가능한 행사나 축제 참가자들을 촬영하여 보도할 수 있는가? 개별 참가자들의 동의를 받아야 하는가?

◯ 일반에 공개된 행사인지 여부와 무관하게, 초상권 보호를 위해 당사자 동의가 필요하다.

◯ 초상 촬영·활용에 대해 기자는 구체적이고 명확하게 초상 사용의 목적, 사용할 방송프로그램, 활용 후 처리 방법 등에 대해 '설명할 의무'를 진다.

◯ 행사 주최 측의 사전 고지로 행사 참여자들이 충분히 사진 촬영될 수 있음을 알았거나 알 수 있었다면 초상권 침해의 문제는 발생하지 않을 수도 있다. 그러므로 촬영 전에 주최 측과 사전논의를 거쳐 주최 측이 촬영사실을 참석자들에게 미리 고지할 수 있도록 할 필요가 있다.

▶ 집회·시위인지 행사·축제인지 그 성격이 불분명한 경우에는 관할 경찰서에 집회·시위 신고가 되었는지를 확인함으로써 그 성격을 분명하게 할 수 있다. 집시법에 따라 옥외 집회나 시위를 하고자 하는 사람은 48시간 전에 경찰서에 관련 신고를 해야 한다.

[관련 법규]

● 집회 및 시위에 관한 법률 제6조(옥외집회 및 시위의 신고 등) ①옥외집회나 시위를 주 최하려는 자는 …(중략)… 신고서를 옥외집회나 시위를 시작하기 720시간 전부터 48 시간 전에 관할 경찰서장에게 제출하여야 한다.

| 조정 사례 | 2014대구조정63(치맥 페스티벌 참석자, 1인당 40만원, 총 2인), 2015서울조정2948(퀴어 축제 참석자, 사진 삭제), 2016서울조정892(퀴어 축 제 참석자, 사과보도 및 기사삭제), 2016서울조정1020(신촌 물총 축제, 50만원 또 는 기사삭제), 2020부산조정51(혁신도시 부지 개발 관련 시민 공청회 참석자 발언 장면 보도, 100만원)

Q 33

서울의 홍대 앞이나 이태원 길거리에서 코스프레 복장에 화장이나 가면 등으 로 신원이 특정되지 않는 사람들이 있다. 이들에게 초상권이 적용될까? 이들 을 당사자 동의 없이 촬영하여 보도할 수 있는가?

● 원칙적으로 당사자의 동의가 있어야 한다.
● 다음에 열거하는 사정이 있다면 '묵시적 동의'를 인정받을 수도 있다.
  ▲ 카메라 앞에서 스스로 촬영에 응해 포즈를 취하는 경우
  ▲ 기자에게 자발적으로 설명하거나 인터뷰에 응하는 경우
● 아울러, 촬영 대상자에게 방송사, 프로그램 이름, 영상 사용 용도에 관해 적극적 으로 설명하는 것이 초상공개에 대한 동의를 인정받는 데에 도움이 될 것이다.

Q 34

중앙정부, 지방자치단체 또는 공공기관이 주최하는 국제행사에서 특정 질환으로 의심되는 환자가 다수 발생하였다. 주최 측이 언론의 취재·보도를 제한하고 있는 상황에서, 주최 측의 공식 승인 없이 휴대폰 등 대체 장비를 활용하여 취재·보도할 수 있는가?

◯ 이 경우 위장취재에 관한 원칙이 적용된다. (본 가이드라인 제2장 「영상취재」의 '4. 잠입·위장·몰래카메라·녹음 취재' 항에 명시된 원칙 참고)

◯ 다만 공공기관이 주최하는 행사의 경우 취재·보도 제한이 공익에 반한다고 판단될 경우, 국민의 알 권리를 실현하기 위한 예외적인 취재 방식도 정당화될 수 있다.

C. 스포츠 경기

Q 35

스포츠 경기장에서 경기를 관람하는 관중들을 촬영하여 보도할 수 있는가?

◯ 취재하여 보도할 수 있다.

◯ 사실 왜곡과 같은 예외적 사정이 없다는 전제 하에서 관람객은 자신의 모습이 스포츠 중계의 한 부분으로서 촬영, 공개될 수 있음을 사전에 알았거나 알 수 있었다고 볼 수 있다. 따라서 초상권 침해가 원칙적으로 문제되지 않는다.

◯ 다만 보도로 인해 당사자가 수치심을 느낄 수 있는 장면(술에 취한 관중, 난동을 부리는 관중, 옷매무새가 흐트러진 관중 등)은 가급적 클로즈업 촬영을 피해야 한다. 보도 목적과 직접 관련이 없다면 특정 인물을 부정적 맥락으로

부각하는 것이 윤리적으로 바람직하지 않으며, 공익적 보도 목적이 분명하더라도 개인 노출은 최소한으로 제한해야 한다.

▶ 2000년대 중반까지 경기장 관람객의 모습을 동의 없이 촬영, 방송했다는 이유로 초상권 침해가 인정된 사례가 있었다.(2006서울조정323, 월드컵 평가전 관람 장면. 200만원) 하지만 최근 들어 유사한 이유로 조정신청된 사례 내지 초상권 침해가 인정된 사례가 발견되지 않고 있다.

Q 36

스포츠 경기의 거리 응원을 하고 있는 시민들을 촬영하여 보도할 수 있는가?

◉ 원칙적으로 초상권 보호를 위해 당사자 동의가 필요하다.
◉ 다음에 열거하는 사정이 있다면 '묵시적 동의'를 인정받을 수도 있다.
　▲ 카메라 앞에서 스스로 촬영에 응해 포즈를 취하는 경우
　▲ 기자에게 자발적으로 설명하거나 인터뷰에 응하는 경우
◉ 주최 측과 사전 논의를 거쳐 참석자들에게 촬영 사실을 미리 고지하고 참석자들이 촬영이 있을 수 있음을 인지했다면 초상권 침해의 우려를 줄일 수 있다.

04

잠입 · 위장 · 몰래카메라 · 녹음 취재

Q 37

> 일반적인 방식의 취재가 어려운 상황에서 위장·몰래카메라 취재는 가능한가?

⊃ 원칙적으로 허용되지 않는다.

⊃ 다만, 다음과 같은 경우 위장·몰래 카메라를 이용한 취재가 가능할 수 있다. 첫째, 사안이 공익적이며 그 성격상 영상이 반드시 필요한 경우, 둘째, 위장이나 몰래 카메라 외에는 다른 대안적인 취재 방법이 없는 경우, 셋째, 영상 저널리즘의 윤리에 비춰서 정당화 될 수 있는 경우, 넷째, 보도 책임자의 승인을 얻은 경우 등이다.

⊃ 다른 대안이 없어서 위와 같은 취재를 활용하더라도, 취재·보도 대상의 인격권을 충분히 고려해야 하며, 인위적인 상황을 만들어서 취재하면 안 된다. 또 취재진의 생명과 안전에 위험이 우려되는 경우 취재를 하면 안 된다.

⊃ 보도 책임자가 승인 여부를 즉시 결정하지 않더라도, 승인 요청을 명시적으로 하고 반드시 이에 대한 기록을 남겨야 한다.

⊃ 보도 책임자는 일선 영상기자의 취재 승인 요청에 성실하고 신속하게 답변해야 한다.

- 취재진의 생명과 안전에 위험이 우려되는 경우에는 취재를 해서는 안 되며, 인위적으로 상황이나 조건을 조성하여 취재하는 것도 금지된다.
- 위장취재의 대상이 된 사건의 불법성에 대한 민원이나 정보가 첩보 수준을 넘어서는 경우, 단속 권한이 있는 기관(경찰 등)과 협력하여 취재하는 것이 바람직하다.

▶ 광운대 이창근 명예교수가 제시한 위장취재의 원칙은 다음과 같다.

첫째, 취재 사안이 공적으로 중요한 관심사여야 한다.

둘째, 혐의를 입증할 수 있고 공익이 피해보다 크다는 확신이 있어야 한다. 셋째, 대안적 취재 방법을 우선 고려해야 하고, 위장 취재는 최후의 선택이어야 한다.

넷째, 공개적 논의를 거쳐야 하는데, 사내외 뿐만 아니라 독자들에게도 그 이유와 과정을 공개해야 한다.(이창근(1999), 기만적 취재 행위의 윤리적 문제에 대하여: 기자의 신분 위장과 몰래 촬영을 중심으로, <한국언론학보>, 제44-1호)

☑ 연관 사례

최근 분양되는 다가구, 빌라의 경우 꼭대기 층과 2층은 20% 가깝게 할인 분양하는 경우가 많다. 꼭대기 층의 베란다 부분은 일조권 보장을 위해 법적으로는 증축이 불가능하지만 건축허가가 나면 불법 증축하고 이로 인해 구청 등으로부터 과태료 등 납부를 명령 받을 경우, 5년 정도의 과태료 등 비용을 선 계산해서 할인해주는 방식이다. 2층도 층고를 높이기 위해 오피스로 허가받고 건축허가 뒤 일반주택처럼 개조하지만 이 역시 이행강제금이 부과되기 때문에 5년 정도의 과태료 등 비용을 선 계산, 할인해 준다. 하지만 이들 주택을 팔 때는 거래가 어려워 소유주의 피해가 발생할 수 있다. 이 문제를 보도하기 위해 취재에 들어갔다. 영상기자는 부동산 업자를 섭외, 분양업체 관계자를 설득해 그 내용을 취재하려고 한다. 취재기자는 생생한 현장을 보여주기 위해 부부로 위장해서 분양현장을 몰래카메라로 취재하자고 한다. 데스크의 설득으로 위장 취재하여 이에 대한 주택 구입자의 주의를 당부하는 리포트를 제작, 방송했다. 이 방송을 본 해당 분양사 직원들의 항의가 빗발치고 있다. 이 사례의 경우 위장 결혼의 방법을 동원해 분양현장에 출입한 것이 사적 공간에 대한 침해인지, 그 공간에 분양 현장의 책임자의 동의를 필요로 하는가의 여부 그리고 사적 공간에 해당하고 동의가 없다고 하더라도 취재의 공익성이 존재하는가를 살펴봐야 한다. 우선 분양 현장은 분양회사의 사적 공간이라고 볼 수 있을 것이다. 다만 분양 목적으로 방문하는 불특정 다수에게 출입이 허용된 공간으로 이해하는 것이 타당할 것이다. 이렇게 볼 경우 위장취재는 형사 및 민사적으로 문제의 소지가 있게 되지만 목적의 정당성, 법익 간 균형성, 수단의 상당성, 긴급성, 보충성 등을 이유로 위법성이 조각될 여지는 있다.

Q 38

의료 파업 취재를 위한 병원 내부 촬영을 관계자가 불허하였다. 이 경우, 관계자 몰래 스마트폰으로 병원 내부 상황을 촬영하고 환자 인터뷰를 진행하는 것이 가능한가?

◯ 저널리즘의 윤리적 측면에서 문제가 있는 취재 방식이다.

◯ 병원 내부에서 이루어지는 진찰이나 처방 장면을 촬영하려면 촬영 대상자의 동의가 필요하다. 만약 촬영 대상자의 동의 없이 촬영이 이루어진 경우, 대체 가능한 취재 방법이 없고 해당 취재가 중대한 공익적 목적을 가진 경우에만 촬영 행위의 정당성이 인정될 수 있다.

◯ 보도를 위해 취재진이 불가피하게 환자로 위장하여 몰래카메라로 촬영해야 하는 경우, 취재 목적의 정당성과 대안이 없음을 소속 방송사의 보도 책임자에게 설명하고 취재 승인을 받아야 한다.

◯ 보도 책임자가 승인 여부를 즉시 결정하지 않더라도, 승인 요청을 명시적으로 하고 반드시 이에 대한 기록을 남겨야 한다.

○ 보도 책임자는 일선 영상기자의 취재 승인 요청에 성실하고 신속하게 답변해야 한다.

▶ 병원에서 근무하는 사람의 모습을 몰래 촬영하여 식별 가능하게 방송하면, 인격권 침해가 발생할 수 있으며, 이로 인해 불법행위가 성립하고 손해배상책임이 발생할 수 있다.

판례

몰래카메라 사용을 정당하게 본 경우

법원은 과잉 진료 문제를 고발하고자 한 병원 내 진찰 및 처방 장면을 몰래 촬영, 보도한 사안에서 그 공익성을 인정하고 원고의 모습을 모자이크 처리했다는 이유로 초상권 침해 역시 부정했다.(서울남부지방법원 2007. 12. 27. 선고 2007가합9017판결) 또 다른 판결에서는 "이용된 초상이 공공의 이해에 관한 사실과 밀접한 관계에 있고, 그 공표가... 오로지 공익을 꾀하기 위한 것으로서 당해 사진의 내용, 촬영의 수단과 방법이 보도 목적에 비추어 필요성과 상당성을 가지는 때에는 초상권 침해의 위법성이 조각된다"고 했다.(서울중앙지방법원 2011. 7. 6. 선고 2010가합106837) 결국, 해당 사안이 공적 관심사로서 국민의 알 권리에 부합한다면 몰카 촬영 및 보도는 어느 정도 허용될 수 있다. 다만, 당사자가 공인이 아니라면 모자이크, 음성 변조 등으로 인격권 침해를 예방해야 할 것이다.

사실상의 평온을 해치지 않는다면, 주거침입에 해당하지 않는다고 본 경우

주거침입죄의 성립 요건에 대한 법리를 정립한 전원합의체 판결이다. 이 사건에서는 피고인(인터넷 신문기자)이 음식점 영업주의 승낙을 받아 통상적인 출입 방법으로 음식점에 들어갔으나, 도청 장치 설치를 목적으로 했다는 이유로 주거침입죄가 성립하는지 여부가 쟁점이었다. 대법원은 피고인의 출입이 음식점 영업주의 승낙을 받고 통상적인 방법으로 이루어졌다면, 출입 당시 객관적·외형적으로 드러난 행위 태양에 비추어 주거의 사실상 평온상태를 해치는 행위로 평가되지 않는 한 주거침입죄에 해당하지 않는다고 판단하였다. 설령 피고인이 범죄 등을 목적으로 음식점에 출입하였거나 영업주가 행위자의 실제 출입 목적을 알았더라도, 그러한 사정만으로는 출입 당시 객관적·외형적으로 드러난 행위 태양에 비추어 주거의 사실상 평온상태를 해치는 행위로 평가할 수 없으므로 침입행위에 해당하지 않는다고 보았다.(대법원 2022. 3. 24. 선고 2017도18272 전원합의체 판결)

| **조정 사례** | 연예인의 프로포폴 투약 의혹을 보도하면서 함께 고발당한 의사가 원장으로 있는 병원을 제작진이 찾아가 원장이 병원에서 근무하고 있는지를 묻고 대답하는 장면을 촬영, 방송에 내보냈다. 이 과정에서 해당 병원에서 근무하고 있는 직원의 육성이 그대로 보도된 사안에서 해당 방송사는 50만 원의 손해배상금을 지급하고 다시보기 영상에서 음성 부분을 삭제하는 것으로 피해자와 합의했다.(2014서울조정268)

실종된 가족을 추적하는 르포를 제작하는 과정에서 실종자가 치료받았던 병원을 찾아가 진단서를 발부받는 장면을 몰래 촬영했다. 역시 병원 관계자의 모습과 육성이 모자이크나 음성 변조 없이 그대로 방송된 사안에서 해당 언론사는 150만 원의 손해배상금을 지급하는 것으로 피해자와 합의했다.(2016경기조정131)

A 방송사는 B 방송사의 부동산 정보 프로그램이 업체로부터 광고비와 수수료를 받는 사실상의 광고였다는 취지로 보도하면서 부동산 분양 대행업자인 피해자가 고객과 대화하는 장면을 몰래촬영 및 방영하였다. 이에 대해 해당 분양 대행업자인 피해자가 몰래카메라로 인한 피해를 주장하며 손해배상을 구하는 조정을 신청했고, 담당 중재부는 70만 원의 손해배상금 지급을 명하는 조정을 갈음하는 결정을 내렸고, 확정되었다.(2018서울조정2399)

C 방송사는 한 전도유망했던 음악가가 은둔형 외톨이로 지내게 된 사연을 담은 프로그램을 보도하면서 음악가의 부친이 아들을 만나기 위해 주민센터 관계자들의 도움을 받는 장면을 내보냈다. 이 과정에서 제작진은 주민센터 관계

자들에게 촬영 및 공표에 대한 동의를 받지 않았고, 몰래카메라로 해당 장면을 촬영했다. 이에 주민센터 관계자들인 피해자들이 자신들이 등장하는 장면의 삭제 및 정정보도, 손해배상을 구하는 조정을 신청했다. 심리 결과, 담당 중재부는 중재부는 취재·방송에 대한 허락을 구하지 않고 촬영한 문제를 지적하며, 유감 표명 및 문제되는 장면의 삭제를 권고했고 양 당사자가를 이를 수락하여 조정이 성립되었다.(2022서울조정2221·2222)

방송심의 사례

2018년 2월 한 지상파 방송사가 불법적인 병원 운영으로 큰 부를 축적한 A 씨의 행방을 추적하는 과정에서 A 씨가 자주 이용하던 동물병원, 전에 거주했던 아파트 등을 방문하여 관계자들과 대화하는 내용을 몰래 녹음, 음성변조 처리하여 방송했다. 이에 대해서 방송통신심의위원회는 "당사자들이 인지하지 못한 상태에서 촬영하고 명확하게 동의를 받지 않고 노출하여 개인의 인격권을 부당하게 침해한 것"으로 보고 방송심의에 관한 규정 제19조(사생활 보호) 위반으로 판단, 향후 관련 규정을 준수하도록 권고했다.(제2018-방송-25-0243호 보도 교양)

Q 39

수사기관의 수사관을 사칭해서 사건 관계자의 집에 들어가 촬영해도 되는가?

● 불가능하다. 이는 통상적인 위장취재의 범위를 넘는 취재에 해당한다.
● 검찰 수사관을 사칭하는 것과 환자나 신도 행세를 하는 것은 본질적으로 다르다. 또한, 들어간 장소가 사적 공간이라는 점에서 그 불법성은 더욱 커진다.
● 보도 책임자는 이런 유형의 취재지시를 하면 안 된다.

▶ 보도 목적이 아무리 공익적이라도 취재 수단의 불법성을 항상 정당화할 수는 없다. 법원은 사학 재단의 비리를 취재하기 위해 검찰 수사관을 사칭하여 서무과장 집에

들어가 서류를 챙긴 기자에게 위법성을 인정하고 유죄를 선고한 바 있다.

▶ 기본적으로 서무과장 집은 사적 공간에 해당하기 때문에 상대방의 동의를 필요로 한다. 따라서 상대방의 동의가 없는 경우 주거침입죄가 성립된다. 이 경우, 중대한 공익이 존재한다고 판단될 때에만 그 위법성이 조각될 수 있다

▶ 위장취재는 그 위법성이 대체로 인정되어 유죄가 선고되는 것이 현실이다. 물론, 형법 제20조에 의하여 정당한 업무 행위가 될 수도 있지만 정당화를 위해서는 취재 보도 목적의 정당성, 법익의 균형성, 방법의 상당성·긴급성·보충성 등이 요구된다.(서울중앙지방법원 2006. 8. 11. 선고 2006고합177 판결)

▶ 최근 형의 집행 및 수용자의 처우에 관한 법률(형집행법)이 개정되면서 교도소와 같은 교정시설 내부를 녹화·촬영한 경우 이를 처벌하는 규정이 신설되었다. 따라서 교정시설 내부 촬영은 보다 신중하게 이루어져야 한다.

[관련 법규]

● 형의 집행 및 수용자의 처우에 관한 법률 제135조(녹화 등의 금지) 소장의 허가 없이 교정시설 내부를 녹화·촬영한 사람은 1년 이하의 징역 또는 1천만 원 이하의 벌금에 처한다.

판례

범죄 피해자 집 내부 촬영을 사생활 침해로 본 판례

범죄 피해자의 집 내부는 범죄 현장일 수 있지만 그와 동시에 개인의 사적 공간이다. 따라서 집 내부를 공개하는 것은 사생활 침해가 될 수 있어 신중하게 접근해야 한다. 법원은 "원고들의 집 내부, 원고 E가 친구들과 찍은 사진, E가 작성한 독서록, 노트, 그림 등은 일반 공중에게 공개되어 있는 장소나 기록물이 아니므로 원고들의 그와 같은 사적인 생활관계에 대하여 원고들이 통상적으로 기대하는 불간섭상태는 보호될 가치가 매우 큰 것으로서 이로 말미암은 원고들의 피해 영역은 사생활 중 매우 내밀한 영역에 속한다고 볼 수 있"다는 이유로 피해자의 집 내부를 공개한 방송사에 대해 사생활 침해를 인정한 바 있다. 다만, 같은 사안에서 범죄 경위를 설명

하고자 피해자의 집 내부를 단순 도식화하여 그림으로 공개한 것과 관련해서는 실제 집 내부를 공개한 부분과 달리 사생활 침해를 인정하지 않았다.(서울중앙지방법원 2014. 3. 19. 선고 2013가합50317 판결)

군부대 내 잠입 취재를 위법하다고 본 판례
법원은 모 방송사 기자가 장교로 근무하는 후배로부터 부대 출입에 필요한 임시출입증을 얻어 군부대 내에서 운영되고 있는 유흥주점의 실태를 잠입 취재한 사례에서 초소침범죄를 인정, 유죄를 선고한 바 있다.(대법원 2009. 1. 30. 선고 2008도11009 판결)

Q 40

청소년에게 판매가 금지된 담배를 판매하는 업소가 있다. '청소년 배우'를 활용해 불법 구매 현장을 촬영하는 것이 가능한가?

◯ 안 된다. 부모의 동의가 있다고 하더라도 불가능하다.

▶ 의도된 불법 행위(청소년에게 전자담배를 판매하는 행위)는 법적, 윤리적으로 허용되지 않는다. 일반적으로 수사에서도 특수한 경우(예: 마약 범죄나 테러 수사 등)가 아니라면, 의도적으로 불법성을 초래하는 방식으로 수사하지 않는다. 따라서 불법적인 촬영은 그 정당성을 인정받기 어려울 것이다.
▶ 청소년을 대상으로 한 촬영은 청소년의 의사능력과 책임능력을 벗어나는 경우 보호자의 동의가 필요하다. 그러나 보호자의 동의도 모든 상황에서 인정되는 것은 아니며, 합법적인 범위 내에서만 유효하다고 봐야 한다.
▶ 청소년은 지적·정신적 판단 능력이 미숙하여 특별한 보호가 필요하다. 특히, 청소년이 연루된 범죄나 청소년을 대상으로 하는 범죄에 대해서는 더 강력한 보호가 이루어진다. 따라서 청소년에게 불법행위를 요구하는 것은 금지되며, 이 경우 법적 보호자의 동의가 있더라도 허용될 수 없다.

Q 41

불법으로 운영되는 나이트클럽에 손님인 척 들어가 디제잉하는 모습과 춤추는 손님들을 휴대폰으로 촬영하는 것이 가능한가? 또한, 비어 있는 불법 홀덤펍에 몰래 들어가 촬영한 경우 문제의 소지는 없는가?

◆ 안 된다. 사유지에 출입하려면 원칙적으로 사유지 관리자의 허가가 필요하다. 관리자의 허가 없이 잠입하는 것은 주거침입죄에 해당한다.

◆ 이 경우에도 위장취재에 관한 원칙이 그대로 적용된다.

◆ 보도를 위해 반드시 내부 영상이 필요하다고 판단했다면, 취재 목적의 정당성과 대안의 부재를 소속 방송사의 보도 책임자에게 설명·보고하고, 취재 승인을 받아야 한다.

◆ 보도 책임자가 승인 여부를 즉시 결정하지 않더라도, 승인 요청을 명시적으로 하고 반드시 이에 대한 기록을 남겨야 한다.

◆ 보도 책임자는 일선 영상기자의 취재 승인 요청에 성실하고 신속하게 답변해야 한다.

Q 42

취재진이 접근할 수 없는 현장을 취재하기 위해 '대리 취재원'에게 몰래카메라를 맡겨 위장 취재하는 방법은 가능한가?

◆ 대리 취재의 정당성 판단이 우선이다. 대리 취재는 보도를 위해 불가피한 경우에만 제한적으로 허용되는 잠입 취재 방식이다.

◆ 대리인을 통한 취재에도 '위장취재에 관한 원칙'이 동일하게 적용되며, 더욱 엄격하게 검토되어야 한다.

◆ 대리 취재는 신뢰가 확보된 대리인을 통해 이루어져야 하며, 해당 영상의 신뢰성, 객관성 등에 대한 사후 엄격한 검증이 필요하다.

● '제보를 받은 영상'과 '대리인에게 취재를 의뢰하여 확보한 영상'은 구분
된다.

해외 사례: 언론사 대리 취재 사례

Al Jazeera: "Undercover in the UK Health System"

Al Jazeera는 영국의 의료 시스템에서 발생하는 부패와 부당한 처우를 폭로
하기 위해 대리 취재를 활용했다. 이 취재는 의료 종사자가 환자에게 제공하는
부적절한 치료를 공개하는 목적이었다. 촬영 팀은 의료 전문가로 위장하고 병
원에 잠입하여 문제의 상황을 기록했다. 이 취재는 의료 시스템의 개혁을 촉구
하는 데 중요한 역할을 했다. (출처: Al Jazeera Media Institute)

The Guardian: "Panama Papers Investigation"

'Panama Papers' 보도는 세계적인 정치인들과 기업들이 비밀리에 자산을 숨
기기 위한 세금 회피 행위를 폭로한 대리 취재 사례이다. 기자들은 대리 취재
원 및 제보자와 협력하여 복잡한 금융 거래를 추적하고 비밀문서를 입수하였
다. 이 과정에서 대리 취재원은 법적 승인을 받은 후 취재가 진행되었고, 이 보
도는 세계적인 정치적 변화를 이끌어냈다. (출처: The Guardian)

BBC Panorama: "Undercover in the Food Industry"

BBC Panorama는 영국의 식품 산업에서 일어나는 부당한 노동 관행과 식품
안전 문제를 고발하기 위해 대리 취재를 활용했다. 대리 취재원은 식품 제조업
체에 취업해 내부 상황을 촬영하며 문제를 폭로했다. 이 취재는 정부와 기업에
대한 책임을 촉구하는 데 중요한 영향을 미쳤다. (출처: BBC Panorama)

Q 43

음성녹음 장치를 현장에 설치하고 취재원이 인지 못 할 때 촬영, 보도했다. 괜찮은가?

◉ 위장취재다. 따라서 위장취재에 관한 원칙이 이 경우에도 그대로 적용된다.

◉ 이 경우 불가피하게 촬영이 필요하다면, 취재 목적의 정당성과 대안의 부재를 소속 방송사의 보도 책임자에게 설명·보고하고, 취재 승인을 받아야 한다.

◉ 보도 책임자가 승인 여부를 즉시 결정하지 않더라도, 승인 요청을 명시적으로 하고 반드시 이에 대한 기록을 남겨야 한다.

◉ 보도 책임자는 일선 영상기자의 취재 승인 요청에 성실하고 신속하게 답변해야 한다.

▶ '통신비밀보호법'상 녹음장치를 이용한 취재 시 주의할 점

  ▽ 몰래 녹음의 대상은 기자와 취재원, 취재원과 취재원 등 다양하다. 기자가 취재원과의 통화를 동의 없이 녹음하더라도, 이는 '통신비밀보호법'상 불법은 아니지만, 취재 윤리적으로는 문제가 될 수 있다.

  ▽ 취재원과 취재원 간의 대화를 제3자인 기자가 몰래 녹음하는 것은 '통신비밀보호법'상 불법이다. '안기부 X파일 사건'은 제3자인 안기부 직원이 대화 당사자들의 대화를 몰래 녹음하여 문제가 되었던 사례이다.

판례

녹음 취재시 주의할 점에 관한 판례

한 방송사의 외주제작 프로그램 '찐빵 소녀편'의 경우가 이러한 사례에 속할 것이다. 제작진은 프로그램에서 문제 삼은 휴게소의 주인 가족과 소녀가 거주하는 공간에서 나눈 사적인 대화를 동의 없이 녹음, 촬영하여 이를 방송했다. 이 사례는 녹음 취재시 주의할 법적인 쟁점을 잘 보여주고 있다. (서울남부지방법원 2012. 2. 23. 선고 2010가합23150 판결; 서울고등법원 2013. 1. 11. 선고 2012나28808 판결)

제3자간 대화 내용 녹음 및 그 녹취록 보도가 통신비밀보호법 위반이라고 본 판례

2005년 초 한 방송사 기자는 1년여에 걸친 심층취재를 통해, 1997년 대선 직전, 한 중앙 일간지 사주와 대기업 임원이 나눈 대화가 녹음된 테이프와 녹취록을 확보했다. 이 테이프는 당시 안기부 직원이 도청한 것으로, 특정 후보에 대한 불법 대선자금 지원 등과 관련된 내용이 담겨 있었다. 이 방송사가 해당 내용을 보도하려 하자, 녹취록에 등장하는 기업 측에서 방송 정지 가처분 신청을 내는 등 강력히 반발했고, 방송사 보도국 내부에서도 예상되는 법적인 분쟁을 우려해 방송을 미루고 있었다. 그러던 중 그해 7월, 녹취록을 입수한 또 다른 언론사가 이 녹취록 내용을 대대적으로 보도함으로써, 엄청난 국가적, 사회적 관심사로 확대됐다. 이 사건으로 전직 국가정보원장이 잇따라 구속되고, 중앙일간지 사주와 대기업 임직원들이 검찰에 소환 되는 등 파장이 계속됐다. 이 사건은, 불법도청된 녹취 테이프를 방송에 공개하는 것이, 국민의 알 권리를 위한 언론의 정당한 사명인지, 아니면 통신비밀보호법 등을 위반하는 불법 행위인지를 놓고 많은 논쟁과 논란을 불러일으키는 계기가 됐다. 특히 이 과정에서, 공개된 녹취록 가운데 특정 정파에 불리한 내용만 발췌되고, 다른 정파와 관련된 내용은 생략된 사실이 드러나는 한편, 녹취록을 입수한 기자가 제보자에게 사례비를 전달한 사실 등이 드러나면서, 언론윤리 논쟁이 증폭됐다. 해당 기자는 통신비밀보호법 위반 혐의로 기소돼 1심에서는 보도의 공익적 가치를 인정받아 무죄 판결을 받았다. 항소심에서는 통신비밀보호법 위반 혐의로 유죄판결을 받았으며, 대법원은 상고를 기각하고 유죄를 확정했다. 대법원은 극히 '비상한 공적 관심의 대상'이 될 때만 통신비밀보호법 위반 행위의 정당성이 인정될 수 있다고 밝혔다. 대법원은 사건의 정보공개 시점이 사건 발생으로부터 '8년'이나 지났고 보도 당시의 정치질서 전개에 직접적인 영향을 미치지 않는다면서 이는 '비상한 공적 관심사'가 아니라고 판단했다. (대법원 2011. 3. 17. 선고 2006도8839 판결)

불법 감청·도청 자료를 적법하게 보도에 사용할 수 있는 요건

이른바 '안기부 X파일' 사건에서 대법원은 불법적인 감청·녹음 등에 관여하지 않은 언론사가 불법 감청·녹음한 자료라는 것을 알고도 보도한 행위가 법적인 책임을 지지 않을 조건을 제시했다. 첫째, 보도의 목적이 불법 감청·녹음 등의 범죄가 저질러졌다는 사실 자체를 고발하기 위한 것이어야 한다. 그 과정에서 불가피하게 통신 또는 대화의 내용을 공개할 수밖에 없는 경우이거나, 불법 감청·녹음 등에 의하여 수집된 통신 또는 대화의 내용이 이를 공개하지 아니하면 공중의 생명·신체·재산 기타 공익에 대한 중대한 침해가 발생할 가능성이 현저한 경우 등과 같이 비상한 공적 관심의 대상이 되는 경우에 해당하여야 한다. 둘째, 언론기관이 불법 감청·녹음 등의 결과물을 취득할 때 위법한 방법을 사용하거나 적극적·주도적으로 관여하여서는 안 된다. 셋째, 보도가 불법 감청·녹음 등의 사실을 고발하거나 비상한 공적 관심사항을 알리기 위한 목적을 달성하는 데 필요한 부분에 한정되어야 한다. 통신비밀의 침해를 최소화하는 방법으로 보도가 이루어져야 한다. 넷째, 언론이 그 내용을 보도함으로써 얻어지는 이익 및 가치가 통신비밀의 보호에 의하여 달성되는 이익 및 가치를 초과하여야 한다. 이 판결에서 대법원은 이익의 비교·형량 판단 기준을 제시했다. 구체적으로 대법원은 ①불법 감청·녹음된 타인 간의 통신 또는 대화가 이루어진 경위와 목적 ②통신 또는 대화의 내용 ③통신 또는 대화 당사자의 지위 내지 공적 인물로서의 성격 ④불법 감청·녹음 등의 주체와 그러한 행위의 동기 및 경위 ⑤언론기관이 불법 감청·녹음 등의 결과물을 취득하게 된 경위와 보도의 목적 ⑥보도의 내용 및 보도로 인하여 침해되는 이익 등 제반 사정을 종합적으로 고려하여 정해야 한다고 판시했다. (대법원 2011. 3. 17. 선고 2006도8839 판결)

Q 44

취재원의 동의를 받아 확보한 음성 녹음 파일을 최초 보도 이후 재사용하고자 할 때, 최초 동의가 1회 사용만을 의미하는지, 향후 사용까지 포괄하는지 명확하지 않은 경우에는 어떻게 대응해야 하는가?

◉ 취재원에게 재사용 가능 여부를 확인해야 한다. 제보 영상 및 음성 자료는 동의를 받은 범위 내에서만 사용해야 한다.

◉ 최초 보도에서 취재원을 인터뷰하거나 취재한 영상이 있다면 해당 보도영상의 사용 범위에 준해 제보 자료를 재사용할 수 있으나, 불분명할 경우 재확인이 원칙이다.

◉ 제보 영상·음성을 제공 받거나 인터뷰 취재 시에는 보도 목적 사용 동의뿐 아니라, 사용 플랫폼(방송·온라인·소셜미디어 등), 아카이브 보관 및 향후 활용 가능성까지 구체적으로 동의를 받아두는 것이 바람직하다. 상황에 따라

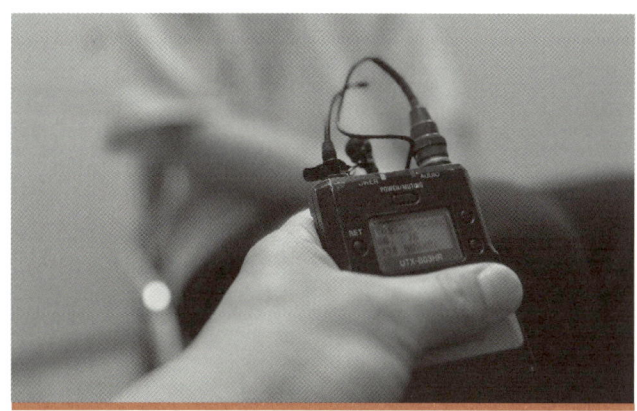

구두 동의(녹화 기록 포함)도 가능하지만, 서면 동의 절차를 거치는 것이 원칙이다. (예시 문구: "이 영상은 보도 목적으로 사용될 수 있으며, 회사 아카이브에 저장되어 향후 다양한 콘텐츠 제작에 활용될 수 있습니다.")

○ 역사적 사건이나 사회적으로 큰 관심을 받는 사안과 관련된 인터뷰 자료는, 그 역사성·공익성을 고려하여 당사자의 동의 여부와 무관하게 자료 영상으로 활용될 수 있다. 다만, 이 경우에도 당사자의 권익 침해 가능성이 최소화되도록 편집·활용 방식에 유의해야 한다.

Q 45

위장취업 등의 방법으로 사업장 내부에 잠입하여 현장을 취재·보도할 수 있는가?

| 사례 |
1. 부당노동행위가 이루어지는 유통·물류업체 현장
2. 유해한 식품을 제조하는 공장 내부
3. 위법 행위가 이루어지는 요양병원 내부

◯ 잠입 위장취재는 윤리적으로 바람직하지 않다.

◯ 위와 같은 사례의 경우 보도를 위해 반드시 촬영이 필요하다고 판단한 경우, 취재 목적의 정당성과 대안의 부재를 소속 방송사의 보도 책임자에게 설명·보고하고, 취재 승인을 받아야 한다.

◯ 보도 책임자가 승인 여부를 즉시 결정하지 않더라도, 승인 요청을 명시적으로 하고 반드시 이에 대한 기록을 남겨야 한다.

◯ 취재 현장이 취재진의 생명과 안전을 위협할 수 있다고 판단될 경우에는 취재에 앞서 적절한 안전 조치를 강구해야 한다.

◯ 위장 취재시 인위적으로 상황을 연출하면 안 되고, 현장의 자연스러운 있는 그대로의 작업 환경만을 취재한다.

▶ 한국영상기자협회 윤리강령 제17항: 모든 영상자료는 정당한 방법으로 취득하며, 방송사나 취재자의 이익과 편의를 위하여 위장이나 속임수로 촬영 협조를 구하지 않는다.

☑ 연관 사례

1. Food Lion 사 위장취업과 취재 보도

1992년 저소득층 유통망인 푸드 라이온이 유통기한이 넘은 쇠고기를 신선한 고기와 섞어 판매한다는 정보를 입수한 ABC 기자 두명은 이 식품회사에 취직해 불법 현장을 촬영, 방송했다. 취업 과정에서 기자들은 허위사실을 기재하고 언론사 기자라는 사실을 숨겼다. 푸드 라이온은 1995년 연방법원에 ABC 방송사를 사기, 무단침입, 충실의무 위반등을 이유로 소송을 제기, 배심원단은 이를 인정했다. 동시에 배심원단은 ABC 방송의 사기에 대한 손배액 1,400달러와 징벌적 손배액 550만 달러, 무단침입과 충실의무 위반에 대한 명목적 손배액 각각 1달러를 책정했다. 판사는 손해배상액을 315,000 달러로 줄여 판결했다. 1999년 항소심에서는 사기는 인정되지 않고 무단침입, 충실의무위반만 인정되었다. 연방대법원이 상고를 받아들이지 않아 해당 사건은 명목상 손해배상액 2달러를 지급하는 것으로 마무리되었다.

2. 위장 술집을 경영하며 취재 보도한 사례

1977년 시카고 선 타임스(Chicago Sun-Times)는 시정 감시단체 Better Government Association과 함께 Mirage라는 술집을 인수해 운영했다. 시카고 선 타임스 기자 스미스와 BGA 조사관 알렌은 바텐더와 매니저로 위장해 시청 공무원들이 이 술집에서 사업자들로부터 뇌물을 받는 장면을 몰래 카메라를 이용해 촬영, 25회에 걸쳐 보도했다. 일련의 보도로 시 조례가 개정되고 시, 주, 연방차원의 조사가 이뤄져 상당한 제도 개선을 가져왔다. 1978년 이 보도는 퓰리처상 일반 보도 부문 후보로 지명되었으나 워싱턴포스트 편집장 벤 브래들리 등의 항의로 수상은 무산되었다. 이러한 취재는 윤리적이지 못한 것으로 마치 경찰이 신문기자로 위장해 정보활동을 벌이는 것과 다르지 않다는 이유였다.

3. 한국의 몇 가지 사례

2022년 한겨레 기자 4명은 <저당잡힌 미래 '청년의 빚'> 기획 기사로 한국기자협회 이달의 기자상 기획보도 부문에서 수상했다. 금융위원회가 '청년특례 채무조정 제도'를 1년 동안 시행하겠다고 발표하자 한겨레는 이 제도의 혜택을 받게 될 저신용 청년들 대부분이 실제로 빚을 내서 투자한 이들인지 확인하려는 취재를 기획했다. 한겨레 기자는 법률 검토를 받은 후 대부업체에 취업, 1주일 간의 거쳐 2주간 추심 업무를 맡았다. 한겨레는 대부업체에서 받은 임금은 청년 부채 해결을 돕는 단체에 전액 후원하기로 했다.

2009년 한 방송사의 '불만제로' 프로그램은 한 유치원에 제작진이 보조교사로 위장취업해 유통 기한이 지난 급식을 아이들에게 먹이는 장면을 몰래 카메라로 취재를 했다. 검찰은 이에 대해 기소유예처분을 내린바 있다.

2024년 제118회 이달의 영상기자상 뉴스 탐사 기획 보도 부문의 수상작 "캄보디아의 내부자들, '불법리딩방의 비밀'시리즈"는 KBS 영상기자 2명이 여행객으로 가장해 캄보디아에 있는 리딩 방 조직이 활동하는 빌딩과 조직원들의 활동을 고발하는 보도였다. 국내에 많은 피해자를 양산하고 있는 불법리딩방의 실체를 파악하기 위해 취재진은 위험을 무릅쓰고 현장을 취재하고, 관계자들과의 인터뷰를 시도했다. 해외의 위험한 지역에서 심층적이고 다각화된 취재를 벌인 취재진의 노력과 흥분되고 위험한 상황에서도 차분하게 취재된 영상과 편집구성이 심사위원들의 호평을 받았다. 하지만, 심사위원들은 캄보디아의 위험지역에서 진행된 취재와 관련해, 회사와 취재진의 사전체크와 만약에 발생할 수 있는 위험상황에 대한 사전준비가 미흡했던 점을 지적하며, 향후 비슷한 취재상황에서 각 회원사의 데스크와 영상기자를 비롯한 취재진이 이에 대한 사전체크와 대비를 해야 하고 협회도 이에 대한 개선을 위해 노력해야 한다는 의견을 심사평으로 남겼다.

Q 46

범죄자 또는 테러리스트 등 반사회적 인물의 취재에서 고려해야 할 사항은?

◉ 범죄자나 범죄사실을 미화하는 방식으로 영상구성을 하지 않아야 한다.
◉ 취재원이 설명하거나 주장하는 내용이 확정된 진실인 것처럼 오인될 수 있는 보도는 하지 않도록 주의한다.
◉ 모방범죄 예방을 위해 범죄행위나 수법 등을 상세히 묘사하는 영상구성은 지양한다.
◉ 마약류의 사용이나 환각 상태 등에 관한 구체적인 묘사는 하지 않는다.
◉ 취재진의 안전 대책을 사전에 마련한다. (마약범죄 취재 시 경찰 동행 등)

05

라이브 취재 · 보도

Q 47

라이브 취재·보도 시 일반적으로 주의할 점은?

- '라이브 취재·보도'는 전달되는 정보를 사전에 완벽하게 통제할 수 없다. 따라서 예상되는 위험요인을 최소화하는데 주의를 기울여야 한다. 위험 요소가 확인되면 빠른 조치가 필요하며, 취재경험을 기반으로 즉각적이고 신속하게 대응 방안을 결정하고 실행할 수 있는 데스크급 관리자가 지속적으로 모니터링을 해야한다.

- 유튜브 라이브 이벤트를 통해 현장 상황 발생 전 미리 라이브 보도를 시작하는 경우, 불필요한 현장의 대화나 음성 등이 보도되지 않도록 오디오 관리에 주의를 기울여야 한다. 대표적인 예는 사회적 관심이 집중된 현장에서, 많은 취재진이 모여 진행되는 기자회견이다. 이런 경우 취재진이 현장 조율 등의 이유로 일찍 모이는 경우가 많으며, 송출도 미리 시작하는 경우가 많다. 현장의 사적 대화 등이 전송되는 경우가 있으므로 라이브 담당자들은 오디오를 모니터링하며 불필요한 내용이 전송되지 않도록 적절한 조치를 취해야 한다.

Q 48

공항에서 유명 스포츠 선수의 입국 장면을 유튜브 라이브로 연결하는 경우. 해당 선수가 등장하기 한참 전부터 공항 출국장으로 나오는 일반인들의 얼굴이 그대로 라이브로 방송되는 경우가 있다. 문제의 소지는 없는가?

◗ 일반인이 부각되는 경우 초상권 침해에 해당할 수 있다. 공공장소라는 이유만으로 초상 촬영 및 공개가 허용되는 것은 아니다. 보도를 위해서는 당사자의 동의를 얻어야 한다.

◗ 라이브 취재보도 전 주변에서 라이브 방송을 진행한다고 인지될 수 있도록 취재진의 사전준비와 노력이 있어야 한다. 이를 통해, 일반인의 초상권 침해가 발생하지 않도록 노력하고, 방송과정에서 지연 송출 등의 기술적 조치를 취해야 한다.

◗ 현장에서 영상 풀(POOL)단을 구성하는 경우, 사전 준비화면의 송출은 공항을 이용 중인 불특정한 개인의 초상권이 침해되지 않도록 와이드한 풀샷 화면을 사용하는 것을 권장한다. 또, 취재원의 인터뷰 장소는 사람들의 이동이 이뤄지지 않는 위치를 사전에 정해 진행하여 일반인의 초상권이 침해되지 않도록 노력해야 한다.

판례

생방송은 그 특성상 모자이크나 블러(blur)와 같은 초상권 보호를 위한 기술적 조치를 취하기 어려운 면이 있다. 그러나 이런 사정만으로 초상권 침해로 인한 법적 책임이 면제되는 것은 아니어서 주의를 요한다. 법원은 "생방송 중이어서 원고 얼굴 등에 바로 모자이크 등의 처리를 하는 것이 어려웠다 하더라도 피고는 여러 대의 카메라를 이용하여 수색 현장을 촬영하고 있었으므로 다른 장면 내지 원고의 모습을 식별하기 어려운 장면을 방송하는 것이 기술적으로 불가능하지 않았다"고 판시하여 생방송에 의해서도 초상권 침해가 인정될 수 있다고 보았다.(서울중앙지방법원 2015. 7. 8. 선고 2014가합51744)

Q 49

경찰이나 기타 기관에서 브리핑 중 예상치 못한 관계자들의 이름과 얼굴, 전화번호 등의 개인정보가 방송되었다. 방송 후 어떤 조치를 해야 할 것인가?

- 즉시 개인정보 보호 조치를 취해야 한다.
- 디지털 뉴스 라이브를 운용하는 담당자 또는 데스크급 관리자에게 알려서 대응할 수 있게 조치한다.
- 추후 보도에 활용되지 않도록 인제스트된 영상에 주의 문구를 표기한다.

Q 50

집회·시위, 정치인의 유세 현장에서 라이브 보도를 할 때, 욕설이 섞인 고성 등 보도의 본질과 무관한 불필요한 현장음이 지속적으로 발생하는 경우 현장의 취재진은 어떻게 대처해야 하는가?

- 디지털 뉴스 라이브를 운용하는 담당자 또는 데스크급 관리자에게 알려서 즉시 대응할 수 있게 조치한다.
- 추후 보도에 활용 시 주의할 수 있도록 인제스트된 영상에 주의문구를 표기한다.

Q 51

인명 피해가 발생한 사회적 재난현장에서 라이브 취재·보도 시 주의할 점은?

- 재난 취재는 초기, 중기, 후기 상황으로 나뉘며, 초기 상황에서는 사건이 진행 중이거나 수습되지 않은 상태로, 사회적 재난 라이브 방송에 신중함이 요구된다. 재난 상황에서 속보 뉴스는 추가 피해 예방과 피해자 지원에 중요한 역할을 한다. 재난 현장에서 라이브 송출은 보도책임자, 디지털뉴스

책임자, 뉴스영상 책임자의 협의로 결정되며, 실시간 영상은 TV뉴스/디지털뉴스 라이브 또는 속보 뉴스 제작 소스로 활용될 수 있다.

- ⊙ 사회적 참사, 사고의 보도 시, 피해자들의 '죽음'을 떠올리게 하는 참혹한 장면, 사고가 일어나는 순간의 장면, 사망자의 시신 또는 그 일부, 부상자의 초상이 노출되지 않도록 해야한다. 사회적 참사와 사건, 사고의 취재 시, 정확한 보도 못지않게 피해자 본인과 가족, 시청자들의 심리적 충격과 트라우마를 고려해야 한다.
- ⊙ 사건이 진행 중인 현장에서 피해자 등 피해 대상의 참혹한 모습이 그대로 기록되어 전송되는 라이브 방송은 지양한다. 해당 영상은 사실의 확인, 편집된 속보영상 등 다양한 용도로 사용될 수 있다는 것을 알고 있어야 한다.
- ⊙ 라이브가 필요하다고 판단되는 현장이라면 영상취재 담당자와 별도로 라이브 송출을 할 수 있는 인력이 배치되는 것이 바람직하다.
- ⊙ 인명피해가 발생한 사회적 재난 현장의 경우, 가급적 초기 상황은 라이브 보도하지 않는 것이 바람직하다. 보도 책임자의 판단 후 라이브방송 여부를 결정할 수 있다.

▶ 영상 데스킹 과정 부재로 인한 주의사항
- 선정적이거나 피해자의 인권을 침해할 수 있는 영상이 보도되어서는 안된다. 라이브는 보도될 수 있음에 유의해야 한다.
- 피해자의 가족이 피해자의 부상, 사망, 실종 등의 사실을 알기 이전에 피해자 인적사항을 보도하지 않는다.
- 피해자 가족의 오열 등 비탄에 빠진 장면, 부적절한 신체 노출 등은 피한다.
- 불필요한 근접 취재를 자제한다.
- 취재 현장이 취재진의 생명과 안전을 위협할 수 있다고 판단될 경우에는 취재에 앞서 적절한 안전 조치를 강구해야 한다.

2021년 7월 최신 업데이트 된 BBC 편집가이드라인(BBC Editorail Guidelines)을 참고하면, BBC의 경우 납치/인질 사건의 경우 범인을 라이브 인터뷰하지 않는다. 또 범인이 제공한 영상이나 오디오는 라이브로 방송하지 않는다는 규정이 있다. 학교 점거 또는 항공기 납치 사건 등 민감한 사건의 경우 생방송 중 지연 송출을 적용할 수 있으며, 폭동 등 시위 상황에서 폭력 수준이 높아지면 생방송 중계를 종료하고 지연 송출 또는 리포트로 뉴스를 전하도록 하고 있다.

06

드론, 헬기를 이용한 취재

Q 52

드론을 이용해 취재할 때 일반적으로 주의할 점은 무엇인가?

◉ 교육을 통한 자격 취득 후 운용해야 한다. 드론을 이용한 취재는 재난 재해 등 위급 상황인 경우를 제외하고는 사전 계획 하에 진행하는 것이 원칙이 다. 사회적으로 관심이 큰 현장에서 동시에 여러 방송사가 드론을 비행하지 않도록 풀 취재 등 사전협의가 필요하다.

◉ 사람이나 재산의 안전을 위협하거나 항공 규정을 위반하는 등의 불법적 인 드론 비행을 포함하여 촬영된 영상을 방송하려는 경우 보도영상책임 자에게 보고 되어야 하며, 필요한 경우 법률 자문을 거쳐 취재/사용을 결 정한다.

◉ 드론은 2인 1조로 사용해 안전사고가 발생하거나 현장에 영향을 끼치지 않 도록 최대한 주의하여 사용한다.

▶ 현재 국가 보안시설 및 군사시설에 대한 촬영 근거는 마련되어 있으나, 일반시설 구 역에 대한 촬영에 있어서는 국방부의 소관 사항이 아님에도 불구하고 일반시설이 국

가 보안시설 및 군사시설 등의 주변에 있는지까지 보안성을 검토하여 허가 여부를 판단하고 있다. 어떠한 규제 방식으로 무인비행 장치의 촬영을 허가할 것인지, 국토부의 무인비행 장치 활용 측면과 국방부의 국가 보안 시설 및 민감 시설의 보호 영역 간의 법리 충돌이 정리되지 않았다고 할 수 있다.

▶ 드론을 활용해 방송 영상을 촬영할 경우 촬영에 앞서 국방부와 국토부에 항공촬영 허가와 비행 승인을 받아야 한다.

[관련 법규]

항공안전법 [시행 2024. 9. 20.] [법률 제20396호, 2024. 3. 19., 일부개정]

● 제129조(초경량비행장치 조종자 등의 준수사항)

① 초경량비행장치를 사용하여 비행하려는 사람(이하 이 조에서 "초경량비행장치 조종자"라 한다)은 초경량비행장치로 인하여 인명이나 재산에 피해가 발생하지 아니하도록 국토교통부령으로 정하는 준수사항을 지켜야 한다. <개정 2024. 1. 16.>

② 초경량비행장치 조종자는 무인자유기구를 비행시켜서는 아니 된다. 다만, 국토교통부령으로 정하는 바에 따라 국토교통부장관의 허가를 받은 경우에는 그러하지 아니하다.

③ 초경량비행장치 조종자는 초경량비행장치사고가 발생하였을 때에는 국토교통부령으로 정하는 바에 따라 지체 없이 국토교통부장관에게 그 사실을 보고하여야 한다. 다만, 초경량비행장치 조종자가 보고할 수 없을 때에는 그 초경량비행장치소유자등이 초경량비행장치사고를 보고하여야 한다.

④ 무인비행장치 조종자는 무인비행장치를 사용하여 「개인정보 보호법」 제2조제1호에 따른 개인정보(이하 "개인정보"라 한다) 또는 「위치정보의 보호 및 이용 등에 관한 법률」 제2조제2호에 따른 개인위치정보(이하 "개인위치정보"라 한다) 등 개인의 공적·사적 생활과 관련된 정보를 수집하거나 이를 전송하는 경우 타인의 자유와 권리를 침해하지 아니하도록 하여야 하며 형식, 절차 등 세부적인 사항에 관하여는 각각 해당 법률에서 정하는 바에 따른다. <개정 2017. 8. 9.>

⑤ 제1항에도 불구하고 초경량비행장치 중 무인비행장치 조종자로서 야간에 비행 등을 위하여 국토교통부령으로 정하는 바에 따라 국토교통부장관의 승인을 받은 자는 그 승인 범위 내에서 비행할 수 있다. 이 경우 국토교통부장관은 국토교통부장

관이 고시하는 무인비행장치 특별비행을 위한 안전기준에 적합한지 여부를 검사하여야 한다. <신설 2017. 8. 9.>

⑥ 제5항에 따른 승인을 신청하고자 하는 자는 제127조제2항 및 제3항에 따른 비행승인 신청을 함께 할 수 있다. <신설 2019. 11. 26.>

항공안전법 시행규칙 제 310조

- 제310조(초경량비행장치 조종자의 준수사항)

① 초경량비행장치 조종자는 법 제129조제1항에 따라 다음 각 호의 어느 하나에 해당하는 행위를 해서는 안된다. 다만, 무인비행장치의 조종자에 대해서는 제4호 및 제5호를 적용하지 않는다. <개정 2017. 11. 10., 2018. 11. 22., 2019. 9. 23., 2021. 3. 16., 2022. 6. 8.>

1. 인명이나 재산에 위험을 초래할 우려가 있는 낙하물을 투하(投下)하는 행위

2. 주거지역, 상업지역 등 인구가 밀집된 지역이나 그 밖에 사람이 많이 모인 장소의 상공에서 인명 또는 재산에 위험을 초래할 우려가 있는 방법으로 비행하는 행위

2의2. 사람 또는 건축물이 밀집된 지역의 상공에서 건축물과 충돌할 우려가 있는 방법으로 근접하여 비행하는 행위

3. 법 제78조제1항에 따른 관제공역·통제공역·주의공역에서 비행하는 행위. 다만, 법 제127조에 따라 비행승인을 받은 경우와 다음 각 목의 행위는 제외한다.

가. 군사목적으로 사용되는 초경량비행장치를 비행하는 행위

나. 다음의 어느 하나에 해당하는 비행장치를 별표 23 제2호에 따른 관제권 또는 비행금지구역이 아닌 곳에서 제199조제1호나목에 따른 최저비행고도(150미터) 미만의 고도에서 비행하는 행위

1) 무인비행기, 무인헬리콥터 또는 무인멀티콥터 중 최대이륙중량이 25킬로그램 이하인 것

2) 무인비행선 중 연료의 무게를 제외한 자체 무게가 12킬로그램 이하이고, 길이가 7미터 이하인 것

4. 안개 등으로 인하여 지상목표물을 육안으로 식별할 수 없는 상태에서 비행하는 행위

5. 별표 24에 따른 비행시정 및 구름으로부터의 거리기준을 위반하여 비행하는 행위

6. 일몰 후부터 일출 전까지의 야간에 비행하는 행위. 다만, 제199조제1호나목에 따른 최저비행고도(150미터) 미만의 고도에서 운영하는 계류식 기구 또는 법 제124조 전단에 따른 허가를 받아 비행하는 초경량비행장치는 제외한다.

7. 「주세법」 제2조제1호에 따른 주류, 「마약류 관리에 관한 법률」 제2조제1호에 따른 마약류 또는 「화학물질관리법」 제22조제1항에 따른 환각물질 등(이하 "주류등"이라 한다)의 영향으로 조종업무를 정상적으로 수행할 수 없는 상태에서 조종하는 행위 또는 비행 중 주류등을 섭취하거나 사용하는 행위

8. 제308조제4항에 따른 조건을 위반하여 비행하는 행위

8의2. 지표면 또는 장애물과 가까운 상공에서 360도 선회하는 등 조종자의 인명에 위험을 초래할 우려가 있는 방법으로 패러글라이더를 비행하는 행위

9. 그 밖에 비정상적인 방법으로 비행하는 행위

② 초경량비행장치 조종자는 항공기 또는 경량항공기를 육안으로 식별하여 미리 피할 수 있도록 주의하여 비행하여야 한다.

③ 동력을 이용하는 초경량비행장치 조종자는 모든 항공기, 경량항공기 및 동력을 이용하지 아니하는 초경량비행장치에 대하여 진로를 양보하여야 한다.

④ 무인비행장치 조종자는 해당 무인비행장치를 육안으로 확인할 수 있는 범위에서 조종하여야 한다. 다만, 법 제124조 전단에 따른 허가를 받아 비행하는 경우는 제외한다.

⑤ 「항공사업법」 제50조에 따른 항공레저스포츠사업에 종사하는 초경량비행장치 조종자는 다음 각 호의 사항을 준수해야 한다. <개정 2019. 9. 23., 2023. 9. 12.>

1. 비행 전에 해당 초경량비행장치의 이상 유무를 점검하고, 이상이 있을 경우에는 비행을 중단할 것

2. 비행 전에 비행안전을 위한 주의사항에 대하여 동승자에게 충분히 설명할 것

3. 해당 초경량비행장치의 제작자가 정한 최대이륙중량 및 풍속 기준을 초과하지 아니하도록 비행할 것

4. 다음 각 목의 사항을 기록하고 유지할 것. 이 경우 다목부터 마목까지의 사항은 패러글라이더, 동력패러글라이더 및 기구류 중 계류식으로 운영되지 않는 기구류의 조종자만 기록·유지한다.

가. 탑승자의 인적사항(성명, 생년월일 및 주소)

나. 사고 발생 시 비상연락·보고체계 등에 관한 사항

다. 해당 초경량비행장치의 제작사 매뉴얼에 따른 비행 전·후 점검결과 및 조치에 관한 사항

라. 기상정보에 관한 사항

마. 비행 시작·종료시간, 이륙·착륙장소, 비행경로 등 비행에 관한 사항

5. 기구류 중 계류식으로 운영되지 않는 기구류의 조종자는 다음 각 목의 구분에 따른 사항을 관할 항공교통업무기관에 통보할 것

가. 비행 전: 비행 시작시간 및 종료예정시간

나. 비행 후: 비행 종료시간

⑥ 무인자유기구 조종자는 별표 44의3에서 정하는 바에 따라 무인자유기구를 비행해야 한다. 다만, 무인자유기구가 다른 국가의 영토를 비행하는 경우로서 해당 국가가 이와 다른 사항을 정하고 있는 경우에는 이에 따라 비행해야 한다. <신설 2020. 12. 10.>

조종자 준수사항/항공안전법 제129조, 시행규칙 제 310조 (축약 내용)

● 비행금지 시간대 : 야간비행 (* 야간 : 일몰 후부터 일출 전까지)

● 비행금지 장소

(1) 비행장으로부터 반경 9.3 km 이내인 곳

→ "관제권"이라고 불리는 곳으로 이착륙하는 항공기와 충돌위험 있음

(2) 비행금지구역 (휴전선 인근, 서울도심 상공 일부, 원전 주변)

→ 국방, 보안상의 이유로 비행이 금지된 곳

(3) 150m 이상의 고도

→ 항공기 비행항로가 설치된 공역

비행금지 장소에서 비행하려는 경우 지방항공청 또는 국방부의 허가 필요(해당공역의 안전사항 검토 후 이상 없으면 허가)

△ 비행시 금지 행위

- 인명이나 재산에 위험을 초래할 우려가 있는 낙하물 투하 행위 금지, 주거지역, 상업지역 등 인구가 밀집된 지역이나 그 밖에 사람이 많이 모인 장소의 상공에서 인명 또는 재산에 위험을 초래할 방법으로 비행하는 행위 금지, 건축물과 충돌할 우려가 있는 방법으로 근접하여 비행하는 행위 금지, 조종자 음주 상태에서 비행 금지

→ 기체가 충돌할 경우 인적·물적피해 위험이 매우 높음

- 조종자가 육안으로 장치를 직접 볼 수 없을 때 비행 금지 (* 예 : 안개·황사 등으로 시야가 좋지 않은 경우, 눈으로 직접 볼 수 없는 곳까지 멀리 날리는 경우)

● 개인 정보 보호

- 무인비행장치를 사용하여 개인의 공적·사적 생활과 관련된 정보를 수집하거나 이를 전송하는 경우에 타인의 자유와 권리를 침해하게 되면 개인정보 보호법 등 관련 법률에 따라 처벌받을 수 있음

기체신고

- (신고중량) 최대이륙 중량 2kg초과 비행장치 또는 중량에 상관없이 모든 사업용 비행장치는 한국교통안전공단(드론관리처)에 신고*하며, 기체 신고필증을 교부 받아야함.
  * 드론 원스톱 민원서비스(https://drone.onestop.go.kr)로 신고 가능
- (신고서류) 항공안전법 시행규칙 별지 제116호 서식인 초경량비행장치 신고서(법제처 국가법령정보센터 확인가능) 작성 또는 드론 원스톱 민원서비스(https://drone.onestop.go.kr)를 통해 비행장치 소유증명 서류(매매 계약서, 거래 명세서, 견적서 포함 영수증, 제작증명서 등), 제원 및 성능표, 측면 사진(15cm×10cm), 보험가입 증명서류를 첨부하여 한국교통안전공단(문의 1577-0990)에 신고.
- (신고번호 표기) 소유자는 신고번호가 잘 보일 수 있도록 드론 기체에 적정한 방법으로 표기하여야 하며, 미 표기 시 100만원 이하 과태료 처분 대상.

비행승인이 필요한 지역과 승인기관

- 초경량비행장치 비행공역(UA)에서는 비행승인 없이 비행이 가능하며, 기본적으로 그 외 지역은 비행승인 후 비행이 가능.
- 최대이륙중량 25kg 이하의 무인동력비행장치는 관제권 및 비행금지 공역을 제외한 지역에서는 150m미만의 고도에서는 비행승인 없이 비행 가능하고, 비행가능 공역, 관제권 및 비행금지구역 현황은 스마트폰 어플 Ready to Fly, 드론 원스톱 민원서비스(https://drone.onestop.go.kr) '지도로 확인하기'에서 확인 가능.

관제권 및 비행금지구역 현황

- 관제권은 비행장 중심으로부터 반경 5NM(9.3km)로 고도는 비행장별로 상이하며, 육군 관제권(비행장교통구역)의 경우 통상 비행장 반경 3NM(5.6km) 이내임.
- 관할기관과 연락처.
  ① 서울지방항공청 관할 : 서울특별시, 경기도, 인천광역시, 강원도, 대전광역시, 충청남도, 충청북도, 세종특별자치시, 전라북도 ② 부산지방항공청 관할 : 부산광역시, 대구광역시, 울산광역시, 광주광역시, 경상남도, 경상북도, 전라남도 ③ 제주지방항공청 관할 : 제주특별자치도

Q 53

드론이나 헬기를 이용해 재난·재해·사고 현장을 취재할 때 주의할 점은 무엇인가?

◉ 현장 구호 활동에 방해되지 않도록 취재한다. 헬기의 경우 특히 하강풍으로 인한 안전사고 발생을 주의해야 한다. 2025년 3월 전국 동시다발 대형 산불과 같은 상황에서 산불 진화를 위해 여러 대의 헬기가 운영되는 경우 정부나 소방당국의 드론 사용관련 가이드라인에 적극적으로 협조한다.

▶ 2025년 3월 28일. 영상기자협회 '소방헬기 안전을 위한 드론 취재 자제 요청' 공지 참고.

Q 54

헬기를 이용해 취재할 때 주의할 점은 무엇인가?

◗ 기상 상황이 경계에 있는 경우 각별히 주의한다. 예를 들어 강우, 안개 등 기상예보의 수준이 비행이 불가능 직전인 경우에 최대한 탑승자의 안전을 최우선으로 두고 비행을 결정한다.

◗ 대형 재난사고 등의 상황에서 헬기 촬영이 급하게 결정되는 경우가 있다. 헬기에서는 이론적으로 MNG를 연결하여 라이브 송출이 가능한데, 윤리적으로 노출이 되어서는 안 되는 시신 등이 있거나, 국가보안시설이 있을 수도 있다. 취재진은 헬기에 탑승하고 나면, 업무 환경 및 통신망 사정상 내부에 있는 데스크나 보도 책임자와 소통하기가 어렵다. 최근 보도 영상의 라이브 가능성이 높아지고 있지만, 재난 상황에서 헬기 라이브를 하는 경우 윤리적, 정보적 관점에서 각별한 주의가 필요하다.

Q 55

공익적 목적으로 국가보안시설을 드론 또는 헬기로 촬영하고자 한다. 가능한가?

◗ 시설별로 마련된 절차에 따라 별도의 신청을 통해 허가를 취득할 경우 가능하다.

◗ 비행허가를 득해 촬영한 영상의 보도는 기존의 영상보도가이드라인이 제시하는 취재, 보도준칙에 따라 개별 방송사가 그 뉴스가치를 판단해 보도한다.

Q 56

여러 언론사의 드론 비행이 진행되는 대규모 집회나 행사의 드론 촬영시 주의할 점은? 또, 이들 현장에서 야간상황의 드론 촬영이 필요한 경우 어떻게 해야 할까?

◗ 대규모 인파가 운집한 집회나 행사의 취재 시, 다수의 드론 비행으로 인한

드론 간 충돌이나 추락사고가 발생할 위험을 방지하고, 사고로 인한 집회, 행사 참여자의 피해를 막기 위해, 영상취재데스크와 현장취재진은 풀취재 등의 방법을 통해 드론 비행을 최소화할 수 있도록 노력해야 한다. 특히, 영상취재데스크들은 개별 방송사의 뉴스 경쟁 보다는 취재현장과 취재원의 안전을 지키며, 국민의 알권리를 충족할 수 있는 취재가 이루어질 수 있도록 적극적인 사전 소통과 대응을 해야한다.

⦿ 집회나 행사 현장에서 드론 촬영을 진행할 경우, 드론 기체는 현장의 중심부가 아닌 인파 상공 위를 충분히 벗어난 주변부나 옆쪽에서 촬영해야만 한다. 이를 통해 참석자들의 안전을 확보하고, 행사 진행에 방해가 되는 위험요소를 최소화할 수 있다.

▶ '항공안전법' 제129조제5항에 따라 드론(무인비행장치) 조종자로서 야간에 비행하거나 육안으로 확인할 수 없는 범위에서 비행하려는 자는 특별비행승인을 받아 그 승인 범위 내에서 비행이 가능하다. 또한 드론 원스톱 민원서비스(https://drone.onestop.go.kr)를 통하여 특별비행승인 신청이 가능하다.

⦿ 야간 특별비행승인을 획득하였다고 하여도, 여러 대의 드론이 비행하는 경우는 사고 위험성이 높으므로 필요하다면 언론사 간의 협의를 통해 공동으로 드론 촬영을 조율하거나, 동일한 작업이 중복되지 않도록 사전에 조정하는 방안을 고려하여야 한다.

Q 57

해외 출장 시, 드론 촬영 허가 및 촬영에 관해 유의해야 할 점은 무엇인가?

⦿ 해외의 경우, 각 국가의 드론 관련 규정을 준수한다. 해당 국가에 규정이 없는 경우 국내 규정에 준해 운영한다.

▶ 유럽연합은 EASA(European Union Aviation Safety Agency) 라고 하는 기관을 운영하고 있다. 유럽연합 항공안전청(EASA)은, 드론 관련 규제도 총괄하고 있으며, EASA에 속한 국가에서 드론 촬영을 하기 위해서는 가장 먼저 입국할 국가에서 허가를 받으면 된다. 예를 들어 독일과 이탈리아 두 국가에서 드론 촬영을 한다고 했을 때, 독일(LBA) 등록 절차를 마치면 이를 가지고 이탈리아에서도 드론 촬영을 할 수 있다.

해외사례

미국	FAA 드론등록 후 고유번호 받기 https://faadronezone-access.faa.gov 레저목적의 249g 비행가능, 취재 혹은 상업은 별도 절차 필요. 2024년 3월 이후 강화.
일본	2022년 6월. 100g 이상 드론 등록제. 등록 없는 촬영용 드론 사용 불가. https://www.mlit.go.jp/en/koku/uas.html information: hqt-jcab.mujin@ml.mlit.go.jp / +81 3 5253 8111
영국	담당기관 : Civil Aviation Authority of the U.K. (CAA) 연락처 : drone.registration@caa.co.uk / +44 0330 022 9930
이탈리아	담당기관 : Italian Civil Aviation Authority(ENAC) 연락처 : +39 06 445 961 / comunicazione@enac.rupa.it 참고링크 : https://www.enac.gov.it/sites/default/files/allegati/2018-Lug/Regulation_RPAS_Issue_2_Rev_4_eng.pdf
스위스	담당기관: Federal Office of Civil Aviation (FOCA) 연락처 : rpas@bazl.admin.ch

참고 사이트: https://uavcoach.com/drone-laws/

- 미국의 유명 드론 비행트레이닝 및 비행정보공유 목적 회사의 홈페이지
- 각 국가별로 정리된 신뢰도 높은 정보를 제공하고 있음

07

취재질서와 포토라인

Q 58

수사기관에 조사를 받으러 온 인물을 취재하고자 한다. 해당 인물이 보호자, 대리인 등과 함께 등장하는 경우, 조사 대상자와 보호자, 대리인을 함께 촬영하여 보도할 수 있는가?

- 수사대상이 공인이라면 해당 공인에 대한 촬영과 방송은 가능하다.
- 수사대상이 공인이 아니라면 수사대상은 물론 그의 보호자, 대리인의 초상을 촬영하여 방송하는 것은 법적 책임을 질 가능성이 크다.
- 수사대상이 명백히 공인이라 하더라도 공인의 보호자나 대리인의 초상은 가급적 드러나지 않는 방식으로 취재하는 것이 바람직하다. 또 취재과정에서 초상이 촬영되었더라도 방송할 때 가급적 모자이크 처리를 하는 것이 법적 시비를 벗어날 수 있는 좋은 방법이다.
- 단, 포토라인이 설치된 취재현장에서 공개적으로 언론에 스스로를 노출한 취재원은 언론취재에 대한 묵시적 동의를 한 것으로 간주된다.

포토라인과 관련하여 초상 촬영에 대한 묵시적 동의가 인정된 사례

김OO은 대중에게 널리 알려진 유명 연예인이다. 2014년 세월호 사건과 관련된 청해진 해운의 관계사인 한 쇼핑회사의 대표이사이자 기독교복음침례회(일명 구원파) 수련원인 OOO의 공동대표를 맡고 있었다. 인천지검은 김OO을 유병언 일가의 비자금 조성에 관여했는지 여부를 조사하기 위해 소환했다. 김OO은 2014.5.10. 인천지검에 출두했는데 청사 출입구에 취재진들이 포토라인을 설치하고 카메라를 들고 대기했다. 출두하는 김OO의 왼쪽, 오른쪽에 A, B 두 명의 구원파 신도가 각각 동행했다. 김OO은 차량에서 내려 취재진 앞에서 입장을 발표하고 검찰청사 안으로 들어갔는데 이 때 A는 김OO의 오른쪽에 위치하면서 김OO과 함께 멈추어 서거나 걸어갔다. B는 김OO의 뒤에서 걷다가 포토라인 앞에 김OO이 멈춰서자 잠시 떨어져 있었다가 김OO이 청사 안으로 들어갈 때 뒤따라 들어갔다. A는 김OO이 조사를 받고 나와 취재진 앞에서 입장을 밝히고 차량에 탑승할 때까지 김OO의 왼쪽에 위치해 이동했다. 언론은 이 과정을 촬영해서 보도하였다. 조사를 받은 김OO은 업무상횡령 및 업무상배임 혐의로 기소돼 징역 1년 집행유예 2년이 선고되었고 그 무렵 형이 확정되었다. 한 방송사는 이 촬영장면을 몇 차례에 걸쳐 메인 뉴스를 비롯해 다른 뉴스 프로그램에서 방송하였다. 이에 A, B는 촬영당시 초상이 촬영·공표되는 데 동의하지 않았다면서 초상권 및 사생활의 비밀이 침해되었다고 주장했다. 또 명예도 훼손되었다면서 손해배상 소송을 청구했다. 1심 재판부는 A, B의 사회적 평가를 저하시킬만한 구체적인 사실의 적시가 없었다면서 명예훼손에 대한 청구는 기각했다. 그러나 방송사가 A, B의 묵시적 동의를 받았다는 것을 인정하지 않았고 더불어 촬영하는 것 자체에 동의했다고 하더라도 A, B가 초상의 공표까지 동의한 것으로 보기 어렵다고 판단했다. 공표를 할 때 방송사는 A, B의 초상을 모자이크 처리를 해야 했다고도 판단했다. 동영상 편집기술의 발달로 동영상 일부를 모자이크 처리하는 것은 시간과 비용이 별로 소요되지 않는다고 판단했다. 1심 재판부는 A, B의 동의를 받지 않고 초상을 촬영·공표함으로서 초상권 및 사생활의 비밀을 침해했다며 손해배상 판결을 선고했다. 그러나 항소심 재판부는 A, B에게 패소판결을 선고했다. A, B가 방송의 촬영·공표에 묵시적으로 동의했다고 판단했다. 판단의 근거로 2심 재판부는 이미 포토라인이 설치돼 있어서 김OO이 출두할 때 기자들에게 발언을 할 수 있고 그 과정에서 부수적으로 A, B의 모습이 간접적, 부수적으로 촬영될 수 있다는 것 그리고 그 영상이 뉴스 보도에 사용될 것으로 충분히 추정된다는 점, 김OO의 출두하는 장면을 촬영하는 과정에서 수사

관, 2~3명의 기자들이 A, B와 함께 촬영된 점, 김OO과 관련한 뉴스보도에 해당 영상
이 사용되었는데 특별히 A, B를 비방하거나 부정적으로 보도할 의도로 영상을 사용
하지 않았다는 점, 대부분의 언론사들이 모자이크 처리를 하지 않고 방송, 보도했다는
점, 사회적으로 저명한 김OO을 동행하게 된 동기의 자발성, 적극성을 고려할 때 자신
들이 김OO이나 구원파와 관련이 있다는 것이 사람들에게 알려지는 것을 꺼리지 않
았다고 볼 여지가 있다는 점, 방송 초기에 대부분의 언론사들이 모자이크 처리를 하
지 않고 방송했음에도 불구하고 초기에 이에 대해 항의하거나 모자이크 처리를 요청
하지 않다가 3개월 이상의 시간이 경과한 때 언론조정신청을 했다는 점 등을 제시했
다. 항소심 재판부는 A, B가 촬영·공표에 묵시적으로 동의하였다면서 사생활의 비밀
및 초상권 침해가 아니라고 판단했다.(서울남부지방법원 2016. 12. 1. 선고 2016가합
101939 판결; 서울고등법원 2017. 8. 18. 선고 2016나2088859 판결)

Q 59

공인이 재판을 받고 있다. 차량으로 그를 호송하는 교도관들이 얼굴을 가려달
라고 한다. 해당 교도관의 얼굴을 가려주어야 하는가?

⊙ 공인을 호송하는 교도관이 초상의 보호를 요청할 경우 얼굴을 가려주어야
한다. 또 호송 업무와 직접 관련이 없는 공무원의 경우에도 초상의 노출을
원하지 않는다는 의사 표현이 있다면 그의 요청을 수용해야 한다.

Q 60

취재원의 이동을 차량으로 주행하며 영상취재할 경우 주의해야 할 사항은 무
엇인가?

⊙ 사회적 관심을 받는 취재원의 차량이동을 함께 주행하며 촬영하는 경우, 취
재 목적을 '주행 중 발생할 수 있는 돌발상황 취재'로 제한해야 한다.

⊙ 방송사의 보도책임자와 취재진은 '차량 주행 취재'에 앞서, 취재원 탑승 차

량과 취재차량의 충돌, 타 방송사 취재 차량과의 취재 경쟁으로 인한 충돌 사고를 예방하기 위한 노력을 기울여야 한다.

⭕ 현장의 취재진은 차량 밖으로 몸을 내놓는 등의 안전상 문제가 발생할 수 있는 촬영 행위를 하지 않아야 한다.

Q 61

사건, 사고가 일어난 현장에서 수사기관이 검증 중이다. 현장을 보기 위해 모인 시민을 촬영하여 보도할 수 있는가?

⭕ 현장 검증을 보러 온 시민이라고 하더라도 그들이 초상 촬영, 방송에 동의한 것은 아니다. 가장 좋은 방법은 구경하는 시민들의 초상이 노출되지 않는 방식으로 촬영하는 것이다. 이것이 불가능할 경우 가능한 현장검증 주변의 시민들 초상을 블러 처리해야 한다. 특히 시민을 클로즈업하는 촬영은 지양되어야 한다.

⭕ 묵시적으로라도 초상 촬영에 동의했다는 것을 증빙할 수 있으면 촬영해서 방송하는 것도 가능하다. 그러나 실무적으로 현장 검증 주변의 시민들이 명시적으로는 물론, 묵시적으로 초상 촬영에 동의했다는 것을 입증하기란 용이하지 않다.

▶ 방송사 카메라가 현장에 존재한다는 사실만으로 현장검증 장소 내 시민들의 묵시적 동의를 얻었다고 볼 수 없다. 현장검증 장소 내 시민들의 초상이 촬영, 보도될 수 있다는 분명한 표식을 하고 음성장치로도 이를 고지하는 등의 노력을 해야 한다.

Q 62

경찰서에서 범죄 수사를 받고 있는 피의자를 촬영해도 되는가?

◉ 피의자가 공인이 아니라면 촬영은 안 된다. 그동안 한국 법원의 판례와 헌법재판소의 결정은 이 점에 관한 한 매우 일관되고 분명한 입장을 취한다.

▶ 법적인 책임 여부와 관계없이, 해당 사안이 공익적인 의미를 지니지 않는다면 공인이 아닌 일반 시민이 수사 받는 장면을 보도할 이유가 없다.

판례

범죄피의자의 수사 장면 촬영 및 공개에 어떠한 공익도 인정할 수 없다고 한 헌재 결정 2014년 3월 27일 헌법재판소는 언론인들이 주목해야 할 결정을 선고했다. 수사기관은 교통사기범으로 입건돼 수갑을 차고 조사를 받던 피의자를 방송카메라 기자 등이 촬영하도록 조치하였다. 이에 피의자는 헌법소원을 청구하였다. 이 사건에서 헌법재판소는 원칙적으로 '범죄사실' 자체가 아닌 범죄를 저지른 자에 관한 부분은 국민에게 알려야 할 공공성을 지니지 않는다면서 청구인이 수갑을 차고 얼굴을 드러낸 상태에서 조사받는 장면을 촬영당하는 것은 수사 장면을 공개, 촬영하게 할 어떠한 공익 목적을 인정하기 어렵다고 판시했다. 또 방송사 등의 촬영을 허용하는 행위는 언론 보도를 보다 실감나게 하기 위한 목적 외에 어떠한 공익도 인정할 수 없는 반면 피의자는 얼굴이 공개되어 인격권의 중대한 제한을 받았고 언론에 보도될 경우 범인으로서 낙인효과와 파급효과 매우 가혹하다고 판시했다. 헌법재판소는 이와 같은 행위가 현재도 발생하고 있고 앞으로도 구체적으로 반복될 위험이 있다고 경고했다.(헌법재판소 2014. 3. 27. 선고 2012헌마652 결정)

Q 63

마약투여 의혹을 받는 유명연예인의 수사기관 소환이 예고되었다. 사회적으로 큰 관심이 쏠려 방송사, 언론사의 취재진뿐만 아니라 연예전문매체와 온라인매체의 취재진, 유튜버들도 소환되는 연예인을 경쟁적으로 취재할 것으로 예상된다. 과열 취재를 막기 위해 현장의 영상기자들이 포토라인을 설치해 운영하려고 한다. 가능한가?

⊙ 가능하다.

⊙ 취재진의 취재 경쟁 과열로 인해, 취재원의 인권과 정상적인 업무활동이 침해당할 것으로 예상될 때, 영상기자는 취재원 보호와 국민의 알권리를 충족시키기 위한 '포토라인' 설치, 운영의 주체로서 고민하고 노력해야 한다.

▶ 1987년 사회민주화 이후, 새로운 언론사들이 등장하고 이들의 취재 경쟁이 심화되면서 공적 관심이 집중된 여러 취재현장은 취재진 간의 경쟁 과열로 취재원의 인권 침해와 업무방해 문제가 심각하게 대두되었다. 국민의 알 권리를 충족시키는 정상적인 취재 또한 불가능한 상황을 타개하기 위해, 1993년 '한국TV카메라기자회'와 '한국사진기자회'는 <포토라인 운영 선포문>을 합의해 발표했다. 취재원 보호와 국민의 알권리를 함께 충족시키기 위해 '포토라인'의 설치와 운영을 선언한 두 언론단체의 소속 기자들은 취재현장에서 '포토라인'의 정착을 위해 노력했고, 이런 노력을 통해, 정부당국이나 공권력이 통제하는 취재제한선이 아닌 언론인 스스로 인권보호와 취재의 자유를 실현하는 자율적통제선으로서 '포토라인'이 취재현장의 새로운 질서와 문화로 등장하게 되었다.

▶ 2006년에는 인터넷매체가 등장한 취재현장의 변화를 반영해, '한국TV카메라기자협회', '한국사진기자협회', '한국인터넷기자협회' 세 단체의 협의를 통해, <포토라인 시행준칙>을 제정해 발표했다. 여러 정부기관과 단체에 출입처를 운영하고, 다양한 취재현장에서 풀(POOL) 취재를 진행하는 영상기자들은 '포토라인'의 설치와 운영의 주체로서 활동해 온 역사와 30년 넘게 발전시켜온 '포토라인'과 '풀(POOL) 취재'의 경험을 바탕으로 이와 관련한 개별 현장별 운영규칙과 관련 장비를 사용해 운영주체로서 활동해 오고 있다. 취재현장의 질서를 스스로 만들고 발전시켜온 경험과 역사를 자각해 영상기자 개개인이 취재현장에서 취재원 보호와 국민의 알 권리를 적극적으로 실현하는 노력을 활발히 펼쳐야 할 것이다.

Q 64

포토라인을 운영 중인 취재 현장에서 영상기자는 포토라인 운영 준칙을 준수하도록 어떤 역할을 해야 하는가? 또한 유튜버, 취재원의 돌발 행동 등으로 포토라인이 무너진 경우, 불가피하다면 영상기자도 포토라인을 넘어서 취재할 수 있나?

◉ 돌발 행동 등으로 포토라인이 무너진 경우에도 영상기자는 최대한 포토라인 유지를 위해 노력해야 한다.

◉ 현장의 영상기자는 취재 질서 유지의 주체라는 책임감을 가지고 포토라인 설치와 운영이 원활히 이루어질 수 있도록 노력해야 한다.

◉ 다수의 취재진, 1인 미디어, 유튜버 등이 제한된 공간에서 동시에 취재를 해야 하는 경우, 포토라인 설정을 통해 동선을 제한하여 혼란을 최소화하는 것이 원활한 취재의 방법이 될 수 있다. 영상기자는 취재진, 1인 미디어, 유튜버 등 현장 관계자에게 이 내용을 충분히 설명하고 상호 협력을 바탕으로 조율하여 마찰을 피하기 위한 노력을 해야 한다.

▶ <포토라인 운영준칙> 제3장 제5조에 따르면 "포토라인 내에서 영상취재가 시작되면 참여한 취재자들은 취재 도중에 자리 이동을 해서는 안된다. 단, 여유공간이 넉넉하고 사전에 합의가 된 경우는 예외로 한다."고 명시되어 있다.

08

인터뷰 및 취재원 보호

Q 65

취재원이 인터뷰에 동의했다는 말을 전해 듣고 촬영을 시작했다. 취재원은 인터뷰에 동의한 적이 없다고 밝혔다. 촬영을 계속해도 되는가?

- 안 된다. 기자가 직접 취재원의 동의를 구해야 한다.
- 동의의 주체는 취재원 본인이다. 기자는 동의의 의사를 다른 사람이 아닌 취재원 본인에게 반드시 확인해야 한다.
- 다만 법률 또는 계약에 의해 본인의 동의를 위임받은 경우, 예를 들어 미성년자의 부모, 연예기획사 사장 또는 매니저 등은 제3자에 의한 동의가 인정된다.

▶ 초상권은 자신의 신체적 특징에 관해 함부로 촬영 또는 묘사되거나 공표되지 아니하며 영리적으로 이용되지 않을 권리를 의미한다. 이에 따라 초상권은 촬영·작성거절권, 공표 거절권, 초상영리권으로 구분된다. 일단, 공표 단계에서 개인의 신체적 특징을 알아볼 수 없을 정도로 모자이크 처리를 철저히 했다면 공표거절권 침해는 아니다. 문제는 동의 없이 촬영된 부분인데 이것은 촬영·작성거절권 침해의 문제로서 언

론사가 모자이크 처리를 철저히 했다는 사정만으로 면책되지 않는다. 초상권이 공표 단계에서만 문제되는 것이 아니라는 점을 감안하여 촬영·작성 단계에서부터 당사자의 동의를 얻는 것이 가장 바람직한 방법일 것이다.(언론중재위원회, 〈알면 유용한 언론분쟁 Q&A〉, 34쪽).

▶ 이 사안에서 분명한 사실은 취재원의 동의가 없었다는 점이다. 기자로서는 어느 시점까지 취재원의 동의가 있었다고 믿었을 수 있지만, 이러한 믿음이 법적으로 보호받기는 쉽지 않다. 가령, 취재원을 소개해 준 제3자가 취재원의 법정대리인으로서 그의 의사를 대신 표시할 자격과 권한을 가졌다면 모르겠지만 그렇지 않다면 단지 제3자의 말을 근거로 동의가 있었다고 믿은 기자의 신뢰에 효력을 부여할 근거는 없다. 따라서 보도하기 전에 취재원의 동의를 받아 법적 흠결을 보정하는 과정이 필요하다.(언론중재위원회, 〈알면 유용한 언론분쟁 O&A〉, 62쪽)

Q 66

인터뷰에서 취재원 보호를 위해 음성변조, 그림자 등을 이용해서 처리하는 것은 가능한가? 어디까지 양해 받을 수 있는가?

◆ 취재원을 보호하기 위해 음성변조, 그림자 등을 사용하는 것은 허용될 수 있다.

◆ 이 경우, 그 방법이 취재원을 실질적으로 보호할 수 있는지 따져 봐야 한다. 음성변조 등을 이용한다고 하더라도 직접 또는 간접적인 방법에 의해 누구인지 추측할 수 있다면 취재원 보호의 방법으로 적합성이 결여될 수 있다.

◆ 음성변조에 대한 시청자의 개별적인 디코딩 시도는 그 자체가 별도의 불법행위를 구성할 수 있을 뿐 기자나 방송사에게 디코딩에 따른 책임을 물을 수는 없다.

불완전한 모자이크 처리 및 불필요한 영상 공개로 인해 인격권 침해가 인정된 사례

한 방송사는 무면허 의료업자에 의한 불법 성형시술의 문제점을 보도하면서 불법성형시술로 고통 받고 있는 피해자를 섭외, 취재를 진행했다. 이 과정에서 자신의 신분 노출을 우려한 피해자에게 제작진은 피해자의 모습을 알아볼 수 없도록 모자이크 처리를 하고, 목소리를 변조하겠다고 약속했다. 그런데 피해자의 얼굴 전체의 정면 모습이 약 9초, 얼굴 중 코를 비롯한 그 아래 부분의 측면 모습이 약 27초 동안 방송되었다. 이에 대해서 법원은 '모자이크 처리 등의 화면 처리 방법으로 원고의 영상을 당초 프로그램의 기획 의도에 필요한 최소한의 한도에서만 보여주고, 나머지는 모자이크 처리를 철저히 하는 등으로 방송함으로써 원고의 신분 노출을 막아야 하고 실제 막을 수 있었음에도 실제 부작용이 문제가 된 코 부분 이외에도 그 아래 부분을 선명하게 노출하고, 원고의 걸어가는 뒷모습 전체를 방영함으로써… 원고의 사생활의 자유와 비밀 및 초상권을 침해하였다고 할 것'이라며 700만 원의 손해배상청구를 인용했다. (수원지방법원 안산지원 2006.7.20. 선고 2005가단 16980 판결)

모자이크 및 음성변조를 어느 정도로 해야 하는지에 관한 사례

음성변조 및 모자이크 처리는 주변 사람들이 당사자가 누구인지 알아볼 수 없을 정도로 확실하게 해야 한다. 다시 말해 당사자의 동일성 식별 가능성이 중요한 판단 기준이 되고 있다. 법원은 초상권 내지 음성권 침해를 피하기 위해서는 '원고로부터 아무도 원고를 알아볼 수 없도록 하여 달라는 조건하에 취재 및 방영을 승낙 받은 이상 영상을 모자이크 무늬로 가리고 음성을 변조하는 등 원고 주변 사람들을 포함한 일반인들이 피촬영자가 원고임을 알아볼 수 없도록 적절한 조치를 취한 다음 이를 방영하여야 한다고 판시한 바 있다. (대법원 1998. 9. 4. 선고 96다11327 판결)

| **조정 사례** | 음성변조를 했음에도 불구하고 그 정도가 약하여 음성권 침해가 인정되어 손해배상으로 이어진 조정 사례(2015서울조정2237·2238)가 있다. 결국, 음성변조를 한다면 음성에 의한 당사자 식별이 불가능할 정도로 해야 할 것이다. (언론중재위원회, <알면 유용한 언론분쟁 Q&A>, 60쪽)

Q 67

뉴스보도에서 인터뷰한 취재원을 보호하기 위해 '대역'을 쓸 수 있는가?

⊙ 대역을 사용할 수 있지만 신중할 필요가 있다.

⊙ 원칙적으로 뉴스보도는 사실에 입각해야 한다. 일반적으로 탐사보도의 경우 시청자의 이해 증진을 위해 부분적으로 허용될 수는 있겠지만 뉴스보도에서 대역을 사용하는 것은 자제되어야 한다.

Q 68

준비한 질의 및 응답이 끝난 후, 편하게 이야기하는 자리에서 녹화한 내용 중 민감한 내용이 있어서 사용하려고 한다. 보도할 수 있는가?

⊙ 안 된다. 원칙적으로 그 부분에 대한 동의를 따로 구해야 한다.

⊙ 물론, 상대방의 동의가 없다고 해서 절대적으로 불가능한 것은 아니다. 취재원이 공인이며, 대화 내용 자체가 공적인 관심사에 대한 것이라면 예외적으로 가능할 수도 있다. 이 경우 필요하다면 음성을 변조하는 등 피해를 최소화하기 위한 노력을 기울여야 하고, 사후에라도 반론 사항이 있는지 당사자에게 확인하는 조치도 필요하다.

⊙ 이 경우에도 '통신비밀보호법' 위반에 해당되지는 않는지 주의해야 한다. 기자와 취재원의 대화라면 통비법 위반에 해당되지 않지만 취재원이 제3자와 대화하는 내용이었다면 통비법 위반에 해당되어 처벌될 수 있으니 주의해야 한다.

판례

수년 전 제기된 도청 의혹을 규명하기 위한 취재원과의 통화를 몰래 녹음, 음성변조 없이 방송한 것을 위법하다고 본 사례 2017년 6월 8일 한 방송사에서 〈민주당 도청 의혹사건·OOO 전 보도국장 '우리가 한나라당에 줬다'〉 제하로 도청 의혹 사건 발생 당시 OOO 방송사 보도국장인 원고의 진술을 토대로 민주당 도청 의혹 사건의 발단이 된 문건을 OOO이 만들었으며 또한 한나라당 측에 건네주었다고 보도했다. 민주당 도청 의혹사건은 끝내 도청의 당사자가 누구인지 밝혀지지 않았다. 이 보도에 관해 OOO 방송사 전 보도국장이었던 원고는 자신은 민주당 도청 의혹사건에 개입한 바도 없고 또 문건의 작성 경위나 내용, 전달 과정에 대해서도 잘 알지 못하기 때문에 보도에 언급된 바와 같은 진술을 한 바 없다고 주장하며 해당 방송사를 상대로 손해배상(3,000만 원)과 반론보도를 구하는 소송을 제기했다. 이 소송에서 원고는 기자가 자신과의 통화 내용을 몰래 녹음하고 이를 보도에 사용 한 것과 관련하여 음성권과 사생활 침해를 이유로 한 손해배상을 청구했다. 이 음성 사생활 침해에 따른 손해배상청구 부분은 인용되었고 법원은 400만 원의 손해배상금 지급을 피고들에게 명하는 판결을 선고했다. 1심 판결에 불복하여, 항소와 상고가 제기되었으나 1심의 결론이 2심과 3심에서도 그대로 유지되었으며 대법원의 상고 기각으로 판결이 확정되었다. 이와 관련하여 대법원은 '음성권이나 사생활의 비밀과 자유를 침해하는 행위를 둘러싸고 서로 다른 두 방향의 이익이 충돌하는 경우에는 구체적 사안에서의 사정을 종합적으로 고려한 이익 형량을 통하여 침해 행위의 최종적인 위법성이 가려진다'고 전제한 후 구체적인 요건을 다음과 같이 제시했다.

- 보도 영역에 속하는 고려 요소 : 보도의 내용 및 그 중대성, 침해 행위의 필요성과 효과성, 보충성과 긴급성, 방법의 상당성
- 피해 영역에 속하는 고려 요소 : 피해 법익의 내용과 중대성, 침해 행위로 인하여 피해자가 입는 피해의 정도, 피해 이익의 보호 가치

이러한 기준에 따라 이 사안에서는 보도 목적의 정당성, 몰래 녹음의 필요성이 인정되었다. 그런데 몰래 녹음의 보충성과 긴급성, 상당성은 부정되었고 피해의 정도 또한 중대하다고 보았다. 법원의 판단 근거는 이렇다. 우선, 법원은 '이 사건 통화 내용을 이 사건보도에 사용하게 되었다면 최소한 이러한 사정을 원고에게 사후에라도 알리고 반론사항이 있는지 확인하는 등의 조치를 취했어야 하는 것으로 보인다' 고 판시했다. 또 법원은 '피고들은 이 사건 보도에서 원고의 음성을 변조하거나 비실명화 처리를 하는 등 이 사건 통화 내용이 보도됨으로 인하여 원고가 입을 피해를 최소화하기 위한 노력을 기울이지 아니하였다. … 이 사건보도에서 원고의 실명이나 음성, 얼굴 사진을 공개하지 않았더라도 도청 의혹 사건을 재조명한다는 위 보도의 목적은 충분히 달성할 수 있었을 것으로 보이는 반면, 위와 같은 사항들이 공개 됨으로써 원고의 음성권 등이 침해된 정도가 가볍지는 아니하다'고 하여 비실명 처리의 문제점을 언급했다.(서울중앙지방법원 2018. 7. 6. 선고 2017가합548478 판결; 서울고등법원 2019. 2. 13. 선고 2018나2039448 판결)

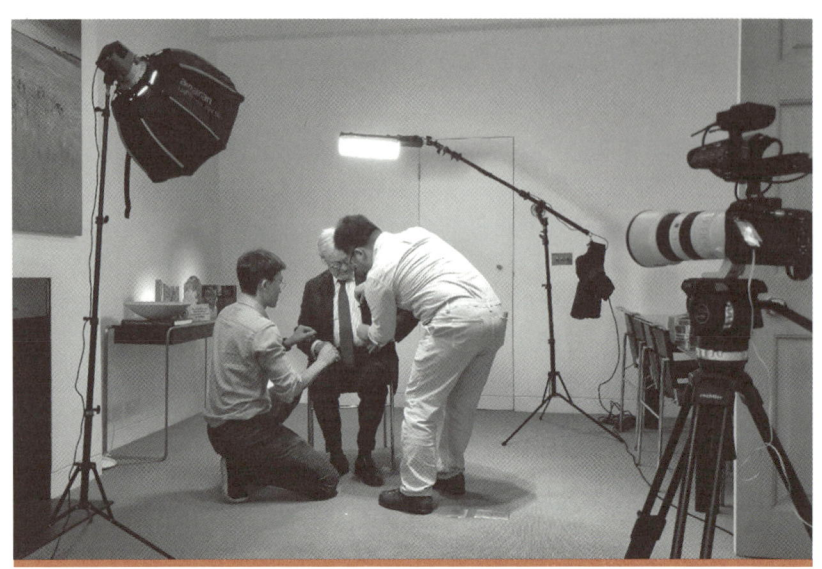

Q 69

초등학생, 중학생을 인터뷰하려고 한다. 가능한가?

⊙ 촬영 대상자가 만 14세 미만(통상적으로 초등학생 이하)의 학생인 경우, 그 부모의 사전 혹은 사후 동의를 얻어 촬영을 진행해야 한다.

⊙ 촬영 대상자가 만 14세 이상(통상적으로 중·고등학생)의 학생인 경우, 당사자 본인으로부터 동의를 얻어 촬영을 진행하되, 사회적 갈등 혹은 첨예한 의견 대립 중인 사안에 관해서는 촬영에 신중을 기한다.

▶ 현행법상 미성년자는 만 19세 미만의 사람이다(민법 제4조). 즉 통상적으로 중학생 또는 고등학생이라도 미성년자인 것이다.

▶ 미성년자는 법률행위를 함에 있어서 법정대리인(통상적으로 부모)의 동의를 얻어야 한다. 그렇다면 미성년자와의 인터뷰 역시 부모의 동의를 얻도록 해야 하는 것이 아니냐

고 생각할 수 있다. 그러나 모든 인터뷰를 일률적으로 민법으로 보는 것은 지나치게 형식적인 접근이라고 생각한다. 중학생 혹은 고등학생이라면 아주 예외적인 경우가 아닌 한 충분히 사회 현안에 대해 자신의 의견이나 주장을 밝힐 수 있다고 우리는 보았다. 따라서 본 가이드라인에서는 만14세를 기준으로 삼아 인터뷰 시 부모의 동의를 받을 것인지 여부를 정하도록 한 것이다. 다만 개별 상황을 충분히 고려해야 한다.

Q 70

기업의 신제품 출시 또는 특정 제품 '열풍' 현장을 취재할 때 현장에서 사례자 섭외가 어려운 경우, 기업 측 관계자를 일반 시민인 것처럼 스케치하고 인터뷰해도 되는가?

| 사례 |
1. A 기업이 OOO 시리즈 신 모델 핸드폰 출시 발표회를 열었다. A 기업 홍보실 직원들은 취재를 지원해주겠다며, 일반 시민인 것처럼 제품을 사용하는 장면을 연출해주겠다고 한다. 이 같은 취재에 문제는 없는가?
2. '여름철 휴가용품으로 간편식 인기 상승'이라는 아이템을 취재하러 유명한 휴가지에 갔다. 현장에서 간편식 먹는 사람을 직접 찾는 데 시간이 오래 걸리니, 제품 판매사 홍보팀 직원과 동행하여 간편식 시식 장면을 연출하고 인터뷰도 하려 한다. 취재 윤리상 문제가 없는가?

○ 안 된다. 명백히 기만적인 취재 방식이다. 실제 소비자의 반응을 취재한 것이 아니라는 점에서 시청자를 오도할 수 있다.

○ 발표회장을 스케치하여 보여주거나 시연 장면 등을 편집자의 판단에 따라 취사선택하는 것은 가능하다. 하지만 제품 사용자 취재, 인터뷰는 해당 기업과 관련 없는 사람을 섭외해 진행해야 한다. 필요하다면 취재진이 직접 제품을 써보거나, 일반 시민을 섭외하여 시연 혹은 직접 사용 영상을 확보하는 것이 바람직하다.

○ 기업 홍보팀 관계자나 판매원, 취재진의 지인을 일반인 취재원인 양 둔갑시

켜 인터뷰 후 보도했다면 취재 윤리 위반에 해당한다. 이와 같은 사안이 드러날 경우 해당 방송사는 심각한 신뢰 상실 위험에 직면한다. 그 당사자만이 보여주거나 말할 수 있는 내용이 아니라면 가족, 지인 취재는 지양한다.

▶ 조작 인터뷰 : 증언을 들을 수 없을 때, 주변 인물, 친지, 대역 등으로 하여금 그 내용을 말하게 하는 것은 실제 내용과 일치한다 하더라도 조작에 해당됨을 인식해야 한다. (<2020 KBS 방송제작 가이드라인>, 11.인터뷰, 104쪽)

Q 71

인터뷰 대상자의 답변을 프로그램의 기획 의도에 맞추어 특정 부분만 발췌해서 편집·보도할 수 있는가?

◎ 인터뷰 대상자의 발언 취지와 다르게 왜곡하여 부분적으로 발췌하는 것은 안 된다.
◎ 발언이 길 경우 인터뷰 대상자에게 발언의 일부가 방송에서 누락될 수 있다는 점을 사전에 설명하고 동의를 구해야 한다.

▶ 인터뷰 편집의 기본은 인터뷰 대상자의 발언 취지를 프로그램에서 정확히 살리는 것이다. … 여러 가지 질문에 대해 길게 답변했을 경우, 자신의 취지와는 다른 내용의 말을 하는 경우가 있는데, 이 때 발언 취지와 관계없이 프로그램의 기획 의도에 맞는 부분만을 발췌해 편집해서는 안 된다. (<2020 KBS 방송제작 가이드라인>, 11.인터뷰, 105쪽)
▶ 인터뷰 대상자의 발언 순서는 최대한 지켜야 한다. 순서가 바뀌면 발언 취지가 왜곡되기 쉽다. 프로그램의 이해를 돕기 위해 순서를 바꿀 필요가 있을 때는 취지를 왜곡하지 않는지 면밀히 검토해야 한다. (<2020 KBS 방송제작 가이드라인>, 11.인터뷰, 105쪽)

▶ 인터뷰의 내용을 모두 사용하지 않거나, 일부만을 인용하고 나머지 내용들은 해설, 설명 등으로 처리하고자 할 때는 인터뷰 대상자에게 사전에 양해를 구해야 한다. (<2020 KBS 방송제작 가이드라인>, 11.인터뷰, 106쪽)

Q 72

취재 및 보도에 인터뷰 대상자의 동의를 받고 취재를 모두 마쳤다. 그런데 방송 편집단계에서 자신의 인터뷰를 사용하지 말아 달라며 동의를 번복했다. 어떻게 할 것인가?

⊙ 사용하지 않아야 한다. 단, 인터뷰 내용이 개인의 권익에 비해 중대한 공익적 가치가 있다고 판단할 때는 예외로 한다.

▶ 인터뷰 대상자가 인터뷰에 응한 후, 편집 단계에서 삭제를 요청하는 경우가 있다. 이 경우 일단 녹화된 부분은 방송사의 소유로 간주하고, 편집권이 방송사에 있음을 인터뷰 대상자에게 분명히 한다. 단 이러한 사실은 데스크나 책임 프로듀서에게 반드시 보고해야 한다. (<2020 KBS 방송제작 가이드라인>, 11.인터뷰, 105쪽)

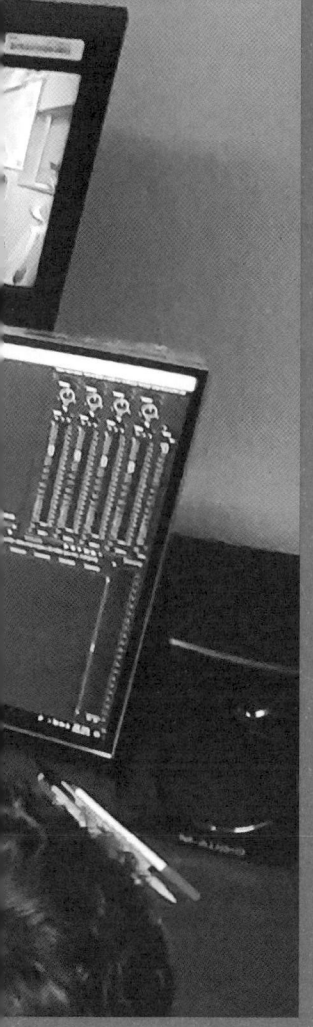

제 3 장

영상편집 가이드라인

01

자료영상의
사용

Q 73

방송사 아카이브에 저장되어 있는 영상을 보도에 사용하는 경우 일반적인 주의사항은? 자료화면임을 알 수 있는 경우에도 '자료화면'이라는 문구를 표시해야 하나?

- '자료화면' 또는 '자료영상' 표시는 사실이나 정보가 시청자들에게 잘못 전달되는 것을 방지하기 위한 것이다. 자료화면 표시에 관한 원칙을 적용할 때, 이러한 제도적 취지를 고려해야 한다.

- 예를 들어, 부동산 시세 동향 보도에서 아파트 부감 영상을 사용하거나 대통령실·대법원·서울중앙지방검찰청 관련 보도에 해당 청사 전경을 사용하는 경우 등에는 자료화면 표시가 없더라도 사실이나 정보 전달의 왜곡이 발생할 가능성이 없기 때문에 표시 없이 사용할 수 있다.

- 자료화면 표시가 없을 경우, 시청자들이 사실이나 정보를 오해할 소지가 있다면 필수적으로 자료화면 표시에 관한 원칙을 따라야 한다.

| 조정 사례 | 모 지자체의 지방선거 투표율이 전국 꼴지라고 보도하면서 투표를

마치고 나오는 A 씨 및 딸의 사진을 게재했다. 동의 없는 사진 사용일 뿐만 아니라 부정적인 취지의 보도라는 점을 고려, 25만원의 손해배상 지급을 명하는 직권조정결정이 내려졌고 양 당사자 모두 동의하여 확정되었다.(2018서울조정1220)

민간요양시설들의 무리한 인건비 절감으로 인해 요양보호사들이 요양 중인 노인을 학대하는 일이 발생하고 있다고 보도하면서 신청인이 운영하는 요양원의 사진을 게재했다. 담당 중재부는 50만원의 손해배상과 함께 기사에 게재된 사진은 참고자료일 뿐, 해당 병원이 노인학대와 직접적인 관계가 없다는 사실을 알리는 알림보도를 게재하는 것으로 조정이 성립되었다.(2018서울조정1450·1451)

방송사 시사고발 프로그램에서 가슴필러 시술 부작용 논란을 다루며 4개의 성형외과 병원 간판을 모자이크 처리하여 4분할 형태의 화면으로 8초간 방송에 내보냈다. 이 병원들 중 한 곳을 운영하는 신청인이 자신이 운영하는 병원은 가슴필러 시술 부작용과 전혀 무관함을 주장하며 정정보도 및 손해배상을 구하는 조정을 신청했다. 심리 결과, 모자이크 처리가 불완전하여 한글 상호는 가려졌으나 중국어 상호가 그대로 노출되었다는 점이 고려되어 홈페이지 다시보기 영상 중 문제의 장면을 삭제하고, 또 위자료로 200만 원을 지급하는 것으로 조정이 성립되었다.(2019서울조정966·967)

외국인 체류자를 대상으로 한 비자 사기 사건에 관해 보도하면서 한 중국 동포가 여행사 앞에서 담배를 피우며 대기하는 모습을 담은 사진을 게재했다. 이러한 기사에 대해 사진에 노출된 여행사를 운영하는 피해자가 자신의 여행사는 비자 사기와는 무관한데도 간판이 노출되었다는 이유로 정정보도 및 손해배상을 구하는 조정을 신청했다. 심리 결과, 담당 중재부는 여행사 간판이 노출된 사진 게재에 문제가 있다고 보아 손해배상 300만원의 지급을 명하는 조정을 갈음하는 결정을 내렸고 양 당사자가 동의하여 확정되었다.(2019서울조정2006·2007)

면 마스크용 교체 필터가 성능이 떨어진다고 보도하며 피해자가 운영하는 쇼핑몰과 제품 이미지를 방송에 내보냈다. 이에 피해자는 자신의 업체는 성능에 아무 문제가 없는 마스크 필터를 판매하고 있다며 정정보도 및 손해배상을 구하는 조정을 신청했다. 심리 결과, 손해배상금으로 300만원을 지급하는 것으로 조정이 성립되었다.(2020서울조정843·844)

양육비 청구 관련 법원 판결 소식을 다루면서 양육비 청구와 아무런 관련이 없는 영상(할아버지와 손녀딸이 함께 있는 장면)이 자료화면으로 사용되었다. 해당 영상은 수년 전 피해자 주택에 태양광시설을 설치하는 과정에서 방송사의 협조 요청에 따라 촬영된 것이었다. 방송에 사용된 자료화면은 블러 처리가 되었으나 불완전하여 피해자의 주변 사람들은 누구인지 알아볼 수 있었고, 이에 손해배상을 구하는 조정을 신청했다. 심리 결과, 담당 중재부는 손해배상금으로 400만원의 지급을 명하는 조정을 갈음하는 결정을 내렸고 양 당사자 모두 동의하여 확정되었다.(2021서울조정1364/1365)

판례

직접적인 관련 없는 수술 장면 사용이 문제된 사례
A방송사는 압수와 수색으로 수술환자가 위험에 처했다는 점을 보도했다. 수사관이 수술실에 난입하는 등 무리한 압수, 수색을 해서 수술 중인 환자가 위험한 상태에 방치됐다고 보도했다. 이 과정에서 A방송사는 병원과 관련이 없는 수술실과 수술 장면을 '자료화면'이라는 자막 없이 배경 화면으로 사용했다. 또 인터뷰이 여성 환자는 보도 당시 문제가 된 환자 당사자가 아님에도 '압수수색 당시 수술 환자'라는 자막과 함께 변조된 음성을 내보냈다. 법원은 1심에서 보도의 허위성을 인정하고 1,000만 원의 손해배상을 선고 했다. 원고와 피고가 항소했으나 각 2심 법원은 각 항소를 기각, 판결은 확정되었다.(서울중앙지방법원 2017. 5. 12. 선고 2016가단5246346 판결 ; 서울중앙지방법원 2017.12. 22. 선고 2017나34171 판결)

관련 없는 영상 사용으로 보도의 위법성이 인정된 사례

유명 연예인 이 모씨 협박 사건을 한 방송사 프로그램에서 다루었다. 이 과정에서 유명 모델(신00) 관련 영상을 자료화면으로 사용했다. 화면 좌측 상단에 '자료화면'이라는 표시는 달렸다. 그러나 자료화면 속 당사자인 신00은 해당 방송으로 자신이 이 모씨 협박범 중 한 사람으로 오해를 받게 되었다며 명예훼손 등을 이유로 정정보도 및 손해배상을 청구하는 소송을 제기했다. 1심(언론사 책임 인정)과 2심(언론사 책임 부정)은 결론을 달리 했다. 1심 법원은 정정보도 및 위자료 2천만 원을 인용하는 판결을 선고했으나 2심 법원은 원고의 청구를 기각했다. 이후 원고의 상고로 대법원 재판 결과, 대법원은 언론사의 책임을 인정, 사건을 2심으로 다시 돌려보냈다. 즉 '이 사건 모델 영상이 나오기 직전 부분의 방송내용을 보면, 관련 고소사건의 피의자 중 1명이 걸그룹 소속 가수 겸 연기자인 D라고 밝히면서 그 걸그룹의 뮤직비디오 자료 영상, D의 가수 활동 자료 사진, D가 출연한 드라마 자료 영상 등을 보여주고 있다. 이러한 흐름 속에서 나머지 피의자 1명의 신원에 관한 보도를 하면서, 이 사건 패션쇼 영상과 이 사건 모델 영상이 나타나고 그 장면에서 진행자는 계속하여 또 다른 피의자 한 명은 모델이라고 하고, 화면 중앙 하단에 '또 다른 피의자는 모델 O양'이라는 자막이 표시되고 있어서, 이러한 일련의 방송 내용을 보는 일반 시청자로서는, 직전에 나온 걸그룹 가수의 영상 자료가 피의자 중 1명이 D라는 것을 나타내는 것과 마찬가지로 이 사건 패션쇼 영상과 이 사건 모델 영상도 나머지 1명의 피의자에 관한 것으로 받아들일 개연성이 크다고 할 것이다. 비록 그 화면이 방영되는 동안 왼쪽 윗부분에 '자료화면'이라는 표시가 있었지만 동시에 그 화면 아래쪽 가운데 부분에 큰 글자로 표시되어 있던 '또 다른 피의자는 모델 O양'이라는 자막이 훨씬 눈에 잘 뜨일 뿐 아니라, '자료화면'이라는 문구 자체로도 그 화면에 나타난 인물과는 상관없는 일반적인 모델 선발대회 영상이라기보다는 당해 보도의 주제인 관련 고소사건에서 아직 신원이 공개되지 않은 특정 피의자 '모델 O양'에 관한 과거 영상자료라고 받아들여질 가능성이 더 크다고 보인다. 그 밖에 '이 사건 모델 영상은 보도내용과 관련이 없다'는 등 당해 보도와 무관한 자료화면이라는 표시도 없었던 점, 이 사건 방송보도는 취재를 기초로 사실관계를 심층적으로 다루는 시사보도 프로그램인 점, 이 사건 방송보도 이전에 언론보도에서는 주로 D에게 초점이 맞추어져 있었고, 나머지 1명의 피의자에 관하여는 언론별로 일치되지 않은 나이와 성씨 정도만 언급되었을 뿐이었던 점 등을 함께 감안해 보면, 일반 시청자들은 이 사건 모델 영상을 관련 고소사건의 나머지 피의자 1명을 지목·암시하는 영상으로 받아들였을 개연성이 크다고 할 것'이라고 판단한 것이다.(대법원 2016.4.15.선고 2015다25296 판결) 결국, 서울고등법원은 최종적으로 언론사에 정정보도와 2,000만 원 손해배상 지급을 명하는 판결을 선고했다.

Q 74

30여 년 전 프로야구 경기 중 관중이 음주·폭행 등 추태를 부리는 장면을 자료영상으로 사용하고자 한다. 이 영상을 보도할 수 있는가?

● 행위의 당사자가 공인에 해당하거나 해당 사건이 역사적 의미를 가진다면, 사용할 수 있다. 그러한 경우가 아니라면 해당 영상 사용에 관해 당사자 동의를 얻거나 모자이크 처리를 하지 않고서는 사용할 수 없다. 명예훼손 및 초상권 등 인격권 침해에 해당할 가능성이 매우 높다.

● 과거의 영상자료를 사용할 경우에도, 현재 영상보도에 적용하는 취재, 보도의 기준을 적용하여야 한다. <영상보도 가이드라인>은 취재원의 인권과 초상을 보호하기 위해 범죄, 폭력, 심리적 충격과 트라우마, 혐오감을 주는 영상의 사용 시 블러처리, 결정적 장면의 사용을 금지할 것을 제시하고 있다.

| 조정 사례 | 각종 비리로 물의를 일으킨 한 복지재단에서 다시 폭행 사건이 발생했다. 이번에 발생한 재단의 폭행 사건을 보도하면서 해당 복지재단 직원들이 사내 행사에 참여하는 모습을 담아 언론에 이미 배포된 바 있는 사진을 재사용했다. 이에 대해 사진에 담긴 복지재단 직원들이 초상권 침해를 주장하며 손해배상을 구하는 조정을 신청했다. 심리 결과, 담당 중재부는 사진 재사용에 관한 동의가 없는 상황에서 모자이크 처리도 없이 부정적인 기사에 해당 사진을 사용한 것은 초상권 침해에 해당된다고 보아 손해배상을 권유했고 양당사자가 위자료 30만원의 지급과 신문 지면에 사과문을 게재하고 홈페이지에 게시된 사진을 삭제하는 것으로 조정이 성립되었다.(2019대구조정32)

Q 75

과거 자료영상(음주, 폭행, 사건사고 장면)을 사용하고자 하는데, 영상 속 인물이 이미 고인이 되었다. 당사자의 생존 여부가 영상 사용의 가능성에 영향을 미치는가?

⊙ 사람의 인격권은 사망 후 30년까지 보호된다(언론중재법 제5조의2 제1항, 제5항). 사망한지 30년이 지나지 않은 인물이라면 생존한 사람에 준하여 취급해야 한다.

⊙ 공인의 경우, 사후에도 생전에 누렸던 공적인 지위의 특성, 공인이 관련되었던 공적 사안의 중요성을 감안해 자료를 사용할 수 있을 것이다.

[관련 법규]

● 언론중재법 제5조의2(사망자의 인격권 보호)

　① 제5조제1항의 타인에는 사망한 사람을 포함한다.

　② 사망한 사람의 인격권을 침해하였거나 침해할 우려가 있는 경우에는 이에 따른 구

제절차를 유족이 수행한다.

③ 제2항의 유족은 다른 법률에 특별한 규정이 없으면 사망한 사람의 배우자와 직계비속으로 한정하되, 배우자와 직계비속이 모두 없는 경우에는 직계존속이, 직계존속도 없는 경우에는 형제자매가 그 유족이 되며, 같은 순위의 유족이 2명 이상 있는 경우에는 각자가 단독으로 청구권을 행사한다.

④ 사망한 사람에 대한 인격권 침해에 대한 동의는 제3항에 따른 같은 순위의 유족 전원이 하여야 한다.

⑤ 다른 법률에 특별한 규정이 없으면 사망 후 30년이 지났을 때에는 제2항에 따른 구제절차를 수행할 수 없다.

Q 76

사건사고에 연루된 운동선수(또는 코치)에 관한 뉴스를 준비 중이다. 그런데 해당 선수(또는 코치)의 경기 및 훈련 영상이 없다. 이 경우, 같은 종목의 다른 선수 영상을 얼굴 노출 없이 자료화면으로 쓸 수 있나?

○ 안 된다. 해당 영상은 그 사건과 직접적인 관련이 없는 것으로 자료화면 사용에 관한 원칙에 위배된다. 당사자 본인의 영상을 사용하는 것이 최선이다.

○ 운동선수는 얼굴을 가리더라도 독특한 몸짓이라든가 신체적 특징으로 인해 특정되기 쉽다. 이로 인해 시청자들이 영상 속 선수(내지 코치)가 사건사고에 연루된 장본인으로 오해할 가능성이 높으며, 의도하지 않은 피해를 초래할 수 있다.

판례

운동선수들은 공인으로 인정될 가능성이 크다. 국가대표인 경우, 국가를 대표한다는 점에서 공인에 가까우며, 프로구단 소속인 선수 역시 연예인과 같은 논리로 공인에 준하는 지위를 부여받는다. 그런데 당사자가 공인이더라도 신원 공개에 신중해야 하는 경우가 있다. 공인인 가해자의 신상이 공개됨으로써 아동에 해당하는 피해자의 신상 역시 공개되는 것과 같은 상황이 되어 아동학대 범죄의 처벌 등에 관한 특례법(아동학대처벌법) 위반으로 처벌받은 사례가 있다. 아동학대처벌법은 아동보호사건 가해자의 인적 사항 방송하는 것을 금지하고 있으며(제35조 제2항), 이러한 보도금지의무를 위반한 방송기자에게 법원은 벌금 100만원의 선고유예를 선고했다.(대법원 2024. 5. 9. 선고 2023도16950 판결)

Q 77

10여 년 전 사회적으로 주목을 받았던 범죄와 유사한 사건이 최근 발생하였다. 최근 사건을 보도할 때, 10여 년 전의 사건 영상이나 과거 범죄로 복역 후 출소하는 사람을 촬영한 영상을 사용해도 되는가?

● 현재 시점에서 발생한 사건이 과거 범죄와 유사하다는 이유로, 10여 년 전 사건의 영상이나 과거 범죄로 복역 후 출소하는 인물의 모습을 자료화면으로 사용하는 것은 시청자를 오도할 수 있으므로 주의가 필요하다.

● 수년이 지난 사건을 다시 보도할 경우, 그 사건이 사회에 끼친 파장이나 국민의 알 권리 등을 종합적으로 고려하여 판단해야 한다. 10년 전 사회적으로 큰 이슈가 되었던 범죄로 복역 후 출소한 사람은, 경우에 따라 공인에 준하는 위치로 볼 수도 있을 것이다.

판례

범죄를 저지르고 교도소에 복역 중인 사람에 관한 보도의 적법성에 관한 사례

원고는 2012년 9월 대구 동부경찰서 유치장 배식구를 이용해 탈옥하여 언론에 대대적으로 보도되었던 사람이다. 2014년 6월 보도 당시, 원고는 교도소에 수감 중이었고, 자신에 관한 보도에 관해 손해배상청구소송을 제기했다. 이에 대해서 법원은 '이미 보도되고 확정된 범죄사실에 대해 다른 언론매체가 이를 재차 인용, 편집하였다면 피고가 출소하여 사회로 환원하였다는 등 피고의 사생활을 더 보호하여야 할 특별한 사정이 없는 한 일반 국민들의 알 권리를 보장하는 차원에서 공공성을 인정할 수 있다'고 판단했다. 물론, 이 소송의 당사자인 원고는 '사회적으로 이슈가 되는 범죄사건을 일으킨 사인이, 스스로 사회에 상당한 파장을 일으켜 놓고 정작 자신은 사생활의 영역으로 은둔할 것이니 그 실명 또는 범죄사실을 공개하지 말라고 요구할 권리는 없다고 보이고 오히려 그러한 사회적 파장을 일으키고 공적 관심을 불러일으킨 것에 상응한 불이익은 상당 정도 수인하여야 한다고 보인다.'는 이유로 패소했다.(대전지방법원 홍성지원 2015. 11. 24. 선고 2015가단5682 판결)

시일이 지난 성추행 사건을 재조명한 기사의 공익성을 부정한 사례

교육 관련 기업 A사의 전 대표였던 B는 2014년 7월과 10월에 성추행 사건을 일으켜 2016년 4월에 법원으로부터 징역 8월의 실형을 선고받았다. B의 성추행 관련 보도는 법원 판결 선고 전후로 주로 이루어졌다. 그런데 C언론사에서 2017년 8월 갑자기 교육계 관련 보도를 하면서 B의 성추행 사건을 언급했다. 이러한 기사에 관해 법원은 'B의 성추행 사건은 2014년 7월 및 10월경에 발생하였고, 2016년 1월경부터 다수의 언론매체에 기사화되었다. 이 사건 기사가 게재된 2017. 8. 2.에 새삼스럽게 B사건이 재조명 되어야 할 특별한 사정은 엿보이지 않는다. 이 사건 기사에 적시된 교육계의 성추문 사례들은 모두 교육자와 피교육자 사이에서 발생한 성추행 사건들인데, B의 성추행 사건은 고용자와 피고용자 사이에서 발생한 성추행 사건이어서 다른 사례들과는 이질적이다. 이 사건 기사에서 적시된 사례의 대부분은 성추문 발생기관과 가해자가 비실명으로 처리되어 있는데, 원고와 B의 경우 부제, 소제목, 본문에서 거듭하여 실명이 언급되고 있다. 이 사건 기사 중 원고에 관한 부분은 원고를 비방할 의도로 작성된 것으로 보인다고 하여 해당 언론사의 손해배상(3천만 원) 및 기사 수정 책임을 인정했다.(서울남부지방법원 2018. 8. 30. 선고 2017가합110978 판결)

Q 78

수개월 전에 취재한 인터뷰 영상이나 과거에 방송되었던 인터뷰 영상을 보도에 활용할 수 있는가?

● 과거 영상자료를 현재 보도에 활용하는 경우, 반드시 해당 인터뷰의 취재일자와 과거 방송일자 등을 자막으로 명확히 표시해 시청자가 오인하지 않도록 해야 한다.

● 취재진의 편의에 따라 과거 인터뷰 내용을 인터뷰이의 현재 시점 입장인 것처럼 사용하는 것은 취재 윤리에 어긋난다.

☑ 연관 사례

지역의 한 방송은 2023년 10월 11일 저녁 뉴스에서 '황금연휴 관광객으로 북적인 ○○○, 1000만 관광도시 명성 되찾을까?'의 리포트에서 2022년 6월 24일 보도된 '관광 명성 되찾는 ○○ 천만 관광객 넘본다'의 영상을 재사용했다. 또한 시민 인터뷰가 그대로 사용됐고, 같은 영상을 두고 2022년에는 '평일'이라고 표현했으나 2023년 방송에서는 '주말'이라고 표현했다. 민언련은 논평을 통해 "메인뉴스에 영상과 인터뷰까지 재탕한 ○○방송의 보도는 시청자를 기만한 것으로 언론 윤리를 심각하게 위배했다"고 비판했다.

02

블러 처리와
음성변조

Q 79

사회적으로 관심이 커진 사건의 피의자가 체포되었다. 그의 초상을 촬영하여 보도할 수 있는가? 수갑이나 포승줄을 블러 처리해야 하는가? 성범죄자의 경우는 어떠한가?

- 중요한 것은 피의자의 신원을 공개해도 가능한지 여부다. 피의자가 사인이라면 그의 초상을 공개하는 것은 법적 책임이 따를 수 있다.
- 「특정중대범죄 피의자 등 신상정보 공개에 관한 법률」에서 초상이 공개되는 사건이 아닌 한 일반 사인에 해당하는 피의자, 성폭행범의 초상을 공개하는 것은 제한된다.
- 피의자의 수갑이나 포승줄이 덮개나 수건 등으로 가려지지 않았을 경우, 인권 존중 차원에서 블러 처리를 하는 것이 바람직하다.

▶ 경찰청의 「수갑 등 사용 지침」에 따르면 피의자를 호송할 때는 수갑이 타인에게 노출되어 인격적인 수치심을 느끼지 않도록 수건 등으로 수갑을 가리는 등 필요한 조치를 하도록 규정하고 있다.

[관련 법규]

특정중대범죄 피의자 등 신상정보 공개에 관한 법률(약칭: 중대범죄신상공개법) [시행 2024. 1. 25.] [법률 제19743호, 2023. 10. 24., 제정]

- 제2조(정의) 이 법에서 "특정중대범죄"란 다음 각 호의 어느 하나에 해당하는 죄를 말한다.

  1. 「형법」 제2편제1장 내란의 죄 및 같은 편 제2장 외환의 죄

  2. 「형법」 제114조(범죄단체 등의 조직)의 죄

  3. 「형법」 제119조(폭발물 사용)의 죄

  4. 「형법」 제164조(현주건조물 등 방화)제2항의 죄

  5. 「형법」 제2편제25장 상해와 폭행의 죄 중 제258조(중상해, 존속중상해), 제258조 의2(특수상해), 제259조(상해치사) 및 제262조(폭행치사상)의 죄. 다만, 제262조(폭행치사상)의 죄의 경우 중상해 또는 사망에 이른 경우에 한정한다.

  6. 「특정강력범죄의 처벌에 관한 특례법」 제2조의 특정강력범죄

  7. 「성폭력범죄의 처벌 등에 관한 특례법」 제2조의 성폭력범죄

  8. 「아동·청소년의 성보호에 관한 법률」 제2조제2호의 아동·청소년대상 성범죄. 다만, 같은 법 제13조, 제14조제3항, 제15조제2항·제3항 및 제15조의2의 죄는 제외한다.

  9. 「마약류 관리에 관한 법률」 제58조의 죄. 다만, 같은 조 제4항의 죄는 제외한다.

  10. 「마약류 불법거래 방지에 관한 특례법」 제6조 및 제9조제1항의 죄

  11. 제1호부터 제10호까지의 죄로서 다른 법률에 따라 가중처벌되는 죄

- 제4조(피의자의 신상정보 공개) ① 검사와 사법경찰관은 다음 각 호의 요건을 모두 갖춘 특정중대범죄사건의 피의자의 얼굴, 성명 및 나이(이하 "신상정보"라 한다)를 공개할 수 있다. 다만, 피의자가 미성년자인 경우에는 공개하지 아니한다.

  1. 범행수단이 잔인하고 중대한 피해가 발생하였을 것(제2조제3호부터 제6호까지의 죄에 한정한다)

  2. 피의자가 그 죄를 범하였다고 믿을 만한 충분한 증거가 있을 것

  3. 국민의 알권리 보장, 피의자의 재범 방지 및 범죄예방 등 오로지 공공의 이익을 위하여 필요할 것

형사사건의 공보에 관한 규정(법무부 훈령 제1437호, 2022. 7. 22., 일부개정)

제3장 초상권 보호

- 제20조(사건관계인 출석 정보 공개금지 및 수사과정 촬영 등 금지)
  ① 제2장 제2절의 각 규정에 따라 공개 가능한 경우를 제외하고는 사건관계인의 출석 일시, 귀가 시간 등 출석 정보를 공개해서는 안 된다.
  ② 사건관계인의 출석, 조사, 압수·수색, 체포·구속 등 일체의 수사과정에 대하여 언론이나 그 밖의 제3자의 촬영·녹화·중계방송을 허용해서는 안 된다.
  ③ 사건관계인이 원하지 않는 경우에는 언론이나 그 밖의 제3자와 면담 등 접촉을 하게 해서는 안 되며, 언론 등과의 접촉을 권유하거나 유도해서는 안 된다.
- 제21조(초상권 보호조치) 검찰총장 및 각급 검찰청의 장은 제20조 제2항이 실질적으로 이행될 수 있도록 다음 각 호의 조치를 취할 수 있다.
  1. 검찰청에서 수사 과정에 있는 사건관계인의 촬영·녹화·중계방송 제한
  2. 검찰청 내 포토라인(집중촬영을 위한 정지선을 말한다)의 설치 제한
- 제22조(신병 관련 초상권 보호조치) 교도소·소년교도소·구치소 또는 그 지소의 장은 체포·구속영장의 집행, 체포·구속적부심 및 검찰·법원의 소환에 따른 계호 과정에서 피의자 및 피고인이 촬영·녹화·중계방송을 통하여 언론에 노출되지 않도록 적절한 조치를 취해야 한다.

판례

라이브 방송에서 피의자의 연행 장면을 내보낸 것이 위법하다고 본 판례

2014년 6월 세월호 사건 관련하여 검찰이 금수원을 압수, 수색하는 과정을 방송사에서 실시간 중계 방송했다. 이 과정에서 금수원 관계자인 원고가 긴급 체포되어 수갑을 찬 장면을 그대로 방송에 내보냈고 이를 이유로 손해배상청구소송을 제기했다. 이에 대해 법원은 초상권 침해를 인정, 700만 원의 위자료 지급을 명하는 판결을 선고했고 생방송 중이었다는 언론사 항변에 관해서도 "당시 생방송 중이어서 원고 얼굴 등에 바로 모자이크 등의 처리를 하는 것이 어려웠다 하더라도 피고는 여러 대의 카메라를 이용하여 수색현장을 촬영하고 있었으므로 다른 장면 내지 원고의 모습을 식별하기 어려운 장면을 방송하는 것이 기술적으로 불가능하지 않았다"고 판시하였다. 특히, 초상권 침해에 관하여 법원은 "피고는 원고의 동의 없이

원고의 얼굴 및 원고가 체포되어 연행되는 모습을 촬영하여 이 사건 방송을 통하여 원고의 얼굴을 모자이크 처리 등을 하지 않은 채 누구나 알아볼 수 있는 상태로 정면으로 내보내고, 연이어 수갑을 차고 있는 원고의 뒷모습을 계속하여 노출시킴으로써 원고의 초상권을 침해하였다. 이러한 피고의 행위는 불법행위를 구성한다고 할 것이므로, 특별한 사정이 없는 한 피고는 원고에게 이로 인하여 원고가 입은 정신적 손해를 배상할 의무가 있다. … 이 사건 방송이 공익적인 목적으로 이루어진 것이고, 급박한 수색 현장 상황을 실시간으로 보도한 것임을 고려하더라도, 피고가 이 사건 방송을 통하여 수사기관의 금수원 수색과정에서 체포된 상태에 있는 원고의 초상을 노출한 것은, 그 침해행위의 필요성 및 긴급성이 그 침해법익의 중대성에 비하여 우월하다고 할 수 없고, 그 침해방법 및 정도도 상당하다고 할 수 없으므로, 결국 그 위법성이 조각된다고 볼 수 없다."라고 판단했다.(서울중앙지방법원 2015. 12. 2. 선고 2015가합9115 판결)

Q 80

공개된 장소에서의 기자회견이나 일반적인 취재 현장에서 뒤로 지나가는 일반 시민이나 배경이 되는 주변 모습을 블러 처리해야 하나?

◑ 특정인이 부각되지 않은 풀샷이나 일반적인 인파, 거리풍경 등은 블러 처리하지 않아도 무방하다.

◑ 초상권 동의를 받지 않은 인물이나 상호명이 부각되었거나 개인정보가 담긴 장면은 해당 부분을 블러 처리한 후 보도해야 한다.

Q 81

영상 편집 시 블러 처리의 강약은 어떤 기준으로 이뤄져야 하는가?

◑ 블러 처리나 음성변조 처리의 이유는 취재원의 식별가능성을 막고자 함이다.

- 블러 및 음성변조 처리는 주변 사람들이 당사자를 식별할 수 없을 정도로 철저하게 해야 한다. 법원은 당사자의 동일성을 식별할 수 있는 가능성을 중요한 판단 기준으로 삼고 있다.

판례

모자이크 및 음성변조를 어느 정도로 해야 하는지에 관한 판례

음성변조 및 모자이크 처리는 주변 사람들이 당사자가 누구인지 알아볼 수 없을 정도로 확실하게 해야 한다. 다시 말해, 당사자의 동일성 식별 가능성이 중요한 판단 기준이 되고 있다. 법원은 초상권 내지 음성권 침해를 피하기 위해서는 원고로부터 아무도 원고를 알아볼 수 없도록 하여 달라는 조건하에 취재 및 방영을 승낙 받은 이상 영상을 모자이크 무늬로 가리고 음성을 변조하는 등 원고 주변 사람들을 포함한 일반인들이 피촬영자가 원고임을 알아볼 수 없도록 적절한 조치를 취한 다음 이를 방영하여야 한다고 판시한 바 있다.(대법원 1998. 9. 4. 선고 96다11327 판결)

| 조정 사례 | 음성변조를 했음에도 불구하고 그 정도가 약하여 음성권 침해가 인정되어 손해배상으로 이어진 조정 사례(2015서울조정2237, 2238)가 있다. 결국, 음성변조를 한다면 음성에 의한 당사자 식별이 불가능할 정도로 해야 할 것이다.(언론중재위원회, 알면 유용한 언론분쟁 Q&A)

Q 82

사회적으로 인식이 좋지 않은 사건·사고가 발생했다. 현장을 취재하여 보도하고자 한다. 보도 이후 해당 지역 일부 주민들의 반발이 예상되는 경우, 취재 현장이 식별 불가능하도록 건물이나 거리 등을 블러 처리하여 보도해야 하는가? 블러 처리를 하지 않았을 때 취재진은 법적인 책임을 지는가?

- 사건이 발생한 장소에 대한 정보를 제공하는 것이 공익적이고 뉴스 가치를 지닌다면, 이에 대한 충실한 영상취재와 보도가 필요하다.

- 개방된 장소를 촬영한 영상은 블러 처리하지 않아도 법적인 문제가 발생하지 않는다.
- 다만, 촬영장소가 누구나 갈 수 있는 개방된 장소라는 이유로 해당 공간에 있는 인물의 촬영과 공개가 허용되는 것은 아니다. 초상권 동의를 받지 않은 인물, 개인정보 등은 블러 처리한 후 보도해야 한다. 특히 부정적인 뉴스에서 특정인이 부각된 영상은 초상권 침해 소지가 크다.
- 영상 블러 처리 여부와 무관하게, 보도에 있어 '사건명'에는 특정 지역명을 포함하지 않아야 한다.

Q 83

순직 소방관, 군인, 의인 등 인물의 장례식을 보도할 때, 영정사진에 블러 처리를 해야하는가?

- 유족의 동의를 얻었다면 블러 처리 없이 보도할 수 있다. 그러나 유족의 동의를 얻지 못했다면 블러 처리해야 한다.
- 최근 들어 장례식, 장례식장은 취재와 보도를 자제하는 경향이 있다. 또한, 불가피하게 영정사진이 촬영된 경우, 유족의 동의 여부와 무관하게 블러 처리하는 추세이다.

Q 84

공개된 장소에 설치한 합동 분향소나 시민 분향소 내의 영정사진에 블러 처리를 해야 하는가?

- 공개된 장소에 설치한 합동 분향소 내의 영상취재가 허용되었다면 영정사진은 블러 처리 없이 보도할 수 있다고 간주할 수 있다.
- 단, 취재에 앞서 유족 대표 또는 현장 관리자와 영정사진의 촬영 및 영상 보도에 대한 가능 여부를 확인하는 것이 바람직하다.

Q 85

인터뷰이가 익명 보도를 요청한 경우, 반드시 인터뷰 영상을 블러 처리하고 음성변조하여 인터뷰이의 신원을 보호해야 하는가? 또한 인터뷰이의 별도 요청이 없더라도, 취재진이나 제작진이 신원 보호의 필요성을 느낀다면 관련 조치를 할 수 있는가?

- 신원을 보호할 필요가 있을 때 영상, 음성을 가공해서 사용할 수 있다.
- 공적 사안에 관한 보도일 경우 익명 요청을 수용할 수 있다.
- 인터뷰이의 요청을 받아들였거나, 취재진이나 제작진이 인터뷰이의 신원을 보호하기로 결정했다면, 음성변조, 영상의 블러 처리, 배경 화면의 익명 처리 등 정보 제공자의 주변에서 인지할 수 없도록 철저하게 익명성을 보장

해야 한다.

▶ <KBS 방송제작 가이드라인>은 익명 보도를 위한 편집 원칙을 다음과 같이 제시하고 있다.

　- 정보 제공자의 신원을 보호하기 위한 음성의 가공은, 필요한 경우에 한해 최소한으로 사용해야 한다. 부득이 음성을 가공할 경우에는 알아듣기 어려운 점을 보완하기 위해 발언 내용을 자막으로 표시하도록 한다. 또 음성을 가공했다는 점과 왜 음성을 가공했는지를 자막이나 멘트로 밝혀 주는 것이 바람직하다. (<2020 KBS 방송제작 가이드라인>, 13.편집과 포스트 프로덕션, 115쪽)

　- 명성 보장을 위한 영상가공: 취재제작 과정에서 취재원이나 취재 대상의 익명성을 보장하기 위해서 모자이크나 포커스 아웃 등의 기법의 사용이 불가피한 경우가 있다. 정보 제공자나 근친자의 신변에 위험이 미칠 가능성을 고려하지 않고 인터뷰를 했을 경우 등에는 모자이크 등 영상가공이 인정된다. 일단 모자이크나 포커스 아웃 등으로 출연자의 익명성을 보호할 경우에는 인터뷰한 사람과 가까운 사람들도 알아보지 못하도록 완벽하게 처리해야 한다. 또한 익명성의 보호가 더욱 요구되는 경우에는 대역 재연, 음성 대독의 방법을 사용할 수 있으며, 이 경우 대역 재연, 음성 대독임을 밝히고, 출연자의 원래 발언과 대역, 대독의 발언이 일치해야한다. (<2020 KBS 방송제작 가이드라인>, 13.편집과 포스트 프로덕션, 119쪽)

03

취재원 제공 영상 사용

Q 86

대통령실, 정부 부처, 지방자치단체 등 중앙 및 지방 행정기관에서 제공한 영상을 뉴스에 사용할 수 있는가? 사용 시 어떤 점을 주의해야 하는가?

- 행정기관에서 제공한 정보와 영상이라고 하더라도 그것의 정확성과 진실성을 검증하려는 자체 노력이 선행되어야 한다. 자료의 출처와 근거를 찾아 검증해야 한다.

- 행정기관이 제공한 정보와 영상이 충분한 보도 가치를 지니고 있는 이슈와 연관되어 있다고 하더라도 반드시 대안적인 영상 자료를 확보하기 위해 노력해야 하며 해당 영상에 관련된 사실 검증을 거쳐야 한다.

- 해당 영상이 주어진 시간 내에서 얻을 수 있는 유일한 자료일 경우 필요에 따라 활용할 수 있지만, 이때에도 해당 영상이 관련 기관에 의해 제공된 자료임을 명확히 고지해야 한다.

- 행정기관이 홍보 목적으로 제작한 영상은 사용하지 않는 것이 바람직하다. 만약 관련된 내용을 보도할 경우 일부 자료를 활용하는 것이 내용 전달 측면에서 적절하다고 판단한다면 해당 기관의 '홍보 영상'이라는 점을 명확히

고지하면서 제한적으로 사용하여야 한다.

Q 87

군, 경찰, 소방본부 등 국가안보, 치안, 재난 등을 관장하는 국가기구에서 제공한 영상을 뉴스에 사용할 수 있는가? 사용시 어떤 점을 주의해야 하는가?

⭕ 행정기관이 제공하는 영상 자료와 동일한 원칙이 적용된다. 즉, 대안적 출처의 확보, 사실 검증, 자료 제공처 고지 등의 사항이 준수될 필요가 있다.

⭕ 단, 국가안보, 치안, 재난 등에 관련된 이슈에서는 시간적으로 촉박하고, 대안적 출처를 확보하기 어렵다는 특징이 고려될 필요가 있다. 편집자의 판단에 의해 해당 사안의 사실성과 보도의 공익성이 일정 수준 이상 인정될 경우 고지 의무 등을 준수하면서 관련 자료를 활용할 수 있다. 이 경우에도 교차 확인 등의 사실 검증을 위한 노력은 선행 및 후행될 필요가 있으며 그에 관련된 새로운 사실이나 검증 결과가 확보될 때에는 지체 없이 관련 내용을 보도해야 한다.

⊙ 제공된 자료의 진실성이나 편향성 등이 의심될 경우, 해당 자료를 보도에 활용하지 않는 편집 결정을 보도책임자에게 요구해야 한다.

▶ 안보, 치안, 재난 기구는 국민의 안전을 위해 필요한 모든 정보와 자료를 즉각적으로 공개할 의무가 있다. 정보와 자료의 출처 및 근거를 되도록 명확히 밝혀야 한다. 홍보 목적의 영상일 경우에는 그것을 가감 없이 고지해야 한다.

Q 88

기업이 뉴스 제작 편의를 위해 대신 촬영해 제공한 영상을 보도에 활용해도 되는가?

| 사례 |
기업, 병원, 제약사 등의 홍보실에서 보도자료와 함께, 현장 스케치 영상과 사용자, 전문가 인터뷰 영상을 제공하는 경우 이를 뉴스에 그대로 내보내도 되는가?

⊙ 본 가이드라인 제2장 「영상취재」의 '8. 인터뷰 및 취재원 보호' 항에 명시된 원칙이 동일하게 적용된다.
⊙ 기업 제공 영상은 원칙적으로 뉴스 제작에 사용할 수 없으며, 행정기관이나 안전 관련 국가 기구보다도 더 엄격한 기준을 필요로 한다.

☑ 연관 사례

BBC는 행사 개최자가 구체적인 설정을 준비해둔 경우(staged events)에 대한 취재자의 유의점을 편집 가이드라인에 구체적으로 적시하고 있다. 주로 안보 위협을 유발하는 경우에 한정되기는 하지만 행사 주최자의 의도에 방송사의 취재 보도가 휘말려 들어서는 안 된다는 점이 강조된다. 기업이나 기관에 의한 홍보 목적의 콘텐츠를 다룰 때에도 마찬가지 원칙이 적용된다.

2017년 12월 한 지상파 방송에서 전자담뱃세 인상에 대한 시민들의 생각을 전하는 내용을 방송하면서 해당 방송사의 직원, 전직 인턴기자 및 담당 기자의 친구를 섭외해 일반 시민의 인터뷰인 것처럼 방송했다. 이에 대해서 방송통신심의위원회는 "취재원 선정의 투명성이 담보되지 않아 사실을 정확하고 객관적인 방법으로 다루지 않은 것"이라는 이유로 방송심의에 관한 규정 제7조(방송의 공적 책임), 제14조(객관성) 위반으로 판단, 권고를 결정했다.(제2018-방송-06-0079호)

Q 89

외부 기관에 뉴스 영상의 취재를 의뢰할 수 있는가?

◑ 불가피한 경우에 한하여 가능하다.

◑ 외부 프로덕션에 취재를 의뢰하는 경우에도 언론사 소속 취재진과 동일한 수준의 적법 절차 및 취재 윤리 기준을 준수하여 확보한 영상만을 보도에 활용해야 한다.

해외사례

일본 TBS의 가이드라인은 다음과 같이 제시한다.

• 자사 방송 인력이 가지 않은 경우 실제의 취재자에게 '영상보도 가이드라인'을 지키도록 요구해야 한다.

• 외부에서 들여온 영상에 대해서 자기 회사의 취재규범을 준수하고 있는지 주의해야 한다. 거짓행위, 재연, 몰래 찍기, 인권, 초상권 등에 문제가 있으면 자기 방송사에 사용할 수 없다.

• 외부 기획사에 보도 목적의 프로그램을 제작 의뢰하는 경우, 기획사의 직원에게도 자사의 '보도윤리 가이드라인'을 준수하도록 하고 이를 계약할 때 확인한다.

블랙박스 · CCTV
온라인 영상 사용

Q 90

교통사고 장면이 담긴 블랙박스 영상을 방송에 사용할 경우, 사고 차량이 아주 짧게 노출되었어도, 사고 당사자의 초상이나 신원이 특정된 것으로 볼 수 있는가?

⭕ 그렇게 볼 수 있다.

⭕ 아주 짧은 시간 노출된 것이라고 하더라도 주변에서 흔히 볼 수 있는 종류의 차량이라면 모르겠지만 대상이나 주변 환경을 통해 당사자를 구별할 수 있다면 당사자 특정이 인정된다.

⭕ 특히 디지털 시대의 방송 영상은 다시보기나 기타의 조작을 통해 당사자를 식별할 수 있는 기술이 충분히 확보되기 때문에 더 큰 주의를 기울여야 한다.

| **조정 사례** | 판례에 따르면 "표현의 내용을 주위 사정과 종합하여 볼 때 그 표시가 피해자를 지목하는 것으로 알아차릴 수 있을 정도"면 당사자 특정은 인정될 수 있다(2001다28619).

문제의 차량이 주변에서 흔히 볼 수 있는 종류의 것이라면 당사자 식별이 어렵

138

겠지만, 매우 희소하거나 특이한 외부 인테리어 등의 사정이 있다면 당사자 특정이 인정될 수도 있다. 관련 사례로서, 평범한 회사 사무실 내부였지만 사훈이 방영되어 당사자 특정이 인정된 판결(2005나10977)이 있다.

CCTV에 담긴 한 정육식당의 내부 모습이 순간적으로 보도되었으나 단골 손님들이 해당 가게를 알아봤다는 이유로 당사자 특정이 인정된 조정사건(2015 서울조정2859)이 있다.

Q 91

살인 사건이 벌어진 음식점의 CCTV 영상 자료를 제보 받았다. 보도에 사용할 수 있는가?

- 사실 여부와 정확성, 공정성에 대한 판단이 선행되어야 한다. 사실성이 확인된 경우 제공자가 동의한 목적의 보도에 활용할 수 있다.
- 단, 해당 영상이 시청자로 하여금 충격과 혐오감을 자아내서는 안 되며, 당사자의 초상권 등 제반 인격권이 침해되는 방향으로 활용되어서도 안 된다.
- 가급적 영상을 사용하지 않는 것이 바람직하며, 만약 필요한 경우라고 하더라도 희생자의 존엄성, 피해자의 유족이 당하는 물리적, 정신적 고통을 고려하여 해당 영상의 활용에 특별한 주의를 기울여야 한다.
- 한편, 음식점에 설치된 CCTV 영상 공개 시 상호나 전경이 노출되지 않도록 하여 해당 음식점에 영업상의 손실이 발생하지 않도록 주의를 기울일 필요가 있다.

| 조정 사례 | 흉기난동 사건이 벌어진 식당 주인이 선의로 CCTV 영상을 제공하며 식당이 노출되지 않도록 요청했음에도 불구하고 모자이크 처리가 미흡하여 영업상 손실이 발생, 손해배상을 구하는 조정이 신청된 경우도 있다. 이 사건의 경우, 해당 언론사에서 유감표명과 함께 영상 삭제, 200만원의 손

해배상금을 지급하는 것으로 합의가 성립되었다.(2016서울조정8)

방송심의 사례

2011년 6월 3일 모 방송사가 메인 뉴스 시간에 '인천 각목 살인사건 현장'을 담은 CCTV 영상을 여과 없이 보도하여 방송통신위원회로부터 중징계를 받은 바 있다. 당시 방송통신심의위원회는 방송법 제100조 제1항에 따른 법정제재인 '시청자에 대한 사과 및 해당 방송 프로그램 관계자에 대한 징계 조치'를 결정했다. 영상을 모자이크 처리했음에도 불구하고 가해자의 행동이 그대로 드러나는 살인사건 현장 영상을 공개해 사회에 큰 충격을 준 사실이 인정되며, 지상파 방송에서 가족시청시간대에 방송된 점, 그리고 유사 사례로 제재 조치를 받았음에도 이와 같은 일이 반복해서 일어난 점 등을 고려할 때 심의규정을 명백히 위반했다고 보았다.

2017년 12월 한 종편 뉴스 시간에 서울의 한 거리에서 발생한 살인 사건을 보도하면서 피해자가 칼에 찔려 쓰러지는 모습 등이 녹화된 CCTV 영상을 자료화면으로 방송하고, 범죄 상황을 지나치게 상세하게 묘사함으로써 시청자에게 충격이나 불안감을 줄 수 있는 내용을 방송했다는 이유로 방송심의에 관한 규정 제37조(충격·혐오감), 제38조(범죄 및 약물묘사) 위반으로 판단, 향후 관련 규정을 준수하도록 의견을 제시했다.(제2018-방송-17-0207호 보도교양)

Q 92

유치원 어린이들에게 행사된 폭력에 관한 영상을 확보했다. 그런데 영상의 일부가 빠르게 재생되어 재편집된 것으로 추정된다. 어떻게 할 것인가?

◑ 재편집이 의심되는 영상은 사용하지 말아야 한다.
◑ 특히 유치원 아동에 대한 폭력 영상은 시청자에게 불쾌감을 안겨주고 당사

자에게 심각한 상처를 줄 수 있다는 점에서 원칙적으로 활용되지 않는 것이 바람직하다. 그림이나 그래픽 등으로의 변환 방식을 고려해 볼 수 있다.

⊙ 공익적 목적을 위해 해당 영상을 공개하기로 결정하는 경우에도 보호자의 동의가 필요하다. 초상권을 침해하지 않고 시청자에게 불쾌감을 주지 않는 선에서 편집이 이루어져야 한다.

⊙ 가해자의 폭력행위를 담은 영상은 연속편집이나 영상속도의 조작을 통해, 실제 행위보다 더 큰 가해가 일어난 것으로 강조되거나 오해 되지 않도록 편집에 주의가 필요하다.

판례

2012년 한 방송사는 유치원 교사가 원생을 학대했다는 보도를 하면서 CCTV 영상을 2배 정도 빠르게 재생하는 방식 등으로 편집, 방송했다. 이러한 방송에 대해 법원은 허위보도로 인한 명예훼손 등을 인정해 정정보도와 4천만원의 손해배상을 인정하는 판결을 선고했다. 법원은 '재생 속도를 빠르게 편집하는 것은 단지 해당 행위의 속도 증가에만 영향이 있는 것이 아니라 물리력의 강도를 더 크게 보이도록 하는 데에도 영향을 미친다'고 지적했다.(서울남부지방법원 2014. 1. 9. 선고 2012가합20247 판결)

Q 93

유명 연예인이 자신의 SNS에 게시한 영상, 사진, 글 등을 당사자의 동의 없이 뉴스에 보도할 수 있는가?

⊙ 초상권 및 사생활 침해 가능성이 크다.

⊙ SNS의 특성이 사적 공간에서 공적 공간으로 점차 변경되고 있는 것은 사실이다. 하지만 유명인 스스로 공개 목적을 명확히 표방하면서 게시한 내용이라 판단할 수 있는 경우가 아니라면 관련 영상을 사용하지 않는 것이 바람

직하다.

- ⭕ 유명인이 일반인에 비해 초상권과 사생활 관련 측면에서 인격권이 덜 보호되는 경향이 있는 것은 사실이다. 그러나 본인의 의사와 무관하게, 스스로 공개하지 않은 사적 영역을 공표하는 것은 피해야 한다. 특히, SNS에 공개한 본래의 공표 목적에서 벗어나 이를 부정적 목적으로 사용하는 것은 문제가 있다.

- ▶ 언론중재위원회 <알면 유용한 언론분쟁 Q&A>에 따르면, 보도에 사용된 사진이 어떤 내용을 담고 있는지 검토해야 한다. 사적 영역이라도 내밀영역, 비밀영역, 사적 영역, 사회적 영역, 공개적 영역 등으로 세분화 할 수 있기 때문이다. 대체로 내밀하거나 비밀스러운 사항이 담겨 있다면 당사자가 유명인이라도 초상권 내지 사생활 침해가 될 가능성이 있다. 다음으로, SNS 공간의 특성을 고려해야 한다. SNS가 어느 정도 공개된 공간인 것은 분명하다. 그러나 SNS에 올라온 모든 사진을 보도에 이용할 수 있다고 보기는 어렵다. 특히, 공개 범위를 제한하여 친구 외에는 볼 수 없는 사진이라면 초상권 침해 가능성은 더 커진다.(언론중재위원회(2024), <알면 유용한 언론분쟁 Q&A>, 49쪽).

- ▶ 한편, 해당 사진이 사진저작물에 해당될 수 있다는 점에서 저작권 침해에 대해서도 신경 써야 한다.

| **조정 사례** | 해외 순방 중인 김정숙 전 여사의 패션을 비판하는 SNS 글이 게시되자, 이를 반박하는 네티즌들의 비판이 쏟아지고 있다면서 한 네티즌의 프로필 사진 및 성명이 노출된 SNS 글을 캡처해 보도했다. 이에 해당 네티즌이 자신의 성명과 프로필 사진이 무단으로 공개되었고 또 정치적 성향이 노출되었다고 주장하며 손해배상을 구하는 조정을 신청했다. 심리 결과, 언론사 측이 피해자에게 유감을 표명하고 기사의 열람·검색을 차단하는 조치와 함께 위자료 100만원을 지급하는 것으로 합의가 이루어져 조정이 성립되었다.(2019서울조정82)

특색 있는 자취방에 살고 있는 피해자의 모습이 담긴 특정 유튜브 채널의 내용과 영상 이미지를 피해자 동의 없이 기사화했다. 이에 피해자는 자신이 승낙한 것은 유튜브 채널이었을 뿐, 기사화되는 것에 동의한 바 없다는 이유로 사진 삭제 및 손해배상을 구하는 조정을 신청했다. 심리 결과, 언론사 측이 해당 유튜브 채널 운영자의 승낙만 구했을 뿐, 출연자인 피해자의 동의는 얻지 않았다는 점에 비추어 50만원을 손해배상금으로 지급할 것을 명하는 조정을 갈음하는 결정을 내렸고 양 당사자 모두 수용하여 확정되었다.(2022서울조정267)

판례

공개 설정된 SNS 사진의 무단 사용이 저작권 침해에 해당한다고 본 사례

퀴어축제 관련한 보도에서 해당 축제에 참가한 사람의 페이스북에 올라온 사진을 캡처해서 '○○○ 목사 페이스북 캡처'라는 표시를 달고 사용했다. 해당 사진은 전문적인 사진작가가 촬영한 것이었다. 이에 사진작가가 해당 언론사를 상대로 무단 사진사용으로 인한 저작권 침해를 주장, 손해배상을 구하는 소송을 제기했다. 1심 법원은 "피고가 위와 같이 원고의 복제권 및 전송권을 침해"했다고 보고 언론사의 손해배상책임(100만원)을 인정했다.(서울남부지방법원 2018. 5. 16. 선고 2017가소61059 판결) 이러한 1심 판결에 관해 피고의 항소로 2심 재판이 개시되었다. 재판 결과, 2심 법원 역시 "(이 사건 사진들의) 대상물은 Y 목사이지만 사진저작권은 사진을 촬영한 원고에게 귀속되므로, 그 사진들을 이용하기 위해서는 초상이용에 관한 Y 목사로부터의 허락과 별도로 사진저작권자인 원고로부터 그 이용에 관한 허락을 받아야 한다."며 "페이스북에 게시한 사진을 공개로 설정하였다고 하더라도 피고와 같은 언론사의 사용까지 허락한 것으로 볼 수 없는 점에 비추어 다수의 언론사가 페이스북 캡처라는 형태로 출처를 밝히고 기사를 서술한다고 하여 저작권자의 동의 없이 페이스북에 올라온 사진을 캡처해서 기사를 작성하는 공정한 관행이 있다고 보기 어렵다"는 이유로 피고 측의 저작권 침해를 인정했고 피고의 항소를 기각했다.(서울남부지방법원 2019. 1. 11. 선고 2018나57023 판결)

▶ SBS의 「YouTube 영상 이용에 대한 가이드라인」은 보도과정에서 유튜브 영상 사용에 대한 지침을 다음과 같이 제시하고 있다.

▽ 보도 목적으로, 보도와 직접 관련된 '사실적 영상'만을 이용할 것. 일반적인 보도에서 사용하는 것 외에 유튜브 영상을 별도로 편집 가공하여 수익 사업 등에 사용하지 말 것

▽ 시사적 내용이 아닌 공연 등의 경우에는 그러한 사실 자체를 보도하기 위하여 꼭 필요한 정도로만 영상 클립을 사용할 것. 가급적 인용으로 해석될 수 있는 범위 내에서 이용하되 전체 영상 클립을 사용하지 않도록 유의할 것

▽ 유튜브에 게시된 영상이라는 점을 해당 영상의 주요 부분에 게시자 아이디 또는 출처와 함께 표시할 것

▽ 유럽, 미국 등의 지역 방송 영상을 개인이 유튜브에 올린 경우는 꼭 기사화해야 하는 발생 성격이 아닌 경우는 발제를 자제할 것. 기획 아이템 등의 영상 클립은 사용하지 않는 것을 원칙으로 하되 시사적 사항에 대한 인용은 가능함

▽ 영상 클립에 재사용 금지 등의 표시가 있는 경우는 이용하지 말 것

▽ 영상 클립 게시자의 이익에 반하는 것으로 판단될 특별한 사유가 있는지 살펴볼 것

▽ 유튜브에 게재된 스포츠 경기 등의 영상은 특별한 사유가 없는 한 사용하지 말 것

▽ 유튜브 외의 개인 블로그 영상은 별도 동의를 구하지 않은 상태에서 이용을 금지할 것

▽ 개별 사안별로 유튜브 영상 사용과 관련해 법률적 측면에 의문이 제기될 경우 즉각 정책팀 변호사의 의견을 받을 것

Q 94

일반 시민이 사건·사고 관련 영상을 언론사에 제공하며 뉴스 보도 사용에 동의한 경우, 이를 보도에 활용할 수 있는가?

⊙ 영상의 사실성, 정확성, 공정성에 대한 판단이 선행되어야 한다. 사실성이 확인된 경우 제공자가 동의한 목적의 보도에 활용할 수 있다.

- 해당 영상이 시청자로 하여금 충격과 혐오감을 자아내서는 안 되며, 당사자의 초상권 등 제반 인격권이 침해되는 방향으로 활용되어서도 안 된다.
- 아울러, 저작권 문제에 대해서도 확인해야 한다. 제공자가 직접 촬영한 영상이라면 저작권 문제가 없겠지만 제공자가 직접 촬영한 영상이 아니라면 저작권 침해의 문제가 발생할 수 있기 때문이다.

| **조정 사례** | 한 시민이 자신이 거주하고 있는 아파트에 하자가 있다며 관련 사항을 제보해왔다. 이 과정에서 주방 환기구 사이로 연기가 새어나오는 장면이 담긴 영상을 제공했다. 제보를 받은 기자는 이 영상이 제보자가 직접 촬영한 영상인지, 또 그 영상에 담긴 상황의 의미를 정확히 확인하지 못했고 해당 영상은 아파트의 하자를 보여주는 자료영상으로 방송에 사용되었다. 그런데 해당 영상은 아파트 관리사무소 측에서 연막탄을 피워 악취가 새는 곳을 찾는 과정에서 촬영된 것으로서 실제 상황이 아니었다. 결국, 해당 방송사는 자료영상이 실제 상황이 아닌, 악취가 새어나오는 위치를 찾기 위해 사용한 시연 장면이었다는 취지의 정정보도를 냈다.(2019대전조정3)

Q 95

제보 영상 사용을 위한 일반적 관리 규칙은 무엇인가? 사용권, 사용한도(횟수, 범위 등)에 제한이 있는가? 제공자의 저작권 포기나 혹은 사전 획득에 관련된 문서화 작업이 요구되는가?

- 방송사는 자기 스스로 취재하고 확인한 자료에 근거를 두어야 하며, 그리 하지 못할 경우 사실 확인을 위한 제반의 노력을 기울여야 하고, 저작권, 초상권, 인격권 등을 침해하지 않기 위한 사전사후 조치에 충실할 필요가 있다.
- 제보 영상의 사용권과 사용한도에 관해서는 제보자나 제공자로부터 명시적이고 구체적인 동의를 확보하고 이를 문서화하는 것이 바람직하다.

05

자사보유 영상의
타 용도 사용

Q 96

> 취재 현장에서 촬영한 자료를 활용하여 다큐멘터리 영화를 제작했다. 극장에서 상영하거나 방송으로 내보내도 되는가?

◉ 취재 시 방송뉴스 사용에 관한 초상권 동의를 얻었더라도 상업적인 다큐멘터리 영화 상영으로 이를 변환할 때는 당사자로부터 초상권 사용 동의를 다시 얻어야 한다.

◉ 다큐멘터리와 같이 사실성에 근거를 둔 장르로 재제작하는 것은 기존 뉴스와 시사의 연장에서 유사한 목적을 지닌 것으로 판단할 수 있다. 그러나 그 결과물이 애초의 맥락과 정보를 심각하게 훼손하거나 결과적으로 시청자를 오도할 수 있는 방향으로 제작될 수 있음에 유의해야 한다. 원자료를 재활용하는 제작물의 맥락과 스토리, 해설, 정보에 대한 책임성이 필요하다.

▶ BBC는 아카이브 영상자료를 재활용(re-use)하고 재편집(re-versioning)하는 사안에 대해 편집 가이드라인의 한 장을 할애하여 광범위하고 구체적인 유의 사항을 규정하

며, 여타 항목에서도 영상자료의 재활용에 관련된 지속적인 언급을 마련해 둔다. 요컨대 영상자료의 재활용을 그 자체로 편집 가이드라인의 모든 원칙이 염두에 두어져야 하는 사안이라 간주하는 셈이다. 원자료, 특히 편집 과정을 거쳐 이미 방송된 적이 있는 영상자료의 경우 정확성, 사실성 등의 기본 원칙에 대해 느슨하고 안이한 태도를 갖기 쉬운데, 비록 그것이 단순 인용에 그친다고 하더라도 새로운 맥락 위에 배치할 경우 전혀 새로운 사실성을 가질 수 있으며, 경우에 따라 심각한 오해 및 오도의 위험성을 내포한다고 보는 까닭이다.

Q 97

> 당사자로부터 방송 활용 동의를 받은 영상자료가 있다. 방송 제작을 할 때 이를 다양한 목적으로 활용해도 되는가? 방송사 데이터베이스(DB)에 저장되어 있는 사진이나 영상을 재사용하면 초상권 침해인가?

- 당사자로부터 묵시적, 명시적 동의를 받았다고 하여도 방송사가 자유롭게 활용할 수 있는 것은 아니다. 당사자로부터 해당 영상을 방송 제작에 자유롭게 사용할 수 있다는 동의를 얻은 경우 대체로 문제시되지는 않는다. 그러나 이 경우에도 관련된 동의 의사와 활용 범위에 관련된 문서화 작업을 수행하는 것이 바람직하다.

- 취재원으로부터 제한된 범위 내에서 사용하기로 약속하고 영상자료를 제공받았다면, 해당 영상자료 저장 시 방송사 아카이브 DB의 영상 메타데이터에 사용범위 관련 내용을 기록하고 이를 유지해야 한다.

- 방송사 DB에 저장되어 있는 사진이나 영상을 목적에 따라 재사용하는 것은 초상권 차원에서 크게 문제시되지 않는다. 하지만 피촬영자들이 해당 사진이나 영상을 재사용하는 것에 구체적으로 동의하지 않은 경우 문제가 될 수 있다. 특히 이를 조롱이나 비방 등에 활용한다면 명예훼손에 관련된 문제를 낳을 수 있다.

▶ 언론중재위원회 〈알면 유용한 언론분쟁 Q&A〉에 따르면, 언론사 DB에 저장되어 있는 사진이나 영상자료의 재사용을 포함, 특정 방송 제작 이외의 범위에 대해서 명시적인 의사표시나 동의를 표하지 않은 경우 초상권 침해가 될 수 있다고 본다. 따라서 동의를 받고 촬영한 영상이라도 해당 방송이 아닌 다른 방송 용도로 활용하기 위해서는, 그러한 사용 및 재사용에 대해 미리 동의나 승낙을 받지 않았다면 당사자의 추가 동의를 얻도록 권고하고 있다.

판례

방송된 영상의 재활용 가능성 유무에 대한 사례

법원은 '해당 방송을 영리 목적으로 대량 복제, 판매 및 영리를 목적으로 하지 않더라도 불특정 다수인을 상대로 반복 방영하는데 제공하는 것은 방송프로그램의 통상적 이용의 범위를 넘어서는 것이고, 촬영 동의 외에 원고의 추가적인 동의를 얻었어야 할 것'이라는 이유로 초상권 침해를 인정한 바 있다.(서울남부지방법원 2005. 9. 22.선고 2005가합2739 판결) 또 다른 사건에서 법원은 '(초상권 사용에 대한) 승낙 여부 및 승낙의 범위를 엄격하게 해석해야 한다'고 하면서 공표를 승낙하였더라도 추후 그 초상을 원래의 목적과 다른 형태로 공개하거나 … 당사자가 동의한 때에 전혀 고려할 수 없었던 사정 하에서 공표하였다면 그 공표는 초상권 침해가 된다'고 보고 있다.

06

기타 영상 사용

Q 98

동의를 받지 않고 신문사의 기사 지면이나 다른 방송사 프로그램의 일부를 미디어 비평 프로그램에 사용하면 저작권법 위반의 책임을 지는가?

◉ 미디어 비평 프로그램이 시사보도에 준하는 비평 목적에 따라 공익적 목적을 위해 정당히 활용했다면 저작권법 위반에 해당하지 않는다.

◉ 다만, 그 출처를 반드시 정확하게 명시하여야 한다.

▶ 언론중재위원회 〈알면 유용한 언론분쟁 Q&A〉에 따르면 저작물 이용이 정당한지 여부는 제작하고자 하는 프로그램의 영리성 유무, 성격, 저작물의 종류 및 용도, 이용된 부분이 저작물 전체에서 차지하는 비중과 중요성, 저작물의 현재적 혹은 잠재적 가치에 미치는 영향 등을 고려해 판단한다. 이 사안에서 사용하고자 하는 영상의 전체 길이에 비해 이용하고자 하는 영상의 길이가 차지하는 비중이 그리 크지 않으므로 미디어 비평을 위해 해당 영상을 사용하는 것은 저작권 침해에 해당하지 않을 것이라고 본다.

[관련 법규]

● 저작권법에 따르면, 공표된 저작물은 보도·비평 등을 위하여 정당한 범위 안에서 인용할 수 있고 또 저작자의 이익을 부당하게 해치지 아니하는 범위 내에서는 이용할 수 있다.(제28조, 제35조의3) 또 저작권법 제37조에서는 출처 명시 의무를 부과하고 있다.

| **조정 사례** | 한 지역방송이 해당 지역에서 추진 중인 복선전철 노선에 대한 국비 지원 여부를 둘러싼 논란을 보도하면서 자료영상으로 열차 운영 장면을 담은 외부 영상을 두 차례 사용했다. 그런데 이 영상은 타인의 저작물로서 철도 관련 영상을 전문적으로 촬영·제작하여 유튜브 채널에 게시된 것이었다. 특히, 해당 뉴스에서 영상의 출처에 대한 표시나 고지도 없었다. 이에 영상의 저작권자가 저작권 침해를 주장하며 손해배상을 구하는 조정을 신청했다. 심리 결과, 양 당사자 간에 손해배상금으로 50만원을 지급하기로 하는 조정이 성립되었다.(2023부산조정3)

판례

영상 제작자의 표시를 삭제한 후 방송에 사용한 것을 저작권 침해로 본 사례
한 인터넷 신문사가 촬영하여 유튜브에 게시한 영상을 가져다 방송에 사용하는 과정에서 해당 동영상 우측 상단에 표시되어 있던 해당 신문사의 로고와 제목을 삭제하고, 영상 출처를 '유튜브'라고만 표시했다. 이 사건에서 법원은 저작물의 이용에 대한 출처명시 의무 등을 위반하여 해당 신문사의 저작권을 침해하였다고 판단, 유죄를 선고했다.(서울남부지방법원 2015. 6. 4. 선고 2015노191 판결)

Q 99

예술회관에서 공연 중인 작품을 주최 기관의 동의를 받지 않고 촬영해 보도했다. 저작권 침해인가? 미술전시회의 경우는 어떠한가?

- 저작권 침해가 문제될 수 있는 사안이다.
- 저작권법이 규정한 보도 관련 면책규정에 해당하는지 여부에 따라 상황이 달라진다. 시사보도에 활용된 경우라면 면책될 수 있으나, 그 외의 경우, 특히 영리적 목적에 따른 방송 영상물에 활용되었다면 저작권 침해가 될 수 있다.

▶ 언론중재위원회 〈알면 유용한 언론분쟁 Q&A〉에 따르면, 해당 뉴스가 미술전시회를 알림으로써 관람객의 내방을 유도하는 정도였다면 저작권 침해로 보기는 어렵다.

[관련 법규]

- 방송·신문 등에서 시사보도를 수행하는 경우 그 과정에서 보이거나 들리는 저작물은 보도를 위한 정당한 범위 안에서 이용할 수 있다. (저작권법 제26조) 스케치 형태로 전시장의 모습이 나갔거나 전시물 중 몇 점이 짧게 방송뉴스에 사용된 것에 불과하다면 저작권 침해에 해당하지 않는다. 또, 저작물의 통상적인 이용 방법에 따라 저작자의 정당한 이익을 부당하게 해치지 아니하는 경우에도 보도·비평과 같은 공익적 목적을 위해서는 저작물을 이용할 수 있다. (저작권법 제35조의3)

Q 100

영상기자가 본인이 취재한 보도영상을 소속 방송사 뉴스를 통해 보도하지 않고, 영상자료를 추출하여 본인 개인 유튜브에 올려 대중에 공개할 수 있는가?

- '업무상 저작물'의 사용범위는 소속 방송사의 내규에 따라야 한다.
- 소속 방송사에서 허용한 정상적인 절차 없이 보도영상 자료를 외부로 반출한 경우 방송사가 저작권 침해를 주장하며 해당 기자에게 법적인 책임을 물을 수 있다.

Q 101

공개된 장소에서 취재하고 있는 취재진의 모습을 촬영하여 보도할 수 있는 가? 취재진의 초상권은 보호받을 수 있는가?

| 사례 |
- 수신료 관련 현안을 다루는 국회 상임위원회를 취재중인 공영방송 영상기자의 모습
- 미디어 비평 프로그램에서 특정 현장의 취재진의 모습을 비윤리적 취재현장의 사례로 다루는 경우

◉ 현장에서 취재활동 중인 취재진의 모습은 촬영하여 보도할 수 있다.

◉ 다만, 해당 현장이나 보도의 본질과 관계없는 취재진 개인 초상은 보호받아야 한다.

Q 102

영상편집 등 뉴스 제작 과정에서 출처가 불분명하고 사실성을 검증하기 어려운 영상이 보도에 활용되는 것을 알게 된 경우 어떻게 해야 하는가? 영상기자의 영상자료에 관한 책임과 권한은 어디까지인가?

○ 뉴스 제작 과정에서 취재윤리 위반 사실 발견한 경우, 적극 개입하여 바로 잡는 노력을 기울어야 한다.

▶ 각 방송사는 취재 검증 과정과 범위, 기준, 책임 등을 명시한 내부 가이드라인을 수립해 놓아야 한다. 해당 가이드라인에는 편성규약 등을 통해 근거가 확보된 편집자에 대한 보고의무 규정이 포함되어 있어야 한다.

Q 103

뉴스 프로그램에서 재연한 영상을 사용할 수 있는가?

○ 안 된다. 시청자를 오도할 수 있다.
○ 이미지 컷 사용을 고려해 볼 수 있으나, 이 역시 최소화하는 것이 바람직하다.

▶ <KBS 방송제작 가이드라인>에서는 뉴스에서의 재연 영상 사용에 대해 다음과 같은 원칙을 제시하고 있다.
  - 뉴스에서는 재연을 사용한 보도를 해서는 안 된다. 그 밖의 프로그램에서의 재연은 불가피한 경우에 한해 사용할 수 있으나, 부득이 재연하는 경우에도 시청자가 재연과 실사를 혼동하지 않도록 구분을 명확히 해야 한다. '사실 프로그램'에서의 재연은 객관적 사실을 그리는 데 충실해야 하며, 드라마 구성에서와 같은 심리적 대응 샷이나 리액션 샷은 자제해야 한다.(<2020 KBS 방송제작 가이드라인>, 13.편집과 포스트 프로덕션, 117쪽)

07

AI를 활용한 뉴스영상의
제작과 보도

Q 104

뉴스 및 시사 보도에서 AI를 활용할 수 있는가? AI로 만든 영상을 사용할 수 있는 범위는 어디까지인가?

⬤ 뉴스와 시사 다큐멘터리에서, 실제 촬영을 통해 확보해야 할 영상을 대체하기 위해 AI로 실사풍 영상이나 이미지를 만들어 사용하는 행위는 원칙적으로 금지된다. 실제와 구분이 어려운 AI 생성 영상이 보도에 활용될 경우, '보도영상은 영상기자가 현장의 사실을 조작 없이 기록한 것'이라는 시청자의 믿음을 근본적으로 훼손하여 언론의 공적 신뢰를 심각하게 저해하는 결과로 이어질 수 있다.

⬤ 다만, 뉴스 맥락의 이해를 돕는 보조적인 시각 자료로서 AI로 만든 영상이나 이미지를 제한적으로 사용할 수 있다. 이 경우, 시각적 스타일에서 현실과 충분히 구분될 수 있도록 제작하여 실제 촬영된 영상으로 오인되지 않도록 주의를 기울여야 한다.

⬤ 뉴스 생산을 위한 보조적 작업(기획, 자료 조사, 녹취의 문자 변환, 번역, 정보 처리, 데이터 분석, 시각화 자료 생성 등)의 능률을 높이기 위해 AI를 사용할 수 있다.

⭕ AI로 영상·이미지·음성을 만드는 과정은 윤리적·법적으로 허용되는 범위 내에서 이루어져야 한다. 특히, 실존 인물의 외형이나 음성 등을 시뮬레이션하는 경우 음성권, 초상권, 명예권 등의 침해 소지가 있으므로 당사자 본인 또는 권리보유자의 사전 동의 없이는 원칙적으로 불가능하며, 반드시 윤리 및 법률 검토를 거쳐야 한다. 또한, AI 생성 결과물이 타인의 창작물을 본의 아니게 모방했을 수 있으므로 저작권이나 퍼블리시티권을 침해할 가능성도 검토해야 한다.

⭕ AI로 만든 영상·이미지·음성은 보도 전 사실관계를 왜곡하는 내용이 포함되지 않도록 취재진의 검증을 거쳐야 한다. 제작자는 효율성이 아닌 윤리성과 책임감을 중심으로 의도성, 정확성, 민감성을 신중히 검토해야 한다.

⭕ AI로 만든 영상·이미지·음성을 보도에 사용하는 경우, 'AI로 생성된 영상 (또는 이미지·음성)'임을 알림 문구나 안내 음성 등의 방법으로 구체적이고 명확하게 표시하여 시청자가 실제 촬영된 영상으로 오인하지 않도록 조치해야 한다.

⭕ AI로 영상·이미지·음성을 제작할 때는 사용한 AI 도구와 프롬프트 등 제작과정을 기록하여 보관하는 것을 권고한다. 필요한 경우 제작과정을 내·외부에 투명하게 공개할 수 있어야 한다.

▶ SBS의 <AI 영상 보도 제작 및 활용 가이드라인>에서는 다음과 같은 '절대 금지 사례'를 제시하고 있다.
　▽ [딥페이크 조작 보도] 실존 인물이 하지 않은 말이나 행동을 만들어 사실처럼 보도하는 행위
　▽ [증거 영상 변조] CCTV, 블랙박스 등 증거 영상 자료를 AI로 수정·왜곡한 후 보도하는 행위
　▽ [AI 사용 은폐] 시청자에게 AI 사용 사실을 의도적으로 숨기거나 속이는 행위
　▽ [유해 콘텐츠 생성] 혐오, 차별, 폭력, 선정성 등의 내용을 AI로 제작하거나 유포하

는 행위

Q 105

현재 고인이 된 인물의 외형이나 음성을 AI로 만들어서 보도에 사용할 수 있는가? AI 활용이 불가피한 경우 어떤 조건을 충족해야 하는가?

○ AI로 만든 영상보다 고인을 직접 촬영한 생전 영상자료가 우선적으로 사용되도록 노력해야 한다.

○ AI로 만든 영상을 사용하고자 한다면, 다음의 점들에 주의해야 한다.

▲ 해당 영상의 제작 의도와 사용 맥락이 보도 목적과 공익성에 부합해야 한다.

▲ 사실 관계를 왜곡하는 내용을 포함해서는 안 된다.

▲ 고인의 이해 당사자(유족 등)나 권리 보유자의 사전 동의를 받아야 하며, 윤리적 법률적 검토를 엄격히 거쳐야 한다.

▲ 실사영상으로 오인되지 않도록 세심한 관리와 감수가 필요하다.

▲ AI로 만든 영상이라는 사실을 알림 문구나 워터마크, 안내 음성 등의 방법으로 구체적이고 명확하게 표시해야 한다.(예: "AI 기술을 활용해 고인의 음성과 외형을 재현한 영상입니다", "실제 발언이 아닌 AI 기반 생성 음성입니다" 등)

▲ AI로 만든 영상을 보도에 사용하는 경우, 사용한 AI 도구, 프롬프트 등의 제작과정을 필요한 경우 내·외부에 투명하게 공개할 수 있어야 한다.

☑ 연관 사례

BBC에서 '악마의 시' 작가 살만 루슈디와의 인터뷰를 담은 다큐멘터리를 제작하는 과정에서 작가의 회고록에 나오는 상상 속 대화 장면을 AI를 이용, 영상으로 제작·활용했다. 물론, 이 과정에서 대화 상대방의 동의를 구하지 못했다. 이러한 방식의 다큐멘터리 제작을 다수의 시민들은 바람직하지 않은 것으로 보았다고 한다.(출처: 이윤녕. 공영방송의 책임감 있는 AI 사용, 핵심은 신뢰와 투명성에. <신문과방송>, 2024년 8월호. 40~44쪽)

아카이브 프로듀서 연합의 '다큐멘터리 제작 시 AI 사용 가이드라인'

출처: Best Practices for Use of Generative AI in Documentaries, Archival Producers Alliance, 2024, https://www.archivalproducersalliance.com/apa-genai-initiative

4. 실존 인물 시뮬레이션에 대한 윤리적 고려 사항

생성형 AI 기술을 활용해 실존 인물의 얼굴, 몸, 음성 등을 조작하거나 재현(이른바 '딥페이크')할 경우, 제작자는 보다 엄격한 주의를 기울여야 하며, 아래 항목들을 신중히 검토해야 한다:

- 해당 인물을 제작하려는 시간과 장소에서 실제로 보여주는 1차 사료(원본 영상·사진 등)를 충분히 탐색했는가
- 해당 인물이나 그 이미지·음성의 시뮬레이션 대상이 되는 이해당사자(본인, 유족, 소속 공동체 등)로부터 적절한 동의를 확보했는가; 또한 당사자가 동의를 제공할 수 없는 상황(사망, 의사소통 불가 등)인 경우, 더욱 신중한 윤리적 판단 절차를 거쳤는가
- 해당 인물의 얼굴·몸·음성을 합성 미디어로 재현하는 것이 문화적 민감성이나 역사적 상처를 자극할 가능성은 없는가
- 해당 시뮬레이션이 역사적 기록이나 공공 기억에 악영향을 줄 가능성은 없는가 (세부 내용은 원문 가이드라인의 1번 항목 '1차 사료의 가치' 참조)
- 해당 시뮬레이션의 사용 여부와 맥락이 제작팀 내부와 관객 모두에게 충분히 투명하게 공유되고 있는가 (세부 내용은 원문 가이드라인의 2번 항목 '투명성' 참조)

Q 106

AI로 만든 영상에 잘못된 정보 또는 왜곡된 내용이 포함되어 있다는 사실을 보도 이후 발견했다. 어떻게 해야 하나?

- 문제를 발견했다면 즉각 수정·삭제하거나 정정 등의 조치를 취하고, 그 사실을 명확하게 표시해야 한다. 뉴스 생산에 AI를 활용함에 따라 발생한 문제에 대한 책임은 언론사에 있다.
- 뉴스 생산을 위한 AI 활용은 한국영상기자협회의 윤리강령, 취재보도준칙 및 본 가이드라인(영상보도 가이드라인)에서 정한 기준에 부합해야 하며, 타인의 권리나 이익을 침해하지 않아야 한다.

Q 107

우리나라의 역사적 사건을 다루는 영상물을 제작하는 과정에서 AI를 활용했다. 그런데 AI로 만든 영상 속 인물의 복식이나 가옥의 형태, 자연 풍광 등이 국적 불명이거나 이국적이다. 이렇게 만들어진 영상을 보도에 사용할 수 있는가?

- AI는 기술적 한계로 인해 생성한 영상이나 이미지에 사실과 다른 요소나 허구적 표현이 포함될 수 있다. AI를 활용하여 영상이나 이미지를 제작하는 경우, 반드시 취재진이 사실 확인 등 적절한 검증 과정을 거쳐야 한다.
- AI로 만든 영상이 역사적 사실을 왜곡하거나 부정확한 정보를 포함한 것으로 확인될 경우, 해당 영상은 보도에 사용하지 않아야 한다. 이미 보도가 된 이후 확인이 되었다면 해당 장면을 즉시 수정·삭제하고, 그 사실을 명확하게 고지하여야 한다.
- AI로 만든 영상이 사용된 부분에는 반드시 'AI로 생성한 영상'이라는 표시를 알림 문구 자막이나 화면 내 워터마크, 안내 음성 등의 방법으로 구체적이고 명확하게 해야 한다.

☑️ 연관 사례

2023년 제110회 '이달의 영상기자상' 수상작에 '제주4.3특집-남겨진 아이들'이 선정되었다.

2021년 개정된 '제주4.3특별법'에 의해 '제주4.3사건' 당시, 억울한 누명을 뒤집어쓰고, 피해를 입은 4.3 희생자들에 대한 직권 재심을 다룬 이 보도다큐멘터리는 국가 폭력 희생자들의 가족으로서 그 자녀들이 70여 년간 받아 온 고통과 차별에 대한 증언들을 보여 주었다.

작품 내에서 '제주4.3사건' 당시 자행되었던 군경과 토벌대의 만행, 이로 인한 제주 주민과 희생자들의 피해 상황과 피난 상황 등을 다룬 장면을 AI로 만들어 사용하였다.

심사 과정에서 해당 영상들에 묘사된 '제주4.3사건' 당시의 제주도의 풍경과 가옥, 주민, 경찰, 토벌대 등의 묘사가 전통적인 한국 사회의 모습이 아닌 동남아나 유럽의 느낌으로 표현된 점을 들어, AI로 만든 영상이 자칫 사실을 왜곡하고, 영상의 왜곡 가능성에 대한 주의 없이 보도영상이 자료화될 경우, 자칫 미래 세대들에게 '제주4.3사건'과 관련한 잘못된 영상 정보를 제공할 수 있다는 우려가 제기되었다.

이에 심사위원회는 토론을 거쳐, '제주4.3특집-남겨진 아이들'의 보도다큐멘터리로서의 작품성과 취재·제작진의 노력을 높이 평가하면서도 "생성형 AI를 활용해 생성한 가상 이미지가 그 당시의 역사적 고증이나 지형, 인물들에 대해 사실적이지 못해 작품의 리얼리티를 해쳤다는 평이 있었다"는 심사의견을 명시해 수상작으로 선정했다.

이후 한국영상기자협회는 여러 회원 교육을 통해, 생성형 AI로 인한 영상 정보의 사실 왜곡이 발생하지 않도록 회원들이 주의할 것을 당부하고 있다.

Q 108

AI를 활용하여 영상, 음성, 사진 등을 보정·변형·합성하는 것은 가능한가?

◉ 원칙적으로 뉴스, 시사프로그램에는 현장에서 직접 취재한 영상만을 사용해야 한다.

◉ AI를 활용한 영상·음성·사진의 재가공은 시청자들의 이해를 돕기 위한 목적으로 본래의 사실성과 취재의도를 왜곡하지 않는 범위 내에서 제한적으로 허용될 수 있다.

◉ 다만, 영상·음성·사진이 과도하게 변형되거나 합성될 경우, 원본이 지닌 사실 정보의 맥락이 훼손되어 결과적으로 딥페이크로 인식될 우려가 있으므로 제작과 사용 시 각별한 주의가 필요하다.

◉ 보도 시, 해당 영상·음성·사진이 AI를 이용하여 변형·합성된 것이라는 점을 반드시 알림 문구 자막이나 화면 내 워터마크, 안내 음성 등의 방법으로 구체적이고 명확하게 표시해야 한다.

Q 109

항공기 추락사고가 발생했다. 사고 당시의 실제 영상이 아직 입수되지 않은 상황에서, 목격자의 진술, 사고 발생 장소, 항공기 기종 등 1차 취재 내용을 바탕으로 AI를 활용해 사고 당시 상황을 묘사하는 영상이나 그래픽을 제작하려고 한다. 이와 같이 AI로 만든 영상을 뉴스 보도에 활용할 수 있는가?

◉ 시청자의 이해를 돕기 위한 보조적 시각 자료로서 제한적으로 활용할 수 있다. 다만, AI의 할루시네이션(환각) 현상으로 인해 사실과 다른 허구적 정보가 포함될 위험성이 높다는 점을 인식하고, 사실 왜곡이 없도록 충분한 검증과 감수 과정을 거쳐야 한다.

◉ 시각적 스타일에도 각별한 주의가 필요하다. 피사체의 질감이나 조명 표현,

깊이감 등이 실제 촬영한 영상처럼 보이는 '실사풍 영상'은 시청자가 현장을 직접 촬영된 영상으로 오인할 우려가 있으므로 사용하지 않아야 한다. 그 대신, 시각적으로 인위적이며 가상의 창작물로 인식될 수 있는 '그래픽 풍의 영상'으로 제작하여 사고 상황을 설명하는 것이 바람직하다.

🔴 보도 시에는 반드시 'AI로 만들어진 영상(또는 그래픽)'이라는 표시를 알림 문구 자막이나 화면 내 워터마크, 안내 음성 등의 방법으로 구체적이고 명확하게 고지해야 한다.

※ TV 뉴스에서 사용되는 '일반적인 보도용 그래픽(CGI)'은 시청자에게 직관적으로 '가공된 재현 이미지'로 인식되기 때문에, AI 사용 여부를 별도 표기하지 않고 있다. 그러나 AI로 만든 실사풍 영상은 실제 장면으로 오인될 수 있는 위험이 매우 크므로 사용 자체를 지양하는 것이 원칙이다. AI 생성 기술이 고도화됨에 따라 실제 영상과의 구분이 더욱 어려워질 수 있으므로, 실사풍 영상의 활용에는 각별한 주의가 필요하다.

제 4 장

분야별 가이드라인

01

전쟁 및 내전

Q 110

전쟁 중인 국가의 접경 지역을 취재하던 중, 포격이 간헐적으로 발생하고 있다. 회사는 포격 장면을 촬영하라고 지시하지만, 군은 위험하다며 현장을 벗어날 것을 권고한다. 다만 강제적인 퇴거 조치는 없다. 포격은 예고 없이 발생할 수 있다. 이 상황에서, 현장에 남아 취재를 계속할 것인가? 철수할 것인가? 어떻게 판단해야 하는가?

⭕ 현장의 안전 여부에 대한 판단은 현장 취재진의 결정이 존중받아야 한다. 취재 현장에서는 취재진의 생명과 안전이 최우선적으로 보장되어야 하며, 군의 강제 퇴거 조치가 없는 상황이라 하더라도, 현장 정보를 충분히 확보하지 못한 데스크의 지시는 취재진의 판단보다 우선할 수 없다.

⭕ 보호 장비 확보는 기자 개인이 최종 점검해야 한다. 언론사는 위험 지역에 파견하는 기자의 안전을 위해 재난·위험보도 매뉴얼에 따라 반드시 필요한 보호 장비 및 신변안전을 보장할 보험, 의료, 법률, 경호 서비스 등을 제공해야 한다.

⭕ 언론사는 가장 간편하고 합리적인 방식으로 해당 위험지역 취재보도에 대한 경비를 정산해야 한다.

▶ 〈국가안보 위기 시 군 취재·보도 기준〉에 따라 군으로부터 보호 장비를 대여 받거나 대피장소, 숙식과 이동수단을 제공받을 수 있으나 숙식 경비, 추가 장비 운용비용은 언론사가 부담해야 한다.

Q 111

서해5도에서 발생한 교전이 멎었다. 군인들은 삼엄하게 경계근무에 임하고 있다. 주민들은 평소의 일상적인 생활을 회복했다. 현장은 긴장 상황이긴 하지만 차분하게 관리되고 있다고 판단되었다. 그러나 현장에 도착한 여러 언론사의 기자들은 군인들이 해안을 수색하고 해군함선이 기동 준비를 하는 모습을 연출해 달라고 군에게 요구하고 있다. 기자의 회사에서도 '강력하게 대응하는 우리 군의 현장 모습'을 영상으로 요구하고 있다. 현장의 기자는 어떻게 할 것인가?

◉ 원칙에 관한 쟁점일수록 간단, 명료하게 판단하는 것이 옳다. 현장을 '있는 그대로' 촬영하여 보도해야 한다.

◉ 평온을 회복한 현장과 주민들의 모습을 취재하고 그 의의를 헤아려서 보도하는 것이 저널리즘이다. 영상 연출을 위해 군의 대응 계획에도 없는 수색 정찰이나 함선의 기동을 요구하는 것은 저널리즘을 훼손하는 행위다.

▶ BBC는 '정확성'은 시청자의 신뢰와 BBC의 명성을 유지하는 근간이자 BBC의 기반이라고 말한다. 〈BBC 편집 가이드라인〉은 전쟁, 테러, 비상사태의 취재보도에 있어서 정확성과 불편부당성을 가장 중요한 원칙으로 삼고 있다. 또 비상한 상황에서 사진과 영상을 사용할 때는 편집상의 '명백히 정당한 사유'가 있어야 한다고 말한다.

▶ 뉴욕타임즈는 '정확하고 투명하게' 뉴스를 전달하는 것을 가장 중요한 원칙의 하나로 삼고 있다.

Q 112

대간첩작전이 수행 중인 지역 근처에 있다. 소속 언론사에서 대간첩작전을 촬영해 오라고 한다. 어떻게 할 것인가? 대간첩작전이 전개될 때 군의 통제를 어디까지 따라야 하는가?

⊙ 언론은 작전 현장에 대한 취재를 할 경우 작전 부대에서 제시하는 접근 통제선을 지켜야 한다. 또한 군 당국이 정한 절차를 준수해야 한다. 또 언론은 작전 상황과 관련된 장비 배치와 수량, 군부대의 특정한 위치가 드러날 수 있는 정보나 영상을 촬영하는 데 신중해야 한다.

⊙ 언론은 진행 중인 작전사항, 작전계획, 기밀사항에 관한 보도를 하고자 할 경우 사전에 동의한 절차와 현장 작전 부대가 요청하는 취재 기본 규칙을 준수해야 한다. 이는 한국기자협회와 국방부가 체결한 <국가안보 위기시 군 취재·보도 기준>의 핵심적인 내용이다.

▶ 군은 대간첩 작전과 같은 비상상황이 발생하면 '사실에 입각하여 신속하고 정확한 정보를 제공'하고 브리핑을 해야 한다. 군은 또 현장 취재가 승인된 언론인의 신변 안전을 위해 최대한 안전 조치를 마련하고 보호 장비를 제공하여야 한다. 언론은 군을 관할하는 국방부 등과 수시로 <국가안보 위기시 군 취재·보도 기준>의 이행을 점검하고 위험의 제거와 국민의 알 권리가 조화를 이룰 수 있도록 '취재보도 기준'을 수정·보완해야 한다.

Q 113

전투에서 희생된 시신이 있다. 촬영해도 되는가? 어떻게 촬영할 것인가?

⊙ 해당 장면을 촬영하더라도 이를 보도할 명백히 정당한 이유를 제시하지 못하면 시신 장면을 그대로 방송하는 것은 불가능하다.

○ 블러 처리할 것을 염두에 두거나 블러 처리를 하지 않아도 방송될 수 있는 방식으로 촬영해야 한다.

▶ 처형 장면이나 죽음을 당하는 여러 유형의 영상이 좋은 언론에 방송되는 경우는 매우 드물다. 알 권리 차원에서 정확한 정보를 취재하는 역할을 염두에 두면서 동시에 사망자들의 프라이버시와 존엄성을 존중하는 자세를 잃지 않아야 한다.

▶ 〈국가안보 위기시 군 취재·보도 기준〉에서도 '군 작전 수행 중 전·사상자, 입원환자, 가족 및 장례 등에 관한 취재는 개인의 사생활과 인권을 존중하고 숭고한 희생이 폄훼되지 않도록 한다'고 명시하고 있다.

Q 114

군 작전 중 민간인 피해자가 발생했다. 현장 접근은 가능하다. 군과 민간인 피해자가 촬영에 동의하지 않는다. 촬영해도 되는가?

○ 촬영하지 않아야 한다. 군 작전뿐만 아니라 다른 위험, 재난의 피해자에 대해서도 그의 동의를 얻지 못했을 경우 촬영하면 안 된다.

○ 다만 현장 접근이 가능한 이 사례에서 민간인 피해자의 동의를 얻을 경우 피해 내용과 유형을 고려하여 군의 동의 여부와 관계없이 촬영, 보도할 수 있을 것이다. 그러한 경우에도 피해자의 육체적, 정신적 고통을 고려하고 신체적인 부상이 노출되지 않도록 주의해야 한다.

○ 해외에서 발생하는 전쟁, 내전 등의 취재에서도 동일 원칙을 적용하도록 한다.

▶ 군 작전뿐만 아니라 다른 위험, 재난의 피해자를 그의 동의 없이 촬영해서 보도해서는 안 된다. 피해자의 얼굴을 근접 촬영하거나 피해자가 특정될 수 있는 방식의 영상을 촬영해서 보도하면 안 된다.

Q 115

전쟁 혹은 내전 상황에서 현장을 취재하고 있다. 이때 현장을 통제하고 있는 군에서 촬영 원본에 대한 검사를 요구한다. 기자는 해당 요구에 응해야 하는가?

○ 응할 의무는 없다.

▶ <국가안보 위기시 군 취재·보도 기준>에 따르면, 군사 작전지역에 출입하는 기자에게는 출입등록 및 안전조치에 협조할 의무가 있다. 그러나 이러한 의무는 어디까지나 기자의 안전을 확보하고 군사작전을 방해하지 않기 위한 것일 뿐 보도 내용을 통제하기 위한 것은 아니다. 전시상황이 군에 의한 보도 내용 통제를 정당화하는 근거가 되는 것은 아니다.

▶ 전시 상황 또는 군사 작전 상황에서도 군은 언론의 취재 및 보도 활동을 적극적으로 지원하며 기자의 신변안전 대책을 강구해야 한다.

Q 116

외국에서 발생한 전쟁, 내전, 재난 상황의 취재 시 언론사와 취재진이 준비해야할 것과 현지 활동 시 주의사항은?

○ 전쟁, 재난 지역 등 위험지역 취재 시 안전을 위한 사전조치가 선행되어야 한다. 언론사는 취재진에게 안전을 위한 사전 교육, 적합한 재해방지 장구류, 적절한 제작 장비, 비상연락용 위성전화 등 통신 대책, 보험, 의료, 경호, 법률 서비스 등을 준비해 제공하는 것이 바람직하다. 취재진은 프레스카드 또는 완장 등을 준비하여 현지에서 기자 신분임을 밝힐 수 있도록 한다.

○ 위험지역에서는 현지 사정에 정통하고 응급 조치가 가능한 안내자와 안전한 거점을 확보한 후 취재진의 안전을 최우선적으로 고려한 취재활동을 하는 것을 권고하며, 위험 상황 발생 시 최대한 빨리 안전한 지역으로 피신해야 한다.

● 취재진의 선발, 파견기간 설정·연장, 방송 참여나 뉴스 제작 아이템 등의 결정 시 취재진의 판단이 존중되어야 한다. 특히 생명의 위협을 느끼거나 명확한 안전 확보 없이 취재를 강행해야 하는 등의 상황에서는 취재진의 판단이 최우선적으로 존중되어야 한다.

● 위험 판단 감각의 둔화 방지를 위해 현장의 취재진은 언론사 본부의 데스크와 현장 위험 상황 변화, 안전 경고, 과거 사고 사례 등을 정기적으로 공유하고 논의하는 것이 바람직하다.

● 파견 복귀 이후, 언론사는 취재진에 대한 심리 상담 및 건강 검진을 지원하는 등 재적응을 위한 프로그램을 마련해 운영하는 것이 바람직하다.

전쟁 지역 취재 관련 생각해 볼 문제: '여권법'과 '여행금지국가 취재'

● 2008년 개정 여권법의 시행 이후, 여행금지국가를 취재·보도 목적으로 방문하기 위해서는 외교부 장관의 사전 허가를 받아야 한다. 자국민의 안전을 위한 조치이지만, 사실상의 '취재 허가제'로 언론의 취재활동을 정부가 관리하게 된 셈이다.

● 여권법을 핑계 삼아 언론사들은 고위험과 고비용을 수반하는 전쟁 보도에 대한 비중을 줄여오면서, 장기간 쌓아올렸던 취재 네트워크나 역량 자체가 무너져 내렸다. (한국기자협회, <언론자유 제한하는 여권법, 개정 논의 시작하자>)
  https://www.journalist.or.kr/news/article.html?no=53834

● 2024년 11월 <한겨레>의 보도에 따르면, 2013년부터 2021년까지 9년 동안 외교부 허가를 받아 여행금지국가를 취재한 언론인은 23명에 불과하다. 한 해에 4~8명 수준이며, 아예 한 명도 없는 해도 5번(2015, 2017, 2019, 2020, 2021)이나 있었다. 개정 여권법 시행 전인 2000년대 초 이라크 전쟁 때는 95명의 종군 기자가 있었다. (한겨레, <[단독] 분쟁 지역 취재 싹 자른 외교부 제한…9년간 23명만 허가>)
  https://www.hani.co.kr/arti/society/media/1129777.html

● 2022년 2월 러시아-우크라이나 전쟁 발발 열흘 전, 정부가 우크라이나를 '여행금지국가'로 지정했고, 약 3주가 지난 후에야 KBS 등이 처음으로 외교부로부터 우크라이나 방문 허가를 받을 수 있었다. 외교부는 2박3일이라는 짧은 체류기한 제한까지

두었다. 당시 취재진은 취재후기를 통해 "'예외적 여권 사용'이라는 허가권을 쥔 외교부가 법률이나 시행령의 취지보다 더 엄격한 잣대로 언론의 기능을 제한하는 것은 아닌지. 과연 어떤 법적 권한을 갖고 헌법이 보장한 언론의 자유와 법률이 규정한 '공익적 목적의 취재 보도'를 막는 것인지 묻지 않을 수 없다."고 토로했다. (KBS, [특파원 리포트] 우크라이나 취재기① '2박 3일'의 전쟁 취재와 외교부의 후진적 언론관) https://news.kbs.co.kr/news/view.do?ncd=5432483

- 국내 프리랜서 사진기자가 외교부 장관 허가 없이 여행금지국가인 우크라이나를 방문 취재해 여권법 위반으로 벌금 500만원의 약식명령을 받았다. 한국영상기자협회는 2023년 6월 23일 6개의 언론 현업단체, 21개 언론 관련 시민단체와 함께 기자회견을 열어 "한 저널리스트가 우크라이나 전쟁을 취재 보도했다가 형사처벌을 받아 정식 재판을 청구했다. 언론 자유 확대를 위해 위헌법률심판제청도 법원에 신청하고자 한다"며 "국민의 알 권리를 위해 전쟁 현장을 취재했다는 이유로 언론인이 형사처벌 받는 일이 반복돼선 안 된다"고 밝혔다. 국제기자연맹은 연대 성명에서 "분쟁 지역 취재에 대해 허가제를 시행하는 나라는 전세계에서 한국이 유일하다"라고 지적했다. 약식 명령에 대해 해당 프리랜서 사진기자는 정식재판을 청구했다.

- 2024년 1월 10일 의정부지방법원 고양지원에서 진행된 프리랜서 사진기자의 여권법 위반 5차 형사재판에 증인으로 채택된 외교부 여권과 담당자는 출석하지 않았다. 재판에서는 "외교부로부터 사실조회도 안 오고, 증인도 안 오고, 불출석한 사유서도 오지 않았다"는 점이 지적되었다. 피고인 측 변호사는 "국가기관에서 증인으로 나오지 않고, 사실조회까지 제출하지 않은 경우는 보지 못했다"고 지적했다. 프리랜서 사진기자는 '여권법'에서 규정한 여행금지제도에 대해 위헌법률심판제청을 신청했다. 외교부가 현장을 취재하려는 기자 및 프리랜서 언론인의 출국을 막는 것은 '언론의 자유에 대한 침해'라는 것이다.

(https://www.mediareform.co.kr/1085 [언론개혁시민연대]).

재난

Q 117

안전상의 이유로 경찰에 의해 통제된 붕괴 사고 현장 내부에 진입하여 취재해도 되는가?

⭕ 안 된다.

⭕ 취재 관행을 이유로 보도책임자가 현장 내부 진입 취재를 지시하더라도 현장의 취재진은 이를 수용하지 않아야 한다.

▶ 모든 취재 관행이 윤리적으로 정당한 것은 아니다. 그릇된 취재 방식은 개선되어야 한다.

Q 118

재난사고 희생자의 시신을 촬영하여 보도할 수 있는가? 희생자의 연령, 성별 등에 따라 시신 촬영에 제한을 둘 것인가?

⭕ 공적 관심사로서 국민의 알 권리에 부응함이 명백한 경우가 아니라면 시신

의 촬영을 지양해야 한다.

◉ 시신이 직접 노출되는 방식이 아니라 풀 샷에서 시신이 운송되는 장면, 앰뷸런스로 이송되는 장면 등에 대한 촬영은 가능하다. 그러나 촬영한 영상을 방송에 사용하는 것은 자제되어야 한다.

▶ 한국기자협회 등 언론 4기관이 마련한 〈재난보도 준칙〉은 재난의 취재·보도 과정에서 사망자, 부상자 등 피해자와 그 가족, 주변 사람들의 의견이나 희망사항을 존중해야 한다고 말하고 있다. 피해자와 가족 등의 신상을 공개하는 것은 인격권, 초상권, 사생활 침해 우려가 있으므로 최대한 신중해야 한다고 말한다.

▶ BBC는 재난의 실상을 가감 없이 보도하면서 동시에 인간의 존엄성을 존중할 것을 요구하고 있다. 현장의 생생한 사진을 이용하려면 편집상의 명백히 정당한 사유가 있어야 한다고 요구한다. 또 재난의 피해자의 사망 소식을 피해자와 가까운 사람들이 BBC 콘텐츠를 통해 알게 되지 않도록 가능한 노력해야 한다고 말한다. 희생자의 구체적인 초상을 공개하는 대신 재난 그 자체에 대한 구체적인 정보를 제공하는 방식으로 대응해야 한다고 말한다.

▶ BBC는 개별 희생자의 신원을 밝히지 않고 가능한 신속하게 취재 대상을 좁힐 필요가 있다고 말한다. 비행기가 추락한 사고의 경우 비행 노선, 비행기 편명, 이륙지와 도착지 등의 세부사항을 포함해 보도함으로써 수많은 사람들에게 불필요한 걱정, 정신적 고통을 끼치는 것을 예방할 수 있다고 말한다.

▶ 포터와 릭카르티의 〈취재기자를 위한 재난보도 매뉴얼〉에 따르면 재난 상황에서 사람의 죽음을 촬영, 방송할 때 유의할 점은 다음과 같다.

▽ 타살이건 자살이건 사람이 죽는 장면은 생방송으로 내보내지 않아야 한다. 특히 클로즈업을 하거나 상처나 피 흘리는 모습 등을 의도적으로 방송해서는 안 된다.

▽ 생중계 중일 때 의도적으로 몇 초간의 시차를 두어 무엇을 보여줄 것인지(혹은 보여주지 않을 것인지)에 대해 책임자가 판단할 수 있도록 조치할 필요도 있다.

▽ 살해당한 사람이 누구인지를 밝히거나 보여주기 전에 반드시 그 사람의 친

척들에게 사전에 통지해야 한다. (Walter H. Potter, Mario Ricardi, <Disaster Reporting Manual for Journalists>, https://www.kpf.or.kr/front/research/selfDetail.do?seq=6970에서 전문 확인 가능)

| **조정 사례** | 한 방송사는 암매장된 살인 사건 피해자의 사체 발굴 장면을 보도하고 고인의 생전 모습이 담긴 사진, 가족에게 보낸 문자 메시지를 공개했다. 또 옷가지와 커튼으로 싸여 있는 사체를 방송했다. 유족들은 정신적인 충격과 사생활 침해를 주장했다. 언론중재위는 보도 자체의 공익성은 인정되지만 유족 측의 동의를 받지 않고 사체 발굴 장면을 보도한 행위 등을 이유로 200만 원의 손해배상을 결정했다.(2010경기중재1)

Q 119

재난 희생자 유가족을 촬영하여 보도할 수 있는가? 재난 희생자 유가족이 촬영에 동의하지 않을 때 관련 영상을 어떻게 확보할 것인가?

⊙ 재난 희생자 유가족이 촬영에 동의하지 않을 때 촬영하면 안 된다.

⊙ 재난 희생자 유가족에게 인터뷰를 강요해서는 안 된다.

⊙ 재난 희생자 유가족이 촬영에 동의하지 않을 때 비밀 촬영이나 녹음을 해서는 안 된다.

⊙ 재난 희생자 유가족이 미성년자일 경우 원칙적으로 그에 대한 촬영이나 인터뷰는 하지 않아야 한다. 명백히 촬영, 인터뷰해야 할 이유가 있더라도 미성년자의 부모나 보호자 등의 동의를 얻은 후에 진행해야 한다.

▶ 재난의 희생자 유족이 취재에 동의하더라도 영상 촬영에 동의하지 않거나 미성년자일 경우 그림이나 그래픽 등으로 처리하는 것을 고려해 볼 수 있다.

2017년 7월 한 종편에서 살인 사건 피해자 유족의 얼굴을 노출했다. 이에 대해서 방송통신심의위원회는 '인권을 침해할 소지가 있는 내용을 방송' 했다는 이유로 방송심의에 관한 규정 제21조(인권 보호) 위반으로 판단, 의견 제시를 결정했다.(제2018-방송-04-0054호 보도교양)

Q 120

재난 희생자의 유가족이 촬영에 동의하는 경우, 영상취재 유의점은? 해당 영상 사용의 범위를 어떻게 동의 받을 것인가?

◐ 재난의 희생자 유족에게 촬영 계획, 질문 내용, 질문 방법, 인터뷰 시간, 방송 사용의 용도 등에 대해 사전에 설명해야 한다. 피해자와 그 가족의 심리적·육체적 안정을 해치지 않도록 질문의 내용과 질문 언어를 신중히 선별해서 사용해야 한다.

◐ 촬영에 동의하였더라도 방송되기 전에 방송의 취소를 요구할 경우, 명백히 정당화될 수 있는 사유가 없는 한 인터뷰한 유족의 요구를 수용해야 한다.

◐ 유족이 오열하는 모습이나 슬픔에 잠긴 장면, 부적절한 신체 노출, 재난과 관련이 없는 내용의 인터뷰와 촬영을 삼가야 한다.

◐ 유족이 촬영에 동의하였을 경우 해당 영상이 사용되는 범위를 알려주어야 한다. 해당 날짜 뉴스 편성을 넘어 시사보도 프로그램 등에 사용될 가능성이 있다면 이에 대해서도 동의를 미리 구해야 한다.

◐ 유족의 인터뷰 영상을 반복적으로 활용하는 것은 신중해야 한다. 또 과거에 발생했던 유사한 사건의 자료를 활용하는 것은 자제되어야 한다.

▶ 포터와 릭카르티의 〈취재기자를 위한 재난보도 매뉴얼〉에 따르면 재난 희생자와 생존자들에게 접근하는 방법은 다음과 같다.

▽ 질문, 촬영 전에 먼저 자신이 누구인지를 침착하면서도 분명하게 밝힌다.

▽ 희생자 개개인을 존중하는 태도로 대한다.

▽ "기분이 어떠십니까?", "어떤 기분이신지 이해합니다"와 같은 말을 해서는 안 된다. 자신이 누구인지를 소개한 후 "이런 사고를 당하게 되셔서 유감입니다." 혹은 "힘든 일을 겪고 계신 것을 보니 유감입니다."라고 운을 떼는 것이 가장 최선의 대화법이다.

▽ 희생자나 생존자들이 자신들의 이야기를 자연스럽게 풀어놓을 수 있도록 단답형이 아닌 질문들을 하는 것이 좋다. "언제 이 상황을 알게 되었습니까? 현재까지 누구와 이야기를 나누셨습니까?" 같은 질문이다. 혹은 "OOO가 어떤 사람이었는지 말씀해주시겠습니까?"라는 질문을 던지는 것이 좋다. 그리고 생존자들에게 자신들이 보고 들은 것을 이야기해달라고 요청하는 것이 좋다. 이런 질문은 판단을 요하는 질문이 아니다. 그러나 답을 하는 과정에서 자신이 느끼고 생각하는 것들을 자연스럽게 말할 수 있는 기회가 된다.

▽ 인터뷰를 하지 않겠다고 거부 의사를 표현하거나 정보를 얻어내려는 언론에 대해 불만을 제기하는 경우 즉시 한 발 뒤로 물러서야 한다. 감사하다는 인사를 하고 물러난다. 연락처나 명함을 건네고 "나중에 이야기하고 싶어지시면 연락을 주십시오"라고 추후 연락 가능성을 열어두는 것도 방법이다.

▽ 희생자들에게 주도권을 주어야 한다. 인터뷰 동안 앉아있는 것이 편한지 서 있는 것이 편한지 물어보거나 사고가 발생한 현장을 벗어나 인터뷰를 진행하고 싶은지 등을 물어봐야 한다. (Walter H. Potter, Mario Ricardi, <Disaster Reporting Manual for Journalists>, https://www.kpf.or.kr/front/research/selfDetail.do?seq=6970에서 전문 확인 가능)

Q 121

부상을 입은 피해자가 구조를 요청하고 있는 경우, 구조와 취재 중 어떤 것을 먼저 해야 하는가? 구조가 진행 중인 피해자를 촬영해도 되는가?

● 취재진이 유일한 현장의 구조자이고, 당장의 구조작업이 시급한 상황이라면 구조가 우선시되어야 한다.

● 피해자들이 영상기자에게 구조를 요청하는 상황이 전개될 수 있다. 이 경우 영상기자는 현장 상황을 판단하여 구조 또는 취재를 진행해야 한다.

● 현장에 충분한 구조인력이 있는 경우, 구조작업을 방해하지 않거나 취재진의 안전을 위협하지 않는 상황에서 취재가 가능할 것이다.

● 그러나 초상이 드러나는 등 피해자가 특정될 수 있는 영상이라면 피해자의 사용 동의를 얻지 못할 경우 방송으로 내보내기 어렵다. 이를 염두에 두고 촬영해야 한다.

● 사고가 발생한 것과 사고 피해자에 대한 구조작업을 취재보도하는 것은 국민의 알 권리에 부응한다. 그러나 구체적으로 누가 피해를 입었는가를 알리기 위해 피해자를 근접 촬영하고 이를 방송하는 것은 국민의 알 권리로 직결되지 않을 수 있다.

▶ 협회 윤리강령은 '환자나 사고, 재난에 의한 피해자의 입원 치료를 취재할 때는 당사자들의 동의 없는 취재는 가급적 삼가며, 입원 사실 이상의 정보는 의료 당국의 제보 및 자료 제공에 의존한다'고 규정하고 있다.(한국영상기자협회 〈윤리강령 강령〉 제12항)

| 조정 사례 | 언론사 A, B는 2014년 2월 발생한 경주 마우나오션리조트 붕괴 사고 당시 구조 중인 피해자를 근접 촬영해서 보도했다. 피해자는 이들 언론사를 상대로 초상권 침해에 따른 피해구제 조정을 신청했다. 언론중재위원회 조정 결과 이를 보도한 언론사들은 250~300만원을 배상했다.(2014서울조정376,378,380,680)

방파제에서 낚시를 하던 도중 테트라포드 아래로 추락한 사람을 구조한 후 해경이 심폐소생술 등 응급조치를 시행하는 장면을 담은 사진이 보도되었다. 응급조치에도 불구하고 사망한 상황에서, 유족들이 사진 보도에 동의한 바 없고

해당 사진의 게재로 정신적 고통을 받았다며 손해배상을 구하는 조정을 신청했다. 심리 결과, 담당 중재부는 보도의 공익성은 인정되나 망자의 사진을 반드시 게재할 필요성은 없었고 유사한 기사를 보도한 다른 언론사에 비해 모자이크 처리가 불완전했다는 점을 들어 100만 원의 손해배상금 지급을 명하는 조정을 갈음하는 결정을 내렸고 양 당사자가 동의하여 확정되었다.(2021경남24)

Q 122

재난 현장에 관한 시청자 제공 영상들이 뉴스룸으로 쏟아져 들어온다. 속보를 위해 해당 화면을 그대로 사용해도 되는가?

○ 사실 여부와 정확성에 대한 판단이 선행되어야 한다. 이러한 사항을 확신할 수 없다면 해당 영상을 사용해서는 안 된다.

○ 속보라는 이유만으로 사실 여부와 정확성에 대한 언론의 판단 의무를 포기할 수는 없다.

○ 제공자와 출처를 자막으로 명확히 표시해야 한다. 단 제공자가 실명을 밝히길 거부하는 경우 '시청자 제공'이라는 점을 자막으로 분명히 밝히고 제공자의 신원을 보호한다.

○ 또, 현장감이 높은 영상일수록 시청자로 하여금 충격과 혐오감을 주기 쉽다는 점을 충분히 고려해야 한다.

○ 시청자 제공 영상이라도 초상이 드러나는 등 피해자가 특정되지 않도록 주의해야 한다

Q 123

재난 상황에서 당국은 사건 현장을 부각해서 촬영하지 말라고 한다. 당국의 요청을 따라야 하는가?

- 재난 발생 사실과 피해 상황을 정확하게 보도하고자 하는 목적이라면 당국의 요청에도 불구하고 사건 현장을 부각하여 촬영·보도할 수 있다.
- 재난 상황에서 가장 우선시되어야 할 사항은 인명구조와 보호, 신속한 재난 상황 수습이다. 이와 동시에, 언론에게는 재난 관련 정보를 최대한 정확하고 신속하게 전달해야 할 의무가 있다.

Q 124

> 당국의 재난 구조에 문제점이 비교적 분명한 것으로 보인다. 그런데 취재를 위해 현장에 접근하면 구조가 방해될 수 있다. 이런 경우 구조가 일부 방해된다 하더라도 취재 및 촬영을 해야 하는가?

- 안 된다. 구조작업에 방해가 되지 않는 선에서 취재가 이루어져야 하고, 추후에 구조와 관련해 문제점과 원인을 파악하기 위한 언론의 취재, 검증 작업이 이어져야 한다.
- 재난현장에서 가장 우선시되어야 할 것은 인명구조와 사고수습이다. 물론, 언론의 취재와 보도 역시 중요하지만 인명구조와 사고수습이라는 가치보다 우선할 수는 없다.

Q 125

> 재난 현장이 당국에 의해 완전히 통제되었고 정부는 언론사에 영상을 제공하기로 합의했다. 당국으로부터 영상을 제공받아서 그대로 방송하는 것은 문제가 없는가?

- 언론은 원칙적으로 폴리스라인과 같은 당국이 설정한 취재제한을 준수해야 한다. 또, 병원·피난처처럼 당국에 의해 출입이 통제된 곳에서의 취재를 위해서는 관계기관의 동의를 얻어야 한다.

❯ 따라서 재난 현장이 완전히 통제된 상황에서는 무리하게 영상을 촬영하려고 하기보다는 당국이 제공하는 영상을 사용하도록 한다. 이때 해당 영상이 재난관리 당국이 제공한 것임을 명확히 밝혀야 한다.

❯ 당국이 제공한 영상이 조작되거나 왜곡되었을 가능성에 대해 방송 전·후에 충분히 검증하는 것은 언론의 당연한 책무이다.

Q 126

감염병에 관한 보도에서 주의할 점은?

❯ 전염 방지와 전염병에 대한 정확한 이해를 위해 해당 정보가 영상 속에 포함되어야 한다. '감염병예방법'의 수칙을 숙지해야 한다.

❯ 취재한 영상이 시청자의 불안감을 부추기거나 조장하지 않도록 세심하게 배려해야 한다.

● 환자의 개인정보 혹은 사생활을 적극적으로 보호한다.
● 취재진의 안전을 충분히 확보한 후 취재에 임한다.

▶ 코로나19가 확산되던 2020년 초기에 감염병 취재현장의 혼란이 있었다. 이에 2020년 2월 21일 한국영상기자협회와 한국사진기자협회는 긴급 공지문을 발송했다. 주요 내용은 ▽코로나19의 전방위적 확산으로 현장 취재를 하고 있는 협회 회원들의 건강이 우려되고 ▽과도한 취재 경쟁으로 취재진이 코로나19의 전파자가 될 수 있다는 우려가 나오고 있으며 ▽병원과 검진소 취재시 필히 마스크와 고글 등 보호장비를 착용한 후 최대한 원 거리에서 취재해줄 것 등이다.

▶ 한국기자협회, 방송기자연합회, 한국과학기자협회는 2020년 4월 28일 <감염병 보도준칙>을 제정, 발표했다. '감염인에 대한 취재보도' 내용은 다음과 같다.

　　▽ 불확실한 감염병의 경우 기자를 매개로 한 전파의 우려가 있으므로 감염인을 직접 대면 취재하지 않는다.

　　▽ 감염인은 취재만으로도 차별, 낙인이 발생할 수 있으므로 감연임과 가족의 개인정보를 보호하고 사생활을 존중한다.

　　▽ 감염인에 대한 사진이나 영상을 취재보도에 활용할 경우 본인 동의없이 사용하지 않는다. 권고 사항 중 특히 "감염병 발생시 각 언론사는 특별취재팀을 구성해 감염병에 대한 충분한 사전 교육을 받지 않은 기자들이 무분별하게 현장에 접근하는 일이 없도록 해야 한다"는 내용에 주목할 필요가 있다.

▶ 한국기자협회는 2020년 2월 21일 <코로나19 보도준칙>을 발표했다. 주요 내용은 다음과 같다.

　　▽ 코로나19를 취재 및 보도할 때 가장 중요한 것은 기자 스스로의 안전임을 잊으면 안 된다. 이를 위해 회사 측과 상의해 마스크 등 안전장비를 충분히 지급 받아야 한다.

　　▽ 세계보건기구(WHO)의 공식 병명은 '코로나바이러스감염증-19(코로나19)'이다. 보도 및 방송에서는 공식 병명을 사용해야 한다. 세계보건기구는 2015년 표준 지

침을 통해 지리적 위치, 사람 이름, 동물·식품 종류, 문화, 주민·국민, 산업, 직업군 등이 포함된 병명을 사용하지 말 것을 권고했다. 지역명을 넣은 '00폐렴' 등의 사용은 국가·종교·민족 등 특정 집단을 향한 오해나 억측을 낳고, 혐오 및 인종 차별적 정서를 불러일으킬 수 있으며, 과도한 공포를 유발할 가능성도 있기 때문이다.

▽ 유튜브 등을 통해 급속히 퍼지고 있는 코로나19와 관련한 허위 조작 정보의 재인용 보도 및 방송 또는 인권 침해 및 사회적 혐오·불안 등을 유발할 수 있는 자극적 보도 및 방송을 자제하고, 이를 요구하는 지시가 이뤄지지 않도록 해야 한다.

Q 127

법정 감염병 의심자가 확진 판정을 받았다. 감염은 확산되고 있는 상황이다. 보도책임자는 감염병 환자에 대한 취재 지시를 내렸다. 어떻게 취재해야 하는가?

🔴 메르스, 코로나19와 같이 전염성이 강한 법정 감염병 취재의 경우, 발생 현장을 취재하기 전에 반드시 언론사와 관계 기관에 안전성 유무 확인과 보호 장비 제공 등을 요구하고 이러한 준비가 갖춰진 후에 취재에 임해야 한다.

▶ 취재진은 취재 전과 취재 중 수시로, 또 취재 후에 반드시 필요한 진료를 받아야 한다. 관행이나 시간, 비용을 이유로 필요한 진료를 미뤄서는 안 된다. 언론사는 재난 보도에 임하는 소속 종사자에 대한 진료 지시와 이행 점검의 의무를 부담한다.

▶ 메르스(MERS), 사스(SARS), 코로나19 등 감염병은 「재난 및 안전관리 기본법」, 「감염병의 예방 및 관리에 관한 법률」에서 정의한 '재난'에 속한다. 화생방 사고나 환경오염 사고, 화재와 붕괴, 폭발 등 사회 재난의 한 유형이다. 언론사는 감염병의 취재보도를 할 때 '재난보도' 수준에서 접근해야 한다.

Q 128

방사능 유출로 인해 피해가 발생한 지역에 들어가서 취재하라는 지시를 받았다. 취재해야 하는가?

⊙ 방사능 피폭 지역에는 원칙적으로 영상취재를 위해 진입하지 않는다.

⊙ 안전 전문가와 동행하여 위험성 여부를 확인하며 방사능 피폭 지역의 취재 동선을 계획한다.

⊙ 방사능 피폭은 신체에 심각한 위협이 될 수 있으므로, 취재에 앞서 관계 기관에 피폭 지역의 안전성 유무를 확인해야 한다. 언론사는 취재진에게 보호 장비 등을 제공해야 한다.

⊙ 취재진은 현장 파견에 앞서 전문 의료기관에서 건강 상태를 확인하고, 취재 이후에도 전문 의료기관을 통해 피폭 여부와 건강 상태를 주기적으로 검진 받아야 한다. 피폭으로 인한 취재진의 피해가 확인된 경우, 취재진 가족의 피해 여부도 정기적으로 확인할 수 있도록 조치해야 한다. 또, 피폭으로 인한 질병이 발생할 경우, 이를 지원할 언론사의 구체적 지원책을 단기, 중기, 장기별로 마련해 지원해야 한다.

⊙ 카메라 등 취재 장비의 피폭 여부를 파악하고 문제가 있을 경우 신속히 제염 작업을 해야 한다.

▶ <SBS 위험지역 취재·제작 안전가이드>에서는 다음과 같이 권고하고 있다.

▽ 방사선 누출 취재시, 취재 전 개인선량계(방사선 측정기), 보호구, 여벌옷, 입과 코를 가릴 수 있는 손수건, 생수, 음식, 비닐봉투 등을 준비하세요. 긴급 취재 시 사내 안전보건담당에게 지원 요청바랍니다.

  - 지원품목: 개인선량계, 방사능 보호구

  - 방사능 보호구: 보호복, 보호장갑, 신발덮개, 보호모, 고글, 마스크(KF94/N95) 등

▽ 방사선 누출지역에서는 포장된 음식만 먹고 한번이라도 외부에 노출된 음식은 버

리세요. 담배를 피우거나 껌을 씹어도 안 됩니다.

▽ 비가 오면 우비와 우산을 동시에 사용하세요. 비를 맞았다면 빠른 시간 안에 흐르는 물로 씻으세요.

▽ 방사선 누출지역에선 낙진을 피해야 합니다. 내 쪽으로 바람이 불면 바람을 등지고 직각방향으로 이동해 벗어나세요.

▽ 취재 후 빠른 시간 안에 방사선피폭 검사를 받으세요.
  - 검사기관: 한국원자력의학원 국가방사선비상진료센터 (전화번호 02-3399-5959)

Q 129

조류독감, 구제역 등의 상황이 발생했다. 통제 구역 내의 주민의 고립 문제, 살처분 문제의 취재를 위해 접근해야 하는가? 취재 인력의 생명 위험 가능성은 낮으나 동물 피해의 확산 등이 우려된다. 드론을 활용하여 현장에 접근하는 것은 가능한가?

● 재난보도 매뉴얼에 따라 취재·보도해야 한다. 취재진의 안전성 확보, 동물 피해 확산 예방을 확인하고 취재해야 한다.

● 드론을 활용한 취재의 경우, 방역당국이 제한하고 있는 통제선을 준수해야 한다. 통제 구역 내로 진입하여 영상을 촬영해서는 안 된다.

▶ 조류독감, 구제역 등은 「재난 및 안전관리 기본법」, 「가축전염병 예방법」에서 규정한 사회재난의 한 유형이다. 일반적인 사건 기사와 같은 유형의 취재보도를 지양하고 정부기관이 제시하는 취재절차를 준수하고 각 언론사의 재난보도 매뉴얼에 따라 취재·보도 해야 한다.

▶ <SBS 위험지역 취재·제작 안전가이드>에서는 다음과 같이 권고하고 있다.

▽ 발생지에선 마스크(KF94)를 착용하고 가축의 사체·배설물·털 등은 만지지 마세요.

▽ 축사에 들어갈 땐 마스크(KF94)·방역복·장화를 착용하고 축사에서 나오면 전신과 촬영장비를 소독하세요.

▽ 모기·진드기 등에 의한 2차 전염을 막기 위해 긴 소매와 긴 바지를 착용하세요.

▽ 철새 도래지 인근 경작지(논밭) 출입 시 마스크(KF94)를 착용하고 세척·소독 등 개인 위생관리를 철저히 하세요.

Q 130

정부에서 전염병 환자와 접촉한 사람들에 대해서도 격리 조치에 들어갔다. 보도책임자는 아직 격리되지 않은 접촉자들을 찾아 인터뷰를 시도하라고 한다. 취재에 임해야 하는가?

◯ 현재 상황에서 가장 우선되어야 할 것은 피해 확산의 방지다.

◯ 격리 조치되어야 할 사람들을 접촉하게 되면 자칫 취재진으로 인해 피해가 확산될 위험이 있다. 재난 상황에서 최우선적으로 고려되어야 할 상황은 신속한 방재임을 기억해야 한다. 또한, 취재진은 스스로의 안전을 확보해야 한다.

◯ 불확실한 감염병의 경우 취재진을 매개로 한 전파의 우려가 있으므로 감염인을 직접 대면취재하지 않아야 한다.

◯ 감염인을 대상으로 취재가 이루어진 경우, 단지 취재 대상이 되었다는 사실만으로도 차별이나 낙인이 발생할 우려가 있으므로, 감염인과 그 가족의 개인정보를 철저히 보호하고 사생활을 존중해야 한다.

범죄

Q 131

마약이나 인신매매 등 범죄 현장을 취재하고자 한다. 정보를 제공하거나 취재에 도움을 준 범법자들과 함께 현장에 동행하여 취재할 수 있는가?

🔴 범죄나 반사회적 행위에 있어서 당사자로부터 제보가 있었을 경우에는 취재 전에 정보의 신빙성, 취재내용의 공익성 등 뉴스 가치, 취재방법 등에 대해 보도 책임자와 신중하게 검토해야 한다.

▶ 범죄나 반사회적 행위를 현장에서 취재할 경우 행위자의 동의를 얻어 동행하기도 한다. 그러나 그러한 취재는 시청자에게 그런 행위에 가담하거나 조장하는 것 같은 인상을 줄 수 있다. 범죄제보자가 미화되거나 면책, 영웅시되지 않도록 취재진은 주의해야 한다.

🔴 현장에 있었던 취재진은 범죄를 수사기관에 통보할 책임이 있다. 증언을 법정에서 요구받게 될 가능성이 있다. 최악의 경우 범행의 보조자로 형사책임을 추궁당할 수도 있다는 점을 유의해야 한다.

Q 132

피의자에 대한 인터뷰 등 취재는 가능한가?

⬦ 당사자의 동의만 있다면 원칙적으로 가능하다.

⬦ 다만, 피의자와의 일체의 거래행위, 수사 방해 행위(수사 정보의 제공 등), 피의자의 도주를 방조하는 행위, 새로운 범죄를 유발하는 행위 등은 안 된다.

⬦ 또한, 피의자가 말한 내용의 진위 여부에 대해 다른 취재 등으로 충분히 확인, 검증한 후에 방송해야 한다. 또 흥미 위주의 선정적 보도에서 벗어나 공정하고 객관적인 내용의 보도를 지향해야 한다. 무엇보다, 범죄를 미화하지 않아야 하며 피의자의 일방적인 진술로 2차 가해가 이루어지지 않도록 주의한다.

판례

언론으로 하여금 아동보호사건 가해자 정보를 보도하지 못하도록 한 '아동학대범죄처벌법' 규정이 헌법에 위배되지 않는다고 본 사례

한 종편방송에서 유명 피겨스케이팅 코치가 제자에게 폭행·폭언을 가했다는 의혹을 제기하면서 해당 코치의 실명, 얼굴 사진, 경력 및 사건 발생지 등을 공개했다. 이 일로 해당 방송사 사장과 취재기자는 '아동학대범죄의 처벌 등에 관한 특례법' 위반으로 벌금형을 받았다. 이 과정에서 취재기자는 자신에게 적용된 법조항에 위헌의 소지가 있다고 보아 담당 재판부에 위헌법률심판을 제청해줄 것을 신청했고, 담당 재판부는 이를 받아들여 헌법재판소에 위헌법률심판을 제청했다. 문제된 조항은 다음과 같다.

제35조(비밀엄수 등의 의무) ② 신문의 편집인·발행인 또는 그 종사자, 방송사의 편집책임자, 그 기관장 또는 종사자, 그 밖의 출판물의 저작자와 발행인은 아동보호사건에 관련된 아동학대행위자, 피해아동, 고소인, 고발인 또는 신고인의 주소, 성명, 나이, 직업, 용모, 그 밖에 이들을 특정하여 파악할 수 있는 인적 사항이나 사진 등을 신문 등 출판물에 싣거나 방송매체를 통하여 방송할 수 없다.

헌법재판소는 해당 조항이 가해자(아동학대행위자)의 신원을 공개하지 못하도록 한 이유가 피해아동의 인적 사항 노출을 원천적으로 막음으로써 2차 피해를 방지할 수 있는 데에 있다며 피해아동 보호를 위해 불가피한 측면이 있다고 보았다. 특히, 온라인의 발달, 정보통신 기술의 발전 상황에 비추어 가해자 신상정보의 보도를 금지한 것을 과도하다고 보기는 어렵다고 판단한 바 있다.(헌법재판소 2022. 10. 27. 선고 2021헌가4 결정)

Q 133

피의자의 가족, 친족에 대한 보도는 가능한가?

⊙ 가족 또는 친족의 명시적인 동의가 있는 경우는 가능하다.

⊙ 다만 이 경우에도 피의자의 범죄에 대한 변명, 사실의 왜곡을 불러일으킬 만한 보도를 해서는 안 된다.

⊙ 또, 가족이나 친족에 대한 보도가 범죄 사건의 전체적인 스토리를 해명함에 있어서 직접적인 관련이 있을 경우로 한정한다. 가족이나 가까운 친척에게 사건의 책임이나 사죄를 강요하는 보도를 해서는 안 된다. 특히, 카메라 촬영은 그 자체가 정신적 고통을 줄 수도 있다는 점에서 신중해야 한다.

| 조정 사례 | 미제 사건을 전문으로 다루는 방송 프로그램에서 살인사건 피해자의 유족을 인터뷰한 후 대역배우를 활용, 방송했다. 이러한 방송에 대해 유족 측은 충분한 동의가 없이 인터뷰가 실시되었고, 피해 사실이 구체적으로 드러나 정신적인 피해를 입었다고 주장하며 손해배상을 구하는 조정을 신청했다. 심리 결과, 양 당사자는 방송사 측이 유감을 표명하며 홈페이지 '시청자 의견' 게시판에 사과문을 공지하고 위자료 200만 원을 지급하는 것으로 합의하여 조정이 성립되었다.(2018서울조정2340)

Q 134

취재 도중 피의자를 발견하게 되었다. 피의자의 도주가 예상되는 상황에서 취재를 멈추고 경찰 등에 신고를 해야 하는가? 아니면 계속 추적해서 취재, 촬영을 해야 하는가?

- 범죄의 심각성, 수사 진행 상황 등 여러 상황을 종합적으로 고려해서 판단한다.
- 취재보다 피의자의 검거로 얻을 공익이 더 크고 중요하다고 판단하여 수사기관에 신고하였다면 그 기자의 행동을 무작정 비난하기는 어려울 것이다.
- 취재진의 안전이 담보된 상황에서 신고를 병행할 수 있다면 취재를 계속할 수 있다.

Q 135

수사기관이 피의자의 신상 정보를 공개하기로 결정한 상황에서, 피의자가 얼굴을 고의로 가리는 경우 피의자의 얼굴을 촬영하기 위해 피의자 신체에 물리적으로 접촉해도 되는가?

- 수사기관의 신상공개위원회에서 결정을 한 경우 얼굴에 대한 촬영 및 방송은 가능하다.
- 그러나 피의자가 자신의 얼굴을 가리는 행동은 본능적인 방어권 행사로서 물리력을 동원한 촬영을 허용할 수는 없다.
- 경찰청 훈령인 '경찰수사사건등의 공보에 관한 규칙' 제14조는 경찰관서의 장은 수사사건등의 공보 과정에서 사건 관계인의 얼굴이 공개되지 않도록 유의해야 한다고 규정하고 있다. 또 제16조는 출석, 조사, 압수·수색, 제포, 구속 등의 수사과정을 언론 등이 촬영, 녹화, 중계방송하도록 허용해서는 안 된다고 규정하면서 불가피하게 수사과정이 촬영, 녹화, 중계방송되는 경

우에도 사건관계인이 노출되지 않도록 대비해야 한다고 규정하고 있다. 다만, 동 규칙 제17조(피의자의 얼굴 등 공개)는 '특정중대범죄 피의자 등 신상정보 공개에 관한 법률' 제4조의 요건을 충족하는 피의자에 대해서는 얼굴, 성명 및 나이를 공개할 수 있다고 규정하고 있다. ('(경찰청) 경찰수사사건등의 공보에 관한 규칙' (시행 2024.5.1., 경찰청훈령 제1119호, 2024.5.1.제정)). 이를 감안하면 촬영을 위한 직접적이고 강제적인 신체 접촉은 사회통념이 허용하는 범위를 넘어서는 것으로 봐야 한다.

[관련 법규]
- 특정중대범죄 피의자 등 신상정보 공개에 관한 법률 [시행 2024. 1. 25.] [법률 제 19743호, 2023. 10. 24., 제정]

◇ 제정이유

국가, 사회, 개인에게 중대한 해악을 끼치는 특정중대범죄 사건에 대하여 수사 및 재판 단계에서 피의자 또는 피고인의 신상정보 공개에 대한 대상과 절차 등을 규정함으로써 국민의 알권리를 보장하고 범죄를 예방하여 안전한 사회를 구현함.

◇ 주요내용

가. 내란·외환죄, 범죄단체조직죄, 폭발물사용죄, 살인 등 강력범죄, 성폭력범죄, 일부 아동·청소년대상 성범죄, 일부 마약범죄 등을 신상정보 공개 대상이 되는 특정중대범죄로 정의함(제2조).

나. 수사 및 재판 단계에서 신상정보의 공개에 대하여는 다른 법률의 규정에도 불구하고 이 법을 우선 적용하도록 함(제3조).

다. 피의자에 대한 신상정보 공개 요건 및 공개 결정 시 고려 요소를 규정하고, 피의자 등의 얼굴은 특별한 사정이 없는 한 공개 결정일 전후 30일 이내의 모습으로 하되, 수사기관이 다른 법령에 따라 적법하게 수집·보관하고 있는 사진, 영상물 등을 활용할 수 있도록 하며, 필요한 경우 피의자 등의 얼굴을 촬영할 수 있도록 하는 한편, 신상정보 공개 결정 전에 피의자에게 의견 진술 기회를 부여하고, 피의자에게 신상정보 공개를 통지한 날부터 5일 이상의 유예기간을 두고 신상정보를 공개하도록 함(제4조).

라. 공소제기 시까지 특정중대범죄사건이 아니었으나 재판 과정에서 특정중대범죄사건으로 공소사실이 변경된 사건의 피고인으로서 일정 요건을 갖춘 피고인에 대해서는 검사가 피고인의 현재지 또는 최후 거주지를 관할하는 법원에 해당 특정중대범죄 피고사건의 항소심 변론종결 시까지 신상정보의 공개를 청구할 수 있도록 하고, 그 청구에 관하여는 해당 특정중대범죄 피고사건을 심리하는 재판부가 아닌 별도의 재판부에서 결정하도록 하는 등 피고인의 신상정보 공개의 요건 및 절차 등을 정함(제5조).

마. 피의자로서 이 법에 따라 신상정보가 공개된 자 중 검사로부터 불기소처분을 받거나 사법경찰관으로부터 불송치결정을 받은 경우 및 이 법에 따라 신상정보가 공개된 피고인이 해당 특정중대범죄에 대하여 무죄재판을 받아 확정된 경우에는 「형사보상 및 명예회복에 관한 법률」에 따른 형사보상과 별도로 국가에 대하여 신상정보의 공개에 따른 보상을 청구할 수 있도록 함(제6조 및 제7조).

바. 신상정보 공개 여부에 관한 사항을 심의하기 위하여 신상정보공개심의위원회를 둘 수 있도록 하고, 신상정보공개심의위원회 위원의 비밀엄수 의무 위반에 대하여 벌칙을 규정함(제8조 및 제9조).

Q 136

수사기관의 신상 공개 결정으로 초상이 공개된 피의자의 발언을 보도해도 되는가?

○ 초상은 공개하되 피의자가 자신의 범죄 행위를 미화하거나 정당화하는 발언을 그대로 보도해서는 안 된다.

○ 신상 공개가 결정된 피의자에 대한 영상보도는 그를 영웅시하거나 모방 범죄로 이어질 수 있다는 점을 항상 주의해야 한다. 특히 그러한 영상을 반복 사용해서는 안 된다.

Q 137

수사기관에서 아직 피의자 신상 공개를 결정하지 않았다. 언론사의 자체적인 판단으로 얼굴을 공개해도 되는가?

● 원칙적으로 안 된다.

● 하지만 피의자가 아니어서 수사기관에서 신상 공개 여부를 아예 결정할 수 없는 상황이거나 또는 전 국민적 관심의 대상이 되는 매우 이례적인 범죄 사건의 경우에는 언론사의 내부준칙 또는 자체적인 판단에 따라 피의자의 얼굴을 공개할 수도 있다.

Q 138

범죄 현장에 설치된 CCTV 영상 등을 수사기관이 확보했지만 기자들에게 제공하지는 않고 있다. 그런데 지금 해당 CCTV 영상을 촬영할 수 있는 상황이다. 허가 없이 촬영해서 보도해도 되는가?

● 보인다는 이유만으로 촬영하는 것이 항상 정당화되는 것은 아니다.

● 정해진 절차를 따라 승인을 받고 촬영하도록 해야 한다.

Q 139

인질극을 벌이는 상황에 대한 취재는 가능한가?

● 인질의 생명과 신체에 대한 안전 보장이 최우선 원칙이다. 이는 모든 취재 활동에 우선하며, 안전이 확보된 이후에만 취재가 가능하다.

● 범죄 현장에 대한 보도 역시 공익적 가치가 있으나, 보도가 인질범을 자극하지 않도록 취재 방식에 각별한 주의를 기울여야 한다.

● 현장기자는 인질과 인질범 모두의 초상권 보호를 고려하여 취재해야 한다.

- 인질극 상황에서는 예기치 못한 충격적 장면이 갑작스럽게 발생할 수 있으므로, 라이브 보도를 자제해야 한다. 현장기자를 연결하는 라이브방송도 편집된 영상이나 자극적이지 않은 화면을 사용할 것을 권고한다.
- 경찰이 철수를 요청하는 경우, 취재 활동이 인질의 안전이나 경찰 작전 수행에 지장을 주는 상황이라면 이를 수용해야 한다. 그러나 인질의 안전에 영향을 주지 않고, 철수 요청에 명백한 법적 근거와 작전 매뉴얼상 근거가 없다면, 취재를 반드시 중단할 필요는 없다.

☑ 연관 사례
현장의 돌발상황을 대비하며 라이브 방송을 진행한 예 2025년 4월 4일 윤석열 탄핵 선고일, A방송사는 6개의 라이브 방송을 동시 진행했다. 탄핵 찬성 및 반대 집회 상황은 화면 분할을 통해 동시에 시청자들이 볼 수 있도록 화면을 구성했다. 선고 직후 격앙된 현장의 사람들이 극단적인 행동 또는 폭력 상황이 발생할 가능성을 배제 할 수 없었기에 해당 라이브 방송은 전담 인력을 배치해 모니터링하도록 했다. 만약 극단적인 현장 상황이 발생할 경우 즉시 다른 대체 화면을 송출할 수 있도록 준비했다.

Q 140

유괴 사건에 대한 보도는 허용되는가?

- 유괴 사건에 대한 보도가 허용되는지 일률적으로 말하기는 어렵다.
- 역시, 이 경우에도 가장 중요한 것은 유괴당한 피해자의 생명과 안전이다. 따라서 수사기관과의 공조 하에 보도가 이루어져야 한다.
- 비공개 수사의 경우, 수사 기밀 사항이 노출될 우려가 있기 때문에 수사기관의 보도 유보(엠바고)를 지켜야 한다. 또 보도하는 때도 수사 기밀이 노출될 만한 영상은 보도하지 않는다.

Q 141

현행범을 체포하는 현장이다. 경찰과 동행해 범행이 이뤄지는 사적 장소에 들어갔다. 촬영해도 괜찮은가?

⭕ 형사상 주거침입의 죄, 민사상 사생활침해의 법적 책임을 질 가능성이 높다. 특히 촬영 중에 퇴거를 요구받았음에도 계속 촬영할 경우 퇴거불응에 따른 법적 책임을 진다. (본 가이드라인 제2장 「영상취재」의 '1. 사유지 및 공개 공간에서의 취재' 항 참고)

▶ 언론중재위원회 <알면 유용한 언론분쟁 Q&A>에 따르면 주택, 영업장, 개인의 사적 공간은 법관이 발부한 영장 없이 들어갈 경우 수사기관이라고 하더라도 불법 주거침입에 해당할 가능성이 크다.

판례

음대 교수가 불법과외를 하고 있다는 제보를 받은 방송사는 경찰이 해당 강습소에 도착할 때까지 기다렸다. 현장에 도착한 경찰이 음대 교수를 현행범으로 체포할 때 기자는 이를 촬영했다. 음대 교수는 체포 장면을 촬영하지 말라며 기자에게 강습소를 나가달라고 말했다. 방송사는 촬영한 영상을 방송했다. 이에 음대 교수는 사생활 침해와 명예훼손에 따른 손해배상을 청구했다. 서울고등법원 항소심 재판부는 방송사의 명예훼손 책임은 묻지 않았으나 사생활 침해 등을 이유로 1천만 원의 손해 배상을 판결했다.(서울고등법원 2001.1.14. 선고 99나66474 판결)

Q 142

개인의 주택에서 범죄가 발생했다. 범죄 현장을 영상으로 확보하기 위해 집 내부를 촬영하려고 한다. 괜찮은가?

◯ 범죄 현장이 명백한 공인과 관련돼 있고 범죄 현장을 방송하는 것이 국민의 알 권리에 확실하게 부응한다고 판단되지 않는 한, 사적 공간인 피해자의 집 내부를 동의 없이 촬영할 수 없다.

◯ 특히 집 외부에서 집 내부를 촬영하는 것이 아니라 동의 없이 집에 들어가서 범죄 현장을 촬영할 경우 법적 책임을 추궁당할 가능성은 더욱 커진다.

▶ 협회 윤리 강령은 "범죄 사건을 다룸에 있어서 용의자나 범인의 가족, 주변 인물에 대해 불필요한 영상을 취재하지 않으며 피해자와 관련된 사항도 인간의 기본권을 존중하는 범위 내에서 취급한다."라고 규정하고 있다. (한국영상기자협회 <윤리강령> 제10조).

판례

한 어린이에 대한 성폭행 사건이 발생했다. 여러 언론사가 현장을 취재·보도했다. 피해자의 사진, 일기장 등이 공개되고 피해자 가족에 대한 보도도 이뤄졌다. 피해자의 집, 집안 내부 등이 방송되었다. 이에 피해자 가족은 여러 언론사를 상대로 사생활 침해와 명예훼손에 따른 손해배상 소송을 청구했다. 법원은 원고들의 동의 없이 집 내부를 촬영한 영상 및 집 위치를 특정할 수 있는 집 외관을 조망하는 영상을 방송한 방송사에 대해 사생활의 비밀과 자유를 침해했다고 판결했다. 또 영상 중의 일부는 집 외부에서 촬영하는 것이 물리적으로 불가능하여 기자가 동의 없이 집 내부로 들어가서 촬영한 것이 분명하다면서 주거 침입에 의한 사생활 침해를 인정하였다.(서울중앙지방법원 2014. 3. 19. 선고 2013가합50737 판결)

Q 143

사회적으로 관심이 커진 사건의 용의자가 체포되었다. 그의 초상을 촬영, 방송할 수 있는가? 수갑이나 포승줄을 불러 처리해야 하는가? 성범죄자의 경우는 어떠한가?

○ 법적으로 중요한 것은 피의자가 신원을 공개해도 가능한 사건에 해당하는
지 여부다. 피의자가 사인이라면 그의 초상을 공개하는 것은 법적 책임이
따른다. 따라서 인신 구속 장비를 어떻게 촬영, 방송할 것인가 하는 문제는
부차적인 것이 될 수 있다.

▶ 경찰청의 「수갑 등 사용 지침」에 따르면 피의자를 호송할 때는 수갑이 타인에게 노출
되어 인격적인 수치심을 느끼지 않도록 수건 등으로 수갑을 가리는 등 필요한 조치
를 하도록 규정하고 있다.

Q 144

영업을 하는 장소에서 범죄가 발생했다. 촬영 영상에 범죄가 발생한 영업장의
상호가 담겨 있다. 어떻게 처리해야 하는가? 상호는 노출되지 않았으나 몇 가
지 단서 정보를 가지고 특정 영업장을 추정할 수 있을 때는 어떤가?

◐ 원칙적으로 블러 처리해야 한다. (본 가이드라인 제2장 「영상취재」의 '1. 사유지 및 공개공간에서의 취재' 항 참고)

◐ 범죄 혐의자가 범죄 현장 영업점과 직접 관련이 있는지 혹은 단순히 우연한 범죄 현장에 불과한지, 또 범죄 혐의자가 공인인지 사인인지에 따라 판단이 달라질 수 있다. 그러나 블러 처리하는 것이 바람직하다. 그것이 방송사의 법적 책임을 줄이고 범죄 혐의자의 인격권 보호, 영업점의 영업상 불이익 등을 예방하는 데 더 좋은 결정이다.

Q 145

사건·사고, 폭력·폭행의 순간이 담긴 영상을 그대로 보도할 수 있는가? 또 이 영상을 반복 사용할 수 있는가?

◐ 사건·사고, 폭력·폭행의 순간이 담긴 영상은 당사자인 피해자의 인격권과 정신적 피해, 시청자들의 정신적 충격을 고려하여 사용하지 않는 것을 원칙으로 한다.

◐ 당사자인 피해자, 시청자의 정신적 트라우마를 고려하여 직접적인 사건·사고, 폭력·폭행 장면이 담긴 영상은 사용하지 않아야 한다.

◐ 사건·사고, 폭력·폭행 그 자체에 대한 촬영 및 방송은 사건·사고나 폭력·폭행에 대한 경각심, 예방 등 공익적 목적을 가진다고 볼 수 있다. 그러한 경우에도 직접적인 사고 순간이나 폭력·폭행 장면, 자극적인 장면, 피해자와 가해자의 초상을 드러내는 장면을 사용해서는 안 된다. 특히 반복적인 사용은 억제되어야 한다.

| 조정 사례 | 한 방송사는 해상 단속반이 암컷 대게잡이 어선을 적발했다는 내용을 방송하면서 선원의 얼굴을 모자이크 처리 없이 방송했다. 언론중재위원회는 초상권 침해를 인정하고 250만 원의 손해 배상금 지급을 조정 결정했다.

Q 146

방송뉴스에서는 사건·사고 또는 폭력·폭행의 순간이 직접적으로 나타나 시청자에게 충격을 줄 수 있는 장면의 사용을 지양하고 있다. 방송이 아닌 유튜브나 홈페이지 등 온라인 유통 시에는 이와 다른 수준의 보도 윤리를 적용하여 폭력·폭행의 순간이 담긴 영상을 보도할 수 있는가?

⊙ 언론사는 방송 뉴스와 온라인 뉴스(유튜브, 포털 등)에 동일한 보도 윤리 기준을 적용해야 한다.

⊙ 언론중재위원회는 언론사가 운영하는 유튜브 등 온라인 채널에 대하여, 언론사의 주 매체(방송, 출판 등)와 동일한 '언론매체'로 판단하고 사건 처리를 하고 있다.

☑ 연관 사례

대부분의 방송뉴스에서는 대규모 사상자가 발생한 '시청역 교통사고(2024년)'를 보도할 때, 시청자의 인격권과 정신적 트라우마 등을 고려하여 사고 현장 CCTV 영상에 기술적 조치(직접적인 피해가 발생하는 순간 직전에 영상 재생을 일시정지하거나, 피해자의 모습을 블러처리)를 취하였다. 하지만 일부 방송사 및 신문사는 자사의 유튜브 채널에 사고 현장이 담긴 CCTV 영상을 기술적 조치 없이 그대로 업로드하여 보도했다. 이후 사고 영상의 무분별한 노출에 대한 비판 여론이 일었고 해당 영상은 삭제 또는 비공개 처리되었다.

04

자살

Q 147

자살 사건을 보도하고자 한다. 어떤 점에 주의해야 하는가?

⊙ 자살보도는 최소화하는 것이 바람직하다.

⊙ 자살 관련 영상은 주의를 기울여 사용해야 한다. 특히 추락을 암시하는 영상이라든가, 현장에 있는 핏자국을 그대로 보여주는 영상 등 자살의 과정이나 방법 등을 연상시킬 수 있는 영상 기법은 사용하지 말아야 한다.

▶ 한국기자협회, 보건복지부, 한국생명존중희망재단이 2013년 9월 10일 제정하고, 2024년 11월 7일 개정한 <자살예방 보도준칙 4.0>의 4가지 원칙은 다음과 같다.

1. 자살 사건은 가급적 보도하지 않는다.

2. 구체적인 자살 방법, 도구, 장소, 동기 등을 보도하지 않는다.

3. 고인의 인격과 유족의 사생활을 존중한다.

4. 자살예방을 위한 정보를 제공한다.

※ 블로그·사회관계망 서비스(SNS) 등 1인 미디어에서도 엄격히 준수하여야 합니다.

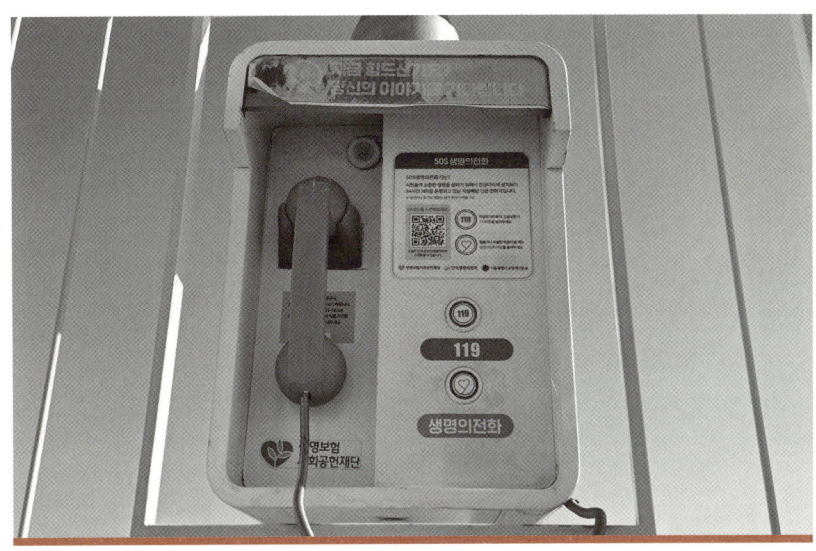

2017년 10월 한 종편 뉴스 프로그램에서 속칭 '어금니 아빠'라 불리는 ○○○의 아내가 5층 건물 옥상에서 뛰어내리는 장면을 담은 CCTV 영상을 자료화면으로 방송했다. 이에 대해서 방송통신심의위원회는 방송심의에 관한 규정 제38조의2(자살 묘사) 위반으로 판단, 각별히 유의할 것을 권고했다.(제2018-방송-03-0032호 보도교양)

Q 148

자살하겠다는 사람의 제보를 받았다. 신빙성이 있다고 판단했다. 어떻게 대응해야 하는가?

⊙ 관계 기관에 바로 신고하여 자살을 막도록 조치하는 것이 우선이다.

▶ 자살을 당장이라도 시도할 것 같은 급박한 상황이라면 가까운 경찰서에 신고하고, 그렇지 않은 경우에는 자살 예방 관련 단체에 연결해 준다.

▶ 관련 단체 연락처(24시간 이용 가능) :
- 자살 예방 핫라인 1577-0199
- 희망의 전화 129
- 생명의 전화 1588- 9191
- 자살예방상담전화 109
- 청소년 상담(청소년사이버상담센터) 1388
- 다들어줄개(청소년모바일상담센터) 1661-5004(문자), 카카오톡 플러스친구 '다들어줄개'

Q 149

우연히 자살을 시도하는 현장에 있다. 어떻게 해야 하는가?

○ 자살 시도를 막는 것이 최우선이다.
○ 자살 장면을 촬영하더라도 이를 방송하는 것은 용납되지 않으며 자살 시도자를 구조하기 전에 자살 장면을 촬영, 방송하였을 경우 언론사와 영상기자는 강력한 사회적 비난에 직면할 것이다.

▶ <BBC 편집 가이드라인(BBC Editorial Guidelines)>에 따르면, BBC 제작진은 교수형 장면, 자살의 묘사, 자살 기도나 자해 장면의 방송을 하려고 할 경우 상급 편집책임자에게 상의하고 외주 제작자는 위탁 편집자와 상의하도록 규정하고 있다.

Q 150

자살한 사람의 유가족을 촬영하여 보도할 수 있는가?

○ 유가족의 동의 없이 촬영, 보도해서는 안 된다.

○ 자살한 사람의 가족이 촬영에 동의하더라도 가족에 대한 촬영, 방송으로 인해 자살한 사람의 인격권이 훼손될 수 있다는 점을 고려해야 한다. 또 가족의 인터뷰 내용이 자살의 내용이나 자살한 사람의 인격권을 왜곡, 훼손할 가능성이 있다는 점도 유의해야 한다.

○ 사회적 관심이 크고 보도가 불가피한 공인의 자살사건을 보도할 경우에도, 자살의 구체적 방법과 수단을 소개하거나, 취재원과 유족의 인격을 훼손하는 불필요한 상황을 촬영해 보도해서는 안 된다.

Q 151

자살한 현장을 목격한 사람이 있다. 또 자살한 사람의 가족, 친구, 지인이 자살 경위나 상황에 대해 말하려고 한다. 촬영해도 되는가?

○ 촬영이나 인터뷰에 동의할 경우 촬영, 방송은 가능하다.

○ 가족, 친구나 지인의 인터뷰 내용이 자살의 동기나 원인, 내용을 왜곡하거나 자살한 사람의 인격권을 훼손할 가능성이 있다는 점에서 신중해야 한다.

수사와 재판

Q 152

수사에 대한 영상취재와 보도의 원칙은 무엇인가?

○ 수사 관련 영상취재·보도에서 가장 기본적인 원칙은 수사를 방해하지 않는 것이다. 이는 형사 사법 절차의 공정성과 효과적인 수사 진행을 보장하기 위한 최소한의 기준이다.

○ 동시에, 기자의 정당한 취재 활동이 수사에 의해 과도하게 제약받아서도 안 된다. 국민의 알 권리를 보장하기 위해, 수사기관은 법령이 허용하는 범위 내에서 충분하고 정확한 정보를 제공할 책임이 있다. 이 같은 정보에 근거해 언론사는 해당 사안의 영상 보도가 공익성과 보도 윤리에 부합하는지 판단할 수 있기 때문이다.

▶ 경찰이 피의자를 호송하는 과정에서, 피의자가 대기 중이던 기자에게 말을 하려고 했지만 경찰이 이를 막고 서둘러 이동시켰다. 이후 이 피의자가 경찰서에서 거짓 진술을 강요받았던 사실이 밝혀졌다. 이 사례는 언론이 피의자의 목소리를 직접 들을 기회를 놓치면, 진실을 밝히고 국민의 알 권리를 지키는 데 한계가 생길 수 있음을 보여준다.

Q 153

수사기관으로부터 받은 비공식적 정보를 활용한 영상취재·보도는 가능한가?

● 기자와 언론사가 부담해야 할 위험이 크다는 점에서 바람직하지 않다.

● 특히, 공식적인 수사 결과가 발표되지 않은 상황에서 수사기관의 비공식적 정보를 무비판적으로 신뢰해서는 안 되며, 반드시 사실 여부를 철저히 확인해야 한다.

● 물론 기자에게 수사 당국의 비공식 정보는 중요한 취재 소스가 될 수 있다. 그러나 이러한 정보를 근거로 한 영상 보도는 해당 사건이 무죄나 무혐의로 종결될 경우, 언론사에 법적 책임으로 이어질 수 있다. 실제로 수사기관 관계자와 함께 손해배상 책임을 진 사례도 존재한다.

판례

출입하는 경찰서에 비치된 '당직 대장'과 '업무보고서'를 통해 해당 지역 택시노조 간부의 범죄혐의사실을 확인했다. 해당 간부가 동료 택시 기사들을 상대로 체불된 퇴직금을 받아주겠다고 약속하며 뒷돈을 받았다는 혐의다. 이에 사건 담당 형사를 만나 혐의 내용을 재확인한 후 <위원장직 이용 금품 갈취>라는 제목으로 '경찰조사 결과, 직함을 이용해 택시 기사들을 대상으로 각종 소송업무 대행을 일삼은 것으로 드러났다'고 기사를 썼다. 그로부터 2년 후, 혐의 당사자였던 노조 간부는 대법원으로부터 무죄 확정판결을 받았다. 이에 해당 노조 간부는 '당직 대장', '업무보고서' 및 담당 형사의 진술과 같은 비공식적 정보를 토대로 자신에 관한 오보를 낸 3개 언론사를 상대로 손해배상청구소송을 제기 승소했다. 이 사건 판결에서 법원은 '수사 진행 사항에 대한 정당한 발표권자가 아닌 사람의 비공식적인 확인을 거쳤다거나 수사기관의 내부문서를 단순히 열람하였다는 것만으로는 보도 내용의 진위 여부를 확인하기 위하여 적절하고도 충분한 조사를 다하였다고 볼 수는 없는 것'이라고 판결하여 비공식적 정보를 활용한 보도의 위험성을 지적했다.(대법원 2005. 7. 15. 선고 2004다53425 판결)

Q 154

판사가 재판 과정의 촬영을 금지했음에도 불구하고, 데스크에서는 사건의 중대성을 이유로 몰래 녹음하거나 촬영하여 보도하라고 지시하고 있다. 이때, 기자는 데스크의 지시에 따라야 하는가?

◗ 따라서는 안 된다. 이는 명백한 부당한 지시이며, 해당 영상기자는 이를 거부해야 한다.

◗ 법원 재판은 원칙적으로 공개되지만, 재판 중 녹음이나 촬영은 반드시 재판장의 허가를 받아야 한다. 이를 어길 경우 법적 처벌을 받을 수 있다.

◗ 다만, 방청석에서 재판을 참관하며 메모한 내용을 바탕으로 기사화하는 것은 가능하다.

▶ 1988년 이른바 '총풍사건'에 대한 재판 중 재판장의 허가 없이 법정 투시창을 통해 피의자들의 신체 검증 장면을 촬영·보도한 영상기자에 대해 '법원조직법' 위반에 따른 과태료가 부과된 사례가 있다.

▶ 국민참여재판이 도입, 시행 중이다. '국민참여재판법'에 따르면 배심원이나 예비배심원에 대한 접촉이 금지되며 배심원, 예비배심원에 대한 정보의 공개 역시 금지된다. 배심원에 종사하였던 사람에 대해서도 마찬가지다. 다만, 배심원, 예비배심원, 배심원후보자를 역임했던 당사자가 동의하는 경우에는 공개할 수 있다.

<관련 법규>
● 법원조직법 제59조(녹화 등의 금지) 누구든지 법정 안에서는 재판장의 허가 없이 녹화, 촬영, 중계방송 등의 행위를 하지 못한다.
● 국민의 형사재판 참여에 관한 법률(약칭 '국민참여재판법') 제51조(배심원 등에 대한 접촉의 규제)
① 누구든지 당해 재판에 영향을 미치거나 배심원 또는 예비배심원이 직무상 취득한

비밀을 알아낼 목적으로 배심원 또는 예비배심원과 접촉하여서는 아니 된다.

② 누구든지 배심원 또는 예비배심원이 직무상 취득한 비밀을 알아낼 목적으로 배심원 또는 예비배심원의 직무에 종사하였던 사람과 접촉하여서는 아니 된다. 다만, 연구에 필요한 경우는 그러하지 아니하다.

- 제52조(배심원 등의 개인정보 공개 금지)

① 법령으로 정하는 경우를 제외하고는 누구든지 배심원·예비배심원 또는 배심원 후보자의 성명·주소와 그 밖의 개인정보를 공개하여서는 아니 된다.

② 배심원·예비배심원 또는 배심원 후보자의 직무를 수행하였던 사람들의 개인정보에 대하여는 본인이 동의하는 경우에 한하여 공개할 수 있다.

Q 155

원래 수사의 목적이었던 사안이 아니라 별건에 의해 체포, 구속이 이루어지는 경우 어떻게 보도해야 하는가?

⟳ 중대범죄를 수사하기 위한 편법으로 별건 체포를 하는 것은 그 자체로 불법인 경우가 많으므로, 보도 시 신중을 기해야 한다.

⟳ 별건 체포와 관련된 영상을 사용할 경우, 시청자들이 그 인물이 원래 수사받고 있던 사안 때문에 체포되거나 구속된 것으로 잘못 이해하지 않도록 주의해야 한다.

⟳ 별건 체포와 관련된 영상이 반복적으로 사용되어 시청자에게 잘못된 인상을 주지 않도록 주의해야 한다.

Q 156

수사가 진행 중인 사건에 대한 보도에 있어서 특수한 수사기법 등을 묘사하는 장면을 촬영하여 보도해도 되는가?

⟳ 해당 보도가 범인에게 수사 정보를 제공하여 도주나 은닉을 돕는 결과를 초

래할 수 있다면, 보도를 자제하는 것이 바람직하다.

○ 특수한 수사기법을 보도하는 것은 범죄 예방에 도움이 된다고 판단될 경우에만 가능하며, 가급적 범인의 검거가 이루어진 이후에 보도하는 것이 바람직하다.

Q 157

신종 범죄 수법을 수사기관이 시연하거나 이를 재연하는 장면을 촬영해 보도해도 되는가?

○ 신종 범죄 수법이 모방 범죄를 유발할 가능성이 있는 경우, 촬영 및 보도는 자제하는 것이 바람직하다.

○ 다만, 해당 범죄 수법을 알리는 것이 국민의 경각심을 높이고 범죄 예방에 실질적인 도움이 된다고 판단될 경우에는 신중한 판단하에 취재 및 보도가 가능하다.

Q 158

수사기관이 수사 중인 사건을 보도할 경우 해당 보도가 수사 대상자에게 정보를 줄 수 있으므로 보도를 자제해 달라고 요청하고 있다. 협조해야 하는가?

○ 원칙적으로 수사기관의 요청에 협조하는 것이 바람직하다.

○ 수사 중인 사건을 보도할 때는 무엇보다 신속한 범인 검거를 최우선으로 고려해야 한다. 범행 현장이나 범행을 특정할 수 있는 장면은, 블러 처리를 하더라도 범인에게 단서를 제공할 수 있으므로 매우 신중하게 접근해야 한다.

○ 촬영 자체는 가능하지만, 보도의 시점은 수사의 진행 상황 등을 종합적으로 판단해 결정해야 한다.

06

선거

Q 159

> 어느 선거구에 출마한 후보자들의 수가 너무 많아 하나의 리포트에 후보자 전원을 담기 어려운 상황이다. 이런 경우에도 반드시 모든 후보자들의 모습을 하나의 리포트에 포함해 보도해야 하는가?

◉ 반드시 그래야 하는 것은 아니다.

◉ 후보 수가 너무 많아 전원을 하나의 리포트에 보도하는 것이 어렵다면 원내 교섭단체를 구성한 정당의 후보 및 여론조사 결과 일정한 수준 이상의 지지를 얻고 있는 후보에 한하여 영상에 노출시킬 수 있다. '공직선거법'에 규정한 후보자 초청 토론회 기준을 감안하는 것도 도움이 될 것이다.

[관련 법규]

● 공직선거법 제82조의2(선거방송토론위원회 주관 대담·토론회) 규정에 따르면 선거방송토론회가 개최하는 대담·토론회의 초청 대상이 되는 후보자의 기준은 '대통령 선거'를 기준으로 할 경우 다음과 같다.

　가. 국회에 5인 이상의 소속의원을 가진 정당이 추천한 후보자

나. 직전 대통령선거, 비례대표국회의원선거, 비례대표시·도의원선거 또는 비례대표
  자치구·시·군의원선거에서 전국 유효투표총수의 100분의 3 이상을 득표한 정당
  이 추천한 후보자

다. 중앙선거관리위원회규칙이 정하는 바에 따라 언론기관이 선거기간개시일전 30
  일부터 선거기간개시일전일까지의 사이에 실시하여 공표한 여론조사결과를 평균
  한 지지율이 100분의 5 이상인 후보자.

한편, 공직선거법은 같은 조 제5항에서 위의 초청대상 기준에 포함되지 못한 후보자
를 대상으로 별도의 토론회를 개최할 수 있다고 규정하고 있다.

참고 사례

1983년 참의원 선거 당시 NHK는 '격전지 시리즈'로 도쿄(東京) 선거구를 채
택, 해당 선거구의 모든 입후보자 34인의 이름을 플립(Flip chart)으로 소개한
후 6명의 유력 후보를 선정하여 보도했다. 이 6명의 후보자 중 5명은 유력 정
당의 후보자였고, 나머지 1명은 사회적 지명도가 높은 인물이었다. 이와 같은
NHK 보도에 대해 낙선 후보자 중 한 사람이 불공정한 보도라는 이유로 소송
을 제기했다. 이에 대해 법원은 방송시간 등을 현실적인 제약을 고려할 때 모
든 선거 관련 보도에 선거법에서 정하고 있는 경력 방송과 같은 수준의 형식
적 평등을 요구하는 것은 아니라는 이유로 해당 방송에 문제가 없다고 판단했
다.(일본 TBS 보도윤리 가이드라인)

Q 160

여러 명의 후보자를 보도하는 과정에서 어느 한 후보자에 대해서만 공교롭게
그 후보의 홍보 포스터 앞에 있는 모습을 찍게 되었다. 이러한 영상을 보도해
도 되는가?

⊙ 바람직하지 않다. 특정 후보에게 유리하게 작용할 수 있는 영상이기 때문
  이다.

◯ 하나의 리포트 안에서 경쟁하는 여러 명의 후보자를 보도할 경우 동일한 조건의 영상이 촬영, 보도될 수 있도록 세심하게 고려해야 한다.

Q 161

각 정당의 후보자들이 거리유세를 하고 있다. 어떻게 촬영해야 하는가?

◯ 각 후보자에게 촬영 거리 및 각도 등 동등한 조건을 적용하여 촬영해야 한다.
◯ 선거유세와 인터뷰 녹취는 정면 바스트 샷을 기본으로 한다.
◯ 유세장에 모인 군중의 규모나 반응은 후보의 유세 중 최대치 또는 후보가 당일 참여한 여러 유세들 중 최대치를 촬영하여 보도함을 원칙으로 한다.

Q 162

선거운동 영상을 편집하고자 한다. 무엇을 주의해야 하는가?

◯ 영상 편집 시에도 화면의 크기와 밝기, 노출, 각도 및 시간 등 각 후보자에게 동등한 조건을 적용한다.
◯ 촬영된 화면에 효과를 넣거나 현장음의 크기를 조절하는 것과 같은 인위적인 조작, 의도적인 편집을 해서는 안 된다.

Q 163

흥미를 위해 후보자가 단순 실수하는 장면이라든가, 유세 도중 군중이 보인 부정적인 반응을 보도하고자 한다. 가능한가?

◯ 경쟁하는 후보들의 유세를 다루는 하나의 리포트에서는 선거에 영향을 줄 수 있으므로 사용하지 않는 것이 좋다.

07

식품 안전과
건강

Q 164

대형 마트에서 판매 중인 제품에 유해 물질이 포함되었다는 제보가 들어왔다. 이러한 경우, 해당 제품은 어디까지 촬영할 수 있으며, 어떤 방식으로 보도해야 하는가?

⭕ 정부 기관에 의해 공식적으로 유해 물질 검출 사실이 확인되기 전이라면, 해당 상품을 촬영하거나 방송하는 데 신중을 기해야 한다. 보도의 공익성과는 별개로, 자칫 사실 확인 이전에 상품을 특정하여 보도할 경우 언론사가 법적 책임을 질 가능성이 있다.

⭕ 해당 상품을 직접 구매하여 촬영하는 방식은 가능할 수 있다. 다만, 유해성은 아직 제보 단계에 불과하므로, 제품의 이미지나 상표가 시청자에게 유해하다는 인상을 주지 않도록 주의해야 한다. 시청자가 제품이 유해하다고 오인할 수 있는 연출은 삼가야 하며, 객관적이고 중립적인 전달 방식이 요구된다.

건강식품 관련 방송보도의 공익성을 인정한 사례

인터넷에서 건강식품 내지 비만 치료식품으로 판매되고 있는 한의원 제품에서 '비소'가 검출되었다고 하여 경찰이 내사에 착수했다. 국과수의 감정결과, 비소가 실제로 검출되었다. 경찰은 제조공장 및 사무실을 압수수색했다. 이에 한 방송사는 2016년 9월 8일 뉴스 프로그램에서 〈특허 받았다는 다이어트용 식품서 비소 검출〉이라는 제목으로 보도했다. 그러나 검찰은 2017년 5월 11일 비소가 검출되기는 했지만 원료로 쓰인 다시마에서 비롯된 것으로 해당 비소는 무기비소가 아닌, 유기비소일 가능성이 높고 인체에 유해한 수준은 아니라는 이유로 무혐의 처분을 내렸다. 이에 업체가 해당 방송사를 상대로 정정보도 및 손해배상을 구하는 소송을 제기했으나 법원은 '이 사건 방송보도의 공익성에 관하여 보건대 … 이 사건 방송보도는 시중에 유통되고 있는 다이어트 식품에서 비소가 검출 되어 경찰이 수사에 착수하였다는 사실을 전달함으로써 국민들의 건강과 안전을 보호하고자 한 것으로서 공공의 이익을 위한 보도라고 봄이 상당하다.'라고 판단하여 원고들의 청구를 모두 기각했다.(서울남부지방법원 2017. 12. 21. 선고 2017가합163 판결)

Q 165

공인 기관의 조사나 검사 결과, 여러 식품에서 문제가 발견되었다. 이 경우 방송의 편의를 위해 일부 제품만을 촬영해 보도하는 것이 가능한가?

◐ 문제된 제품의 전체 명단을 공개하거나, 전부를 공개하지 않는 것이 바람직하다.

◐ 전체 제품을 모두 보여주기 어려운 경우에는, 시장 점유율이 높은 제품이나 공인기관 발표자료의 순위 등을 기준으로 객관적인 기준에 따라 선별 보도하는 것이 적절하다.

◐ 조사·검사 결과를 발표한 공인 기관의 홈페이지나 공식 자료를 시청자에게 안내하여, 정확한 정보를 직접 확인할 수 있도록 유도하는 방법도 고려할 수 있다.

Q 166

정부 발표에 따르면, 대형마트에서 판매 중인 식품에서 인체에 해로운 성분이 검출되었고, 이 식품이 특정 학교의 급식에 사용된 사실도 확인되었다. 이 경우, 해당 학교와 해당 마트를 명확히 촬영해 보도할 수 있는가?

◐ 정부의 공식 보도자료를 통해 위험 내용이 확인되었다면 해당 학교와 해당 마트를 명확하게 촬영, 방송하는 것이 저널리즘 원칙에 부합한다.

◐ 해당 학교와 업체를 분명한 영상으로 보여주는 것이 다른 기관, 학교의 피해를 예방하고 국민의 알 권리에 기여하기 때문이다.

Q 167

마약 관련 보도에서 주사기에서 액체가 흘러나오거나, 가루 형태의 마약을 연상시키는 이미지컷을 사용하는 경우가 있다. 이러한 장면이 과거 마약 중독 경험이 있는 이들에게 재사용 욕구를 자극할 수 있다는 지적이 있다. 이러한 경우, 어떤 점을 고려해 촬영을 해야 하는가?

◐ 시청자의 경각심을 높이기 위해 이미지컷을 활용할 수는 있으나, 자극적이거나 구체적인 사용 장면은 회복 중인 중독자에게 자극을 줄 수 있다는 점이 반드시 고려되어야 한다.

◐ 주사기에서 액체가 흐르는 장면, 백색 가루를 다루는 장면 등은 시청자에게 불필요한 자극을 줄 수 있으므로 자제하거나 대체 이미지로 처리하는 것이 바람직하다.

◐ 마약 보도의 목적은 범죄 예방과 사회적 경각심 환기에 있으며, 이를 위해서는 자극보다는 정보 전달 중심의 영상 구성이 요구된다.

08

병원, 보건, 의료

Q 168

병원이나 의료와 관련된 영상을 보도하고자 할 때, 어떤 점을 특히 주의해야
하는가?

◉ 단순한 사건·사고 보도가 아닌 이상, 의료 관련 보도는 반드시 전문가의 자
문을 받아 정확성을 확보해야 한다.

◉ 특정 약품이나 치료법의 효능을 단정적으로 표현하여 시청자가 과도한 기
대를 갖지 않도록 주의해야 하며, 정보는 객관적이고 균형 있게 전달되어야
한다.

◉ 취재는 공신력 있는 종합병원이나 대학병원 등을 중심으로 진행하되, 특정
병원에 편중되지 않도록 다양성을 확보하는 것이 바람직하다.

◉ 환자의 이름, 병명, 치료 내용 등 개인 정보나 사생활이 노출되지 않도록 철
저히 보호해야 하며, 감염병이나 난치병 환자의 경우에는 특히 주의를 기울
여야한다.

Q 169

사건·사고로 인한 외상 환자를 취재할 때, 상처 부위를 자세히 촬영하여 방송하는 것이 가능한가?

● 가장 먼저, 상처 부위를 자세히 촬영하고자 하는 이유와 목적을 점검해야 한다. 단지 시청자들의 관심을 끌기 위한 목적이라면, 촬영을 강행할 이유는 없으며, 보도의 공익성이 우선 고려되어야 한다.

● 환자 본인의 동의가 필수적이다. 본인의 동의가 없으면 상처 부위의 촬영은 사생활 침해로 간주될 수 있다. 만약 환자가 의식불명인 경우에는 보호자로부터 동의를 받아야한다.

● 상처 부위의 민감성을 반드시 고려해야 한다. 상처가 과도하게 노출되었을 경우, 환자 본인과 시청자 모두에게 불필요한 수치심이나 혐오감을 줄 수 있다면, 동의 여부와 관계없이 촬영이나 방송은 삼가야 한다.

판례

범죄피해자의 상처를 촬영한 보도의 위법성을 인정한 사례

2012년 8월 전남 나주에서 발생한 초등생 성폭행 사건 발생 직후, 한 지상파 방송사 시사 프로그램에서 피해자의 상처 사진 4장(얼굴 측면, 배, 손목, 다리)을 방송에 내보낸 바 있다. 이에 대해서 피해자 측은 사생활 침해 등을 이유로 손해배상청구 소송을 제기했다. 법원은 '원고 000의 상처를 촬영한 사진은 사생활 영역 중에서도 가장 보호가치가 큰 비밀 영역에 속한다고 볼 수 있는 것'이라는 이유로 '그와 같은 상처가 성폭행으로 말미암아 입은 것이라는 점에서, 피고가 이를 촬영한 사진을 보도를 통하여 사회 일반에 공개하는 것은 어떠한 공익적 목적으로도 정당화될 수 없다'고 판단한 바 있다. 이에 법원은 다른 법익 침해의 점까지 고려하여 해당 방송사에 도합 3,000만 원의 손해배상을 명하는 판결을 내렸다.(서울중앙지방법원 2014. 3. 19. 선고 2013가합50737 판결)

09

어린이와 청소년

Q 170

통학 중인 어린이를 인터뷰하고 방송에 내보내도 되는가?

- 어린이를 대상으로 한 취재와 보도에서 가장 중요한 점은, 어린이가 신체적, 정신적으로 성장 과정에 있다는 사실이다. 따라서 일반 성인보다 더 강력한 인격권 보호가 필요하다.
- 어린이에 대한 보도는 본인의 동의만으로 끝나지 않으며, 보호자나 법정 대리인의 동의도 반드시 받아야 한다. 이는 어린이의 권리를 보호하고, 취재가 그들에게 미칠 영향을 최소화하기 위한 중요한 절차이다.

Q 171

청소년 범죄에 대한 보도를 준비하고 있다. 이 보도에 범죄에 대한 구체적인 사례를 표현하는 것이 가능한가?

- 청소년 범죄 보도에서는 가해자와 피해자의 신상이 노출되지 않도록 각별히 주의해야 한다. 청소년의 개인정보 보호는 매우 중요한 사항이다.

⭕ 보도 시에는 청소년의 특수성을 고려하여, 심리적·사회적 고통을 최소화할 수 있는 방식으로 영상을 구성해야 한다. 영상이나 보도 내용이 청소년에게 심리적 부담을 줄 수 있는 경우, 이는 중대한 사회적 책임으로 이어질 수 있으므로 신중히 접근해야 한다.

▶ 소년법 제68조는 이 법에 따라 조사 또는 심리 중에 있는 보호사건이나 형사사건에 대하여는 성명·연령·직업·용모 등으로 비추어 볼 때 그 사람이 당해 사건의 당사자라고 미루어 짐작할 수 있는 정도의 사실이나 사진을 신문이나 그 밖의 출판물에 싣거나 방송할 수 없도록 규정하고 있다. 이를 위반하면 방송의 경우 방송책임자가 1년 이하의 징역 또는 1천만원 이하의 벌금에 처해질 수 있다는 점에서 각별한 주의를 요한다.

Q 172

미성년자가 살인, 강간치사 등과 같은 중대한 범죄를 저지른 경우, 영상 보도를 통해 초상이나 신상 공개가 가능한가?

⭕ 미성년자가 살인과 같은 중대한 범죄를 저지른 경우에도, 실명이나 신상 정보의 공개는 금지되어야 한다. 미성년자의 개인정보 보호는 매우 중요하며, 이를 위반하는 보도는 법적으로 문제될 수 있다.

▶ 소년법 제59조에서는 18세 미만자에 대한 사형과 무기징역을 금지하고 있기 때문에 이들의 사회복귀 가능성에 대해서도 고려해야 한다.

▶ 2024년에 제정된 '중대범죄신상공개법'은 특정 중대범죄 피의자의 신상정보 공개를 규정하며, 미성년자에 대해서는 사회복귀 가능성을 고려해 신상 공개가 제한될 수 있도록 한다. 이 법은 공익을 위한 신상 공개를 강화하면서도 미성년자의 인권 보호를 중요한 기준으로 삼고 있다.

Q 173

범죄자인 미성년자의 신상이 온라인에 이미 공개되었다. 이 영상을 이용한 보도가 가능한가?

◉ 원칙적으로 허용되지 않는다.

◉ 온라인에서 신상이 공개되었더라도, 방송에서 이를 사용하는 것은 그 의미가 전혀 다르다. 방송을 통한 신상 공개는 미성년자의 사회 복귀를 방해할 수 있으며, 개인의 인권을 침해할 우려가 크기 때문이다.

10

장애인

Q 174

사건, 사고의 가해자가 장애인이다. 당사자가 장애인임이 부각되는 영상보도를 해도 되는가?

◉ 장애가 해당 사건, 사고와 직접적인 관련성이 있다는 것이 확인되기 전까지는 가급적 당사자가 장애인이라는 사실이 구체적으로 드러나는 영상보도를 해서는 안 된다. 나아가 장애를 해당 사건, 사고의 원인으로 연관지어서도 안 된다.

◉ '장애인은 위험하다'라는 식의 근거 없는 불안과 공포를 불러일으키지 않도록 항상 주의한다.

◉ 정신질환 장애인 범죄의 경우, 일반인들의 편견과 낙인이 발생하지 않도록 주의한다. 사건 초기 범죄자의 정보가 거의 없는 상황에서 경찰 등에서 제공하는 정신병력이 사건의 본질과 깊은 연관이 있는가를 고민해 보도해야 한다.

▶ <2024년 대검찰청 범죄 분석(개정판)>에 따르면, 전체 검거인원 1,360,807명 중

정신장애인이 차지하는 비중은 0.01%(13,994명)이다. 범죄의 유형을 강력범죄인 살인, 강도, 방화, 성폭력과 같은 흉악 범죄로 한정할 경우, 정신장애인 범죄자가 차지하는 비중은 0.026%(흉악범죄 검거인원 40,268명 중 정신장애인 1,066명)로 전체 범죄에서 차지하는 비중에 비해 다소 높아지지만 전체 검거인원 대비 미미한 규모다. 그러나 여전히 정신장애인에 의한 살인사건 등에 쏟아지는 우리 언론의 관심 내지 보도량이 과도한 것은 아닌지 되돌아볼 필요가 있다. 또, 해당 범죄와 정신질환이 직접적으로 연관이 있는지 확인하고, 불확실하다면 장애를 언급하거나 묘사하는 것은 지양해야 한다. (<2024년 대검찰청 범죄 분석(개정판)>, 98쪽)

▶ 정신질환에 대한 사회적 편견과 낙인을 줄이기 위한 <정신건강 보도 권고기준>이 2024년에 발표되었다.(한국기자협회, 보건복지부, 중앙정신건강복지사업지원단 공동 제정)

정신건강보도 권고기준

정신질환(정신건강) 정보를 다루거나 이를 언급하는 언론은 사회적 편견과 낙인을 줄이기 위해 「정신건강보도 권고기준」을 확인하고 반영하고자 노력해야 합니다.

1. 정신질환은 치료와 예방이 가능하며 정신질환을 갖고 있는 사람들도 회복할 수 있습니다.
   가. 정신질환은 고혈압·당뇨처럼 누구나 경험할 수 있는 질환 중 하나로 국민 4명 중 1명은 평생 한 번 이상 정신적 어려움을 경험합니다.
   나. 다양한 회복 사례 보도는 정신질환에 대한 긍정적 인식과 사회 통합을 촉진합니다.
2. 다음과 같은 표현은 정신질환에 대해 편견·낙인을 강화할 수 있습니다.
   가. 혐오·공포 조장 (예. '병원 탈출', '잔혹범죄', '흉기테러' 등)
   나. 진단명을 정신적 어려움을 경험한 사람의 수식어로 사용 (예. '조현병 A씨', '우울증 환자 A씨', '정신질환자 A씨' 등)
   다. 정신질환을 갖고 있는 사람에 대한 비하 (예. '정신병자', '사이코', '저능아' 등)

3. 기사 제목에 정신질환 관련 언급을 지양합니다.

　가. 제목이나 도입부에 들어가는 정신질환 관련 단어는 편견을 강화할 수 있습니다.

4. 정신질환을 범죄 동기·원인과 연관시키는 데 극히 신중해야 합니다.

　가. 검증되지 않은 정보를 토대로 정신질환자가 일으킨 사건·사고로 추정하지 않습니다.

　나. 수사 과정에서 정신질환 병력이 확인되었어도, 사건·사고의 원인으로 밝혀지기 전에 이를 암시해서는 안 됩니다.

　다. 정신질환이 사건·사고와 연관되었다 하더라도 이것을 범죄의 유일한 원인으로 단정하지 않습니다.

　라. 정신질환으로 인한 사건·사고의 반복성을 암시하는 용어('또', '연이은', 등)를 사용하지 않습니다.

5. 사진·삽화·영상, 통계자료 사용 시 부정적 묘사를 지양합니다.

　가. 정신질환에 대한 부정적 이미지를 부각하는 삽화나 영상은 사용하지 않습니다.

　나. 자료의 일부만 분석한 정신질환 관련 통계는 정신질환자에 대한 편견을 강화할 수 있습니다.

2024.11.22.
한국기자협회, 보건복지부, 중앙정신건강복지사업지원단

Q 175

장애인을 대상으로 한 영상취재 시 무엇에 주의해야 하는가?

◐ 장애인 출연자에게 보도의 의도, 형식, 내용 등을 사전에 충분히 설명한다.

◐ 장애인이 의사 표현이 어려운 경우, 보호자의 동의를 구해야 한다.

◐ 장애인을 취재하는 영상기자는 해당 장애인의 눈높이에 맞춘 영상 장비를 갖추고 최대한 편안한 분위기에서 충분히 시간을 갖고 취재할 수 있도록 노력해야 한다.

◐ 장애가 보도의 주제가 아니라면, 불필요하게 장애를 부각하는 영상취재를 하지 말아야 하며 장애로 인한 어려움을 과장·축소하는 등 현실을 왜곡해

서도 안 된다.

● 의사표현이 어려운 지적 장애인 등의 지나친 사생활 공개에 해당하는 장면
은 어떠한 이유로도 정당화될 수 없고 촬영해서도, 방송해서도 안 된다.

● 필요하다고 생각되면, 장애인 단체나 전문가로부터 자문 받는 것을 주저하
지 말아야 한다.

제 5 장

보도 영상의 자료화와 관리

보도영상의 자료화와 관리

Q 176

'보도영상 자료'란 무엇인가?

- ⬤ 보도영상은 보도영상 원본과 제작 영상으로 구성된다. 보도영상 원본과 제작 영상을 '보도영상 자료'라고 한다.
- ⬤ 보도영상 원본은 영상취재를 통해 얻은 영상뿐만 아니라 취재원으로부터 제보, 제공받은 영상, 온라인상에서 내려받은 영상 모두를 말한다.
- ⬤ 제작 영상은 보도영상 원본을 편집하고, 방송한 영상이다.
- ⬤ 영상 원본과 제작 영상은 내용 정보를 보충하고 손쉬운 검색과 사용이 가능한 체계적인 정리 과정을 거쳐 방송사의 보도영상 자료로 탄생하게 된다.
- ⬤ 보도영상 자료는 뉴스는 물론이고, 다양한 프로그램과 온라인 콘텐츠로 활용 가능한 멀티 유즈 콘텐츠이자 방송사의 중요한 사적 자산으로서의 가치를 갖는다.

▶ '영상 자료'란 제작 과정에서 발생한 방송 프로그램, 촬영 원본, 편집본과 이들의 내용을 담고 있는 대본, 프리뷰 노트, 큐시트 등의 문헌 자료를 포함한다. 방송 제작 시 촬

영, 습득, 구입한 영상 자료는 다음 방송 제작에 유용하게 사용될 수 있는 기록 자료이며, 이러한 자료를 보존하는 것은 포스트 프로덕션의 한 과정이다. 이러한 자료는 방송사의 재산임과 동시에 한 나라의 사회와 문화를 기록한 문화유산이다. (〈KBS 방송 제작 가이드라인〉, 2020, 200—202) (<2020 KBS 방송제작 가이드라인>, 25.영상자료의 이용과 처리, 200-202쪽)

Q 177

보도영상은 왜 관리해야 하는가? 법적인 의무사항인가?

- ⦿ 법적인 의무 사항이다. <방송법>, <언론중재법>에 따라 6개월간 보존하여야 한다. 그러나 보도영상 자료는 그 이상의 보존할 가치를 가지고 있다.
- ⦿ 보도영상 자료는 역사적 의미를 가진 '공적 기록물'이다. 시대상과 사회상, 인물과 사건들에 대한 기록과 정보를 담고 있는 역사적 의미를 갖고 있다.
- ⦿ 영상 원본과 제작 영상이 가지는 '사실'과 뉴스 가치가 보도영상 자료의 체계화 과정에서 유실되지 않도록 특별한 노력과 관리가 필요하다.

▶ 보도영상자료는 방송의 법적·윤리적 문제에 따른 위기가 발생하기 전에 예방하는 기능을 한다.
▶ 디지털 기술의 발전으로 보도영상자료는 더욱더 방대하게 자료로서 축적되고, 빠르고 쉽게 콘텐츠 제작에 이용될 수 있게 되었다. 이로 인해, 취재·제작 과정에서 이루어진 취재원의 인권 침해를 막고, 법적·윤리적 문제를 방지하려는 노력이 영상자료를 이용한 콘텐츠의 재생산 과정에서 사전에 인지되지 못하거나 누락되어 방송사의 커다란 위기를 가져올 수 있는 가능성도 커졌다. 영상자료화의 과정 속에는 취재원의 인권 보호와 방송의 법적·윤리적 문제를 사전에 방지하는 정보들이 반영되도록 하고, 이렇게 생산된 보도영상자료는 방송사의 위기를 예방하는 기능을 하게 된다.
▶ 〈KBS 콘텐츠 관리 규정〉 제16조(콘텐츠의 전송·이관)에 따르면 ① 각 부서는 업무 수

행 중에 수집·취재한 콘텐츠는 프로그램 관련 정보(메타데이터)와 함께 지체 없이 콘텐츠 관리 부서에 전송·이관하여야 한다. ② 방송 프로그램은 관련 부서에서 일정 기간 경과 후 프로그램 관련 정보(메타데이터)와 함께 지체 없이 콘텐츠 관리 부서에 전송·이관하여야 한다.

[관련 법규]

- 방송법 제83조(방송 내용의 기록·보존) ② 방송사업자는 방송(재송신을 제외한다)된 방송 프로그램(예고 방송을 포함한다) 및 방송 광고의 원본 또는 사본을 방송 후 6개월간 보존하여야 한다.
- 언론중재 및 피해구제 등에 관한 법률 제15조(정정보도청구권의 행사) ⑦ 방송사업자, 신문사업자, 잡지 등 정기간행물사업자 및 뉴스통신사업자는 공표된 방송 보도(재송신은 제외한다) 및 방송 프로그램, 신문, 잡지 등 정기간행물, 뉴스통신 보도의 원본 또는 사본을 공표 후 6개월간 보관하여야 한다.

Q 178

보도영상자료화 과정에서 영상기자가 염두에 두어야 할 것은 무엇인가?

⊙ 첫째, 저널리즘 원칙과 취재원 인권 보호를 염두에 두어야 한다.

⊙ 둘째, 자료가 중복되어 불필요하게 보관되지 않도록 하며 반복적 사용이 가능한 영상은 보다 세밀한 관리가 필요하다.

⊙ 셋째, 사회적 기록으로서의 의미와 역사 자료로서의 가치를 염두에 두어야 한다.

⊙ 넷째, 관리 부서, 보도영상 조직의 책임자, 방송사가 체계적으로 보도영상자료를 관리하도록 적극적으로 확인하고 협력해야 한다.

▶ 영상기자는 보도영상자료의 1차 생산자이자 관리자이다. 영상기자는 영상취재·제작 과정에서 추구한 사실 보도, 객관성, 취재원 인권 보호, 취재·제작의 윤리가 영상자료화의 과정에 그대로 반영될 수 있도록 노력해야 한다. 이를 위해, 취재원, 취재 제목, 장소, 시간의 흐름에 따른 구체적 촬영 내용, 방송 제작 시 주의점 등이 영상 원본의 목록 작성과 영상자료화 과정에 충실하게 기록·정보화될 수 있도록 해야 한다.

▶ 영상기자는 영상 원본 중 자료로서 남겨야 할 영상과 폐기해야 할 영상에 대한 판단을 내려 자료화를 진행해야 한다. 이에 대한 기준은 영상의 중복적 자료화를 막고, 남겨진 영상이 자료로서 반복적 이용될 가치가 있는 것인가에 대한 해당 저널리스트로서의 판단과 영상 자산의 관리자로서의 판단을 통해 이뤄져야 한다.

▶ 영상기자는 자신이 취재하고, 참여한 아이템의 제보·제공·온라인에서 내려받은 영상 원본이 갖는 사회적 기록으로서의 의미와 역사 자료로서의 중요성까지를 고려하여, 영상의 자료화 여부를 결정해야 한다.

▶ 개별 영상기자의 영상 원본에 대한 성실한 자료화와 생성된 보도영상자료의 체계적인 관리와 이용을 위해 회사와 보도영상 조직의 공식적인 책임자와 보직자들은 적극적인 관리 책임과 감독·지원 노력을 기울여야 한다.

Q 179

보도영상자료화 과정에서 어떤 정보를 어떻게 기재해야 하는가?

- 원본 또는 자료의 '제목'은 핵심어를 사용해 간단하게 압축하여 입력한다.
- 회의나 토론회, 기자회견, 집회, 전시회 등의 경우 '공식으로 사용한 명칭'을 입력한다.
- '장소'의 경우 지역·단체·기관의 건물명, 사무실, 회의실 등의 구체 정보가 담겨야 한다.
- '엠바고'나 '취재원 보호' 영상의 경우 모든 영상 사용자가 인지할 수 있도록 해당 사항을 기재하고 주목을 끌 수 있도록 경고 표시 등의 기호를 제목에 포함해 입력한다.
- '취재원'이나 '기관'의 정보의 경우 국적·소속 기관·직위를 함께 표기한다.

▶ [원본 또는 자료의 제목은 핵심을 간결하게]

  ▽ 제목은 원본 내용의 핵심어를 사용해 간단하게 압축하여 입력한다.

  ▽ 대형 사건, 사고, 사회 이슈 등 연관된 영상 원본이 많을 경우에는 영상취재 부서의 관리자나 보도영상자료의 관리자가 공통된 영상 원본의 공통 키워드를 정하고, 그 뒤에 상세 제목을 입력할 수 있도록 공지한다. 예) '미투' 성추행 의혹 관련 피해자 인터뷰 / '미투' 배우 OOO 검찰 소환

  ▽ 특정 인물 또는 단체와 관련된 사건·사고는 관련 인물의 이름, 단체명을 포함하여 입력한다. 예) OO은행 불법 대출 사건

▶ [회의, 토론회 등은 공식 명칭을 기재]

  ▽ 회의, 토론회, 기자회견, 집회, 전시회 등은 개최 측이 보도자료나 현수막 등에 공식으로 사용한 명칭을 입력한다. 예) OOO 주최, 교육혁신 근본문제 해결을 위한 「대학서열 해소 방안」 마련 토론회 / OOO 주최, 「대학서열 해소 방안」 마련 토론회

▶ [장소는 구체적으로, 변경된 장소 포함 기재]

▽ 장소는 지역·단체나 기관의 건물명, 사무실이나 회의실 등의 구체적인 정보가 기재되어야 한다. 예) 000000 3층 대회의실(용산구 00빌딩)

▽ 취재의 흐름에 따라 취재 장소의 변화가 생기면 반드시 이동한 장소의 정보를 기재해야 한다.

▽ 사건·사고의 경우 그 내용과 발생 장소를 포함하여 입력한다. 예) 인천 여중생 집단 폭행 사건, 인천 영흥도 낚싯배 전복 사고

▶ [엠바고, 취재원 보호 등 경고 표시]

▽ 엠바고, 취재원 보호, 영상 사용 시 주의사항이 있을 경우 모든 영상 사용자들이 인지할 수 있도록 해당 사항을 기재하고, 주목을 끌 수 있도록 경고 표시 등의 기호를 제목에 포함하여 입력할 것을 권한다. 예) 금호산 살인 사건 현장검증 ※사용 금지 / [미투] 성추행 피해자 인터뷰 ※모자이크 필수

▶ [취재원, 기관의 명칭은 구체적으로]

▽ '사람 이름'은 국적·소속 기관·직위를 함께 표기한다. 예) 000 대통령, 000 외교부 대변인, 000 미국 국무부 장관

▽ 기관 및 단체명은 공식 명칭을 정확하게 입력해야 하지만, 단체명이 길거나 사회
적으로 통용되는 약칭으로 입력할 수 있다. 예) 전국민주노동조합총연맹 = 민주노
총 / 고위공직자비리수사처 = 공수처

▽ 고유 명사는 붙여서 입력할 것을 권고한다. 예) 한강시민공원, 여의도공원, 경부고
속도로

▽ 단체나 기구의 회의명은 전체 이름을 붙여서 입력할 것을 권고한다. 예) 언론개혁
시민연대, 경제정의실천시민연합, 더불어민주당원내정책회의

▽ 소속 기관과 직위를 함께 입력해야 할 경우, 소속 기관과 직위를 띄어 쓰되 고유
명사처럼 쓰여 붙여 사용하는 경우도 있다. 예) 유엔 사무총장, 서울중앙지법 판
사, 00대학교 총장 / 검찰총장, 국회의장, 대법원장, 서울시장, 경찰청장

Q 180

정치 분야 보도영상자료는 어떤 기준에 따라 삭제와 보관을 판단하는가?

◯ 대통령, 청와대 관계자의 기자회견 등 모든 발언은 전량 보관한다.

◯ 정치인들의 발언은 그대로 보관하는 것을 원칙으로 한다.

◯ 공직선거 후보자의 발언은 전량 보관한다.

▶ 영상기자는 영상 원본을 영상자료로서 남길 것인가, 삭제할 것인가에 대해 판단하고,
이를 통한 영상자료화의 과정에서 해당 영상자료의 뉴스 가치와 다양한 정보가 그대
로 유지되도록 해야 한다.

▶ [청와대]

▽ 대통령, 청와대 관계자의 기자회견, 브리핑 등 모든 발언은 전량 보관한다.

▽ 현장 스케치는 선별·편집하여 보관한다.

▶ [국회·정당 활동]

▽ 국회와 각 정당의 정치 활동(국정감사, 상임위, 원내대표 회의, 최고위원회의, 중진 연

석회의, 대변인 브리핑, 국회 정론관 기자회견, 국회의 각종 토론회 등)을 취재·기록한 영상 원본은, 스케치 부분은 보관이 필요한 부분만 편집하여 보관하고 정치인들의 발언은 그대로 보관하는 것을 원칙으로 한다.

▽ 취재한 영상기자, 취재기자, 자료 관리자의 판단과 협의를 통해 중복되거나 내용 상 불필요한 특정 구간은 삭제할 수 있다.

▶ [대통령·국회의원·지방선거·보궐선거 영상]

▽ 영상취재한 각 후보의 발언은 전량 보관한다.

▽ 스케치의 경우, 대통령 선거의 영상 원본은 명백한 NG 부분을 제외하고 전량 보관하고, 다른 선거 영상 원본의 경우 선거 유세 현장 등의 스케치는 편집하여 보관한다.

▽ 취재된 군소 정당이나 재야 정치인의 발언과 활동도 위와 같은 기준을 적용해 보관한다.

Q 181

사회, 경제, 문화·과학 등 분야의 보도영상자료를 보관하거나 삭제하는 판단 기준은 무엇인가?

⊙ 검찰, 특검, 법원, 헌법재판소, 경찰의 수사 결과 발표, 소환자 발언 등은 전량 보관한다.

⊙ 정부 부처의 주요 발표 자료는 전량 보관한다.

⊙ 전문가, 시민 인터뷰의 경우 제작자가 요청하는 구간만 자료로 보관한다.

▶ [검찰·특검·법원·헌법재판소·경찰]

▽ 수사 결과 발표, 소환자 발언, 판결문 낭독 등의 sync는 전량 보관한다.

▽ 스케치 부분은 선별·편집하여 자료로 보관한다.

▶ [사건·사고, 집회/시위, 기자회견, 기획 취재, 탐사 보도]

▽ sync 부분은 인터뷰 화면에서 제작자가 요청하는 구간만 자료로 보관한다.

▽ 스케치 부분은 선별·편집하여 보관한다.

▶ [정부 부처]

　▽ 정부 부처에서의 주요 발표 sync는 전량 보관한다.

　▽ 스케치 부분은 선별·편집하여 보관한다.

▶ [전문가·시민 인터뷰]

　▽ 인터뷰 화면에서 제작자가 요청하는 구간만 자료로 보관한다.

Q 182

외신 영상, 북한 방송의 보도영상자료는 어떤 기준에 따라 삭제하거나 보관할 것인가?

⊙ 해당 부서나 제작자의 자료 보관이 요청된 구간만 보관한다.

▶ 외신 영상과 북한 방송은 해당 부서나 제작자의 자료 보관이 요청된 구간만 보관한다. 외신 영상의 경우, 제공 방송사나 통신사에서 재사용을 제한하는 경우가 있으므로, 이에 주의해 보관 여부를 결정해야 한다.

▶ 외신 방송이나 북한 방송에서 수신한 영상 중 취재원 보호나 국내 방송이 불가한 부분이 있는지를 면밀히 검토해 방송 사고를 사전에 방지하고, 이에 대한 정보 제공을 상세하게 기재해 영상의 재사용 시 문제가 발생하지 않도록 해야 한다.

| 사례 | 2019년 5월 10일 <프랑스군, 아프리카서 한국인 40대 여성 인질 구출> 보도: AFP, AP, 프랑스 방송사들은 프랑스군 특수부대가 부르키나파소에서 무장 세력과 교전 끝에 한국인 1명, 프랑스인 2명, 미국인 1명 등 4명의 인질을 구조한 사건을 보도하며, 구출된 인질들의 초상을 모두 공개한 영상을 방송했다. 반면, 한국의 대부분 방송사들은 한국인 여성 인질의 초상권을 보호하기 위해 해당 보도에서 여성의 얼굴을 블러 처리해 방송했다.

Q 183

외부에서 제공받거나 온라인상에 공개된 영상을 내려받아 보관하거나 삭제하는 기준은 무엇인가?

◯ 보관하려고 할 경우 영상을 제공한 자의 사용 동의·허가를 얻는다.

◯ 중요한 사건·사고와 관련되거나 보도에 대한 법률적 분쟁이 발생하였을 때, 중요한 증거로서의 가치를 갖는 경우, 제작자가 해당 부서장의 승인을 받아 보관을 요청한다.

▶ 외부로부터 제공받은 영상, 온라인상에서 내려받은 영상은 방송사가 저작권을 갖고 있지 않다. 많은 방송사들은 이들 영상의 보관 기간을 1개월로 하고 삭제하는 것을 원칙으로 하고 있는데, 보관 처리를 하려고 할 경우에는 권리를 획득하거나 판단의 근거를 준비할 것을 권한다.

▶ 〈시청자가 제공한 자료〉를 사용할 때 철저한 확인이 필요하다. 제작자는 시청자 제공 자료가 방송 목적에 부합하는지 면밀하게 검토해야 한다. 촬영 일시, 장소, 내용 등의 사실관계를 확인한 후 프로그램에 사용해야 한다. 시청자가 제공한 자료는 사용 조건과 저작권 문제를 명확하게 한 뒤에 사용해야 한다. (<2020 KBS 방송제작 가이드라인>, 25.영상자료의 이용과 처리, 198쪽)

Q 184

방송사에서 생산한 몰래카메라, 전화 녹음 파일, CCTV, 블랙박스 영상을 보관하거나 삭제하는 기준은 무엇인가?

◯ 각 방송사에서 규정하거나 운영하는 원칙을 확인해서 대응한다. 국내의 많은 방송사들의 경우 1개월 보관한 뒤 폐기하는 것으로 알려져 있다.

▶ 단, 해당 파일과 영상이 법률 분쟁의 중요한 근거가 되거나, 역사적 보존 가치가 충분하다고 판단될 때 해당 영상기자, 취재기자, 아카이브 관리자의 판단에 따라 보관할 것을 권한다.

Q 185

보도영상에 대한 저작권은 누구에게 있는가?

⭕ 현행 저작권법에서는 원칙적으로 방송사에 저작권이 있다.
⭕ 언론 내규 또는 근로계약상 영상기자가 저작권을 가지도록 되어 있다면, 현행법 하에서도 영상기자에게 저작권이 있을 수 있다.

▶ 창작자에게 저작권을 귀속시킨다는 '창작자 원칙'에 비추어 볼 때, 영상기자에게 저작권이 있다고 보는 것이 바람직하다. 한국영상기자협회는 이러한 입법 개선을 위해 노력하고 있다.

[가이드라인 개정회의]

- 저작권법 제2조(정의) 31. "업무상저작물"은 법인·단체 그 밖의 사용자(이하 "법인등"이라 한다)의 기획하에 법인등의 업무에 종사하는 자가 업무상 작성하는 저작물을 말한다.
- 저작권법 제9조(업무상저작물의 저작자) 법인등의 명의로 공표되는 업무상저작물의 저작자는 계약 또는 근무규칙 등에 다른 정함이 없는 때에는 그 법인등이 된다. 다만, 컴퓨터프로그램저작물(이하 "프로그램"이라 한다)의 경우 공표될 것을 요하지 아니한다.

Q 186

재직 중 자신이 촬영한 보도영상을 모아 퇴직 후 새로운 영상물로 재가공해 사용할 수 있는가?

● 재직 중이거나 재직했던 방송사의 동의를 받아야 한다.
● 현행 저작권법하에서는 원칙적으로 보도영상의 저작권을 방송사가 가지고 있기 때문이다.

Q 187

영상기자가 보도영상에 대한 '저작인격권'을 가질 경우 어떤 이점이 있는가?

● 다른 언론사, 제3자에 의한 저작권 침해에 효과적으로 대응할 수 있다. 보도영상에 대해 가장 잘 알고 있는 사람은 영상기자이기 때문이다.

▶ '저작인격권'이란 '공표권'·'성명표시권'·'동일성유지권'을 말하며, 저작인격권은 저작자 일신에 전속한다. 또 공동저작물의 저작인격권은 저작자 전원의 합의에 의하지 아니하고는 이를 행사할 수 없다.
▶ 각 방송사별로 보도영상에 대한 저작인격권이 영상기자에게 있도록 근로계약을 바

꿀 필요가 있으며, 이를 위해 노력을 기울일 필요가 있다.

▶ 중장기적으로 저작권법의 관련 규정을 개정하는 것이 바람직하다.

[관련 법규]

- 저작권법 제11조 (공표권) ①저작자는 그의 저작물을 공표하거나 공표하지 아니할 것을 결정할 권리를 가진다. ②저작자가 공표되지 아니한 저작물의 저작재산권을 제45조에 따른 양도, 제46조에 따른 이용허락, 제57조에 따른 배타적발행권의 설정 또는 제63조에 따른 출판권의 설정을 한 경우에는 그 상대방에게 저작물의 공표를 동의한 것으로 추정한다. ③저작자가 공표되지 아니한 미술저작물·건축저작물 또는 사진저작물(이하 "미술저작물등"이라 한다)의 원본을 양도한 경우에는 그 상대방에게 저작물의 원본의 전시방식에 의한 공표를 동의한 것으로 추정한다. ④원저작자의 동의를 얻어 작성된 2차적저작물 또는 편집저작물이 공표된 경우에는 그 원저작물도 공표된 것으로 본다. ⑤ 공표하지 아니한 저작물을 저작자가 제31조의 도서관등에 기증한 경우 별도의 의사를 표시하지 아니하면 기증한 때에 공표에 동의한 것으로 추정한다.

- 제12조(성명표시권) ①저작자는 저작물의 원본이나 그 복제물에 또는 저작물의 공표 매체에 그의 실명 또는 이명을 표시할 권리를 가진다. ②저작물을 이용하는 자는 그 저작자의 특별한 의사표시가 없는 때에는 저작자가 그의 실명 또는 이명을 표시한 바에 따라 이를 표시하여야 한다. 다만, 저작물의 성질이나 그 이용의 목적 및 형태 등에 비추어 부득이하다고 인정되는 경우에는 그러하지 아니하다.

- 제13조(동일성유지권) ①저작자는 그의 저작물의 내용·형식 및 제호의 동일성을 유지할 권리를 가진다. (이하 조문 생략)

- 제14조(저작인격권의 일신전속성) ①저작인격권은 저작자 일신에 전속한다. ②저작자의 사망 후에 그의 저작물을 이용하는 자는 저작자가 생존하였더라면 그 저작인격권의 침해가 될 행위를 하여서는 아니 된다. 다만, 그 행위의 성질 및 정도에 비추어 사회통념상 그 저작자의 명예를 훼손하는 것이 아니라고 인정되는 경우에는 그러하지 아니하다.

- 제15조(공동저작물의 저작인격권) ①공동저작물의 저작인격권은 저작자 전원의 합의에 의하지 아니하고는 이를 행사할 수 없다. 이 경우 각 저작자는 신의에 반하여 합의

의 성립을 방해할 수 없다. ②공동저작물의 저작자는 그들 중에서 저작인격권을 대표하여 행사할 수 있는 자를 정할 수 있다. ③제2항의 규정에 따라 권리를 대표하여 행사하는 자의 대표권에 가하여진 제한이 있을 때에 그 제한은 선의의 제3자에게 대항할 수 없다.

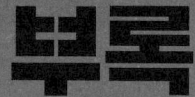

부록

한국영상기자협회
윤리강령
포토라인 운영준칙

한국기자협회, 국가인권위원회
인권보도 준칙

한국기자협회·보건복지부·한국생명존중희망재단
자살예방 보도준칙 4.0

한국신문협회·한국방송협회·한국신문방송편집인협회
한국기자협회·한국신문윤리위원회
재난보도 준칙

한국신문협회·한국방송협회·한국기자협회
한국신문방송편집인협회·한국인터넷신문협회
한국온라인신문협회
언론을 위한 생성형 인공지능 준칙

국가트라우마센터·한국언론진흥재단
트라우마 예방을 위한 재난보도 세부 지침

한국영상기자협회
윤리강령

(제정: 1991년 11월 11일)

출처: 한국영상기자협회

[전 문]

우리 한국영상기자협회는 대한민국 TV방송의 보도영상 전문인 단체로서 그 사명과 책임을 다해 진실과 정의를 추구하고, 나아가 풍요로운 국가 건설과 세계 평화를 위해 노력할 것을 선언한다.

우리는 국민의 알 권리를 존중하고 진실과 균형, 그리고 사회정의를 바탕으로 한 공정보도 방송을 수행함이 이 시대의 요청임을 깊이 인식한다.

우리는 전문인으로서의 직업윤리를 바탕으로 하여 품위있고 책임있는 방송을 함으로써 국민이 우리에게 부여한 사명과 책임을 다 할 것을 선언한다.

[총 강]

1. 독립성

우리는 어떠한 경우에도, 우리 사회의 진실과 정의를 왜곡할 수 있는 일체의 간섭과 압력을 거부한다.

2. 자율성

우리는 헌법과 법률이 보장하는 바에 따라 보도·제작의 자유를 갖는다. 우리는 이 자유를 오직 국민의 알 권리와 이익을 위해서만 책임있게 행사한다.

3. 책임 정신

우리는 자유 민주주의와 우리 민족의 자주성을 존중하며, 진실 추구를 통하여 우리에게 부여된 공적 기능과 사회적 책임을 다하며, 건전한 민주 시민정신의 형성에 기여한다.

4. 공정성

우리는 우리의 임무를 수행함에 있어서 어떠한 경우에도 객관적, 보편타당성을 견지하며 특정 집단이나 개인의 이익을 위한 편향된 시각을 단호히 거부하며 정확성과 객관성의 균형을 유지한다.

5. 인권의 존중

우리는 인간의 존엄성과 국민의 기본권을 그 무엇보다 존중하며 어떠한 불의로부터도 이를 지켜 나가는 사명을 다한다.

6. 직업윤리

우리는 전문 방송인으로서의 직업윤리에 충실하며 그 품위와 도덕성을 훼손하는 일체의 행동을 하지 않는다. 아울러 건전한 방송 문화를 꽃피우기 위한 모든 노력을 경주한다. 이와 같은 우리의 뜻을 한데 모아 '한국방송 영상기자협회 윤리강령'을 만들고 이를 실천 덕목으로 삼는다.

[강 령]

제 1 항

우리는 국가의 존엄성과 민족의 자주성을 존중하면 국민의 기본권을 존중한다.

제 2 항

진실을 바탕으로 한 보도나 프로그램을 제작 방송함에 있어서 외부의 압력은 물론 내부의 부당한 간섭을 배제한다.

제 3 항

개인의 명예나 사생활을 최대한 존중해야 하며, 개인의 초상권을 침해할 가능성이 있는 보도영상취재 활동은 가급적 배제한다.

제 4 항
의견이 양분되어 있는 쟁점에 관한 보도영상을 취재함에 있어서는 쌍방의 의견을 대변할 수 있는 과정을 통하여 공정성이 유지되어야 한다.

제 5 항
정부나 공공기관, 사회단체, 기업 등이 제공하는 정보나 영상자료에 대해서는 객관적인 시각으로 신빙성 여부를 반드시 확인한다.

제 6 항
어린이나 청소년의 건전한 정서와 올바른 품성을 해칠 수 있는 상황이나 대상은 가급적 보도영상 대상에서 제외한다.

제 7 항
신앙의 자유는 원칙적으로 존중해야 하고 특정 교파에 대한 편견을 배제하며 보도 영상 자체가 특정 종교를 모독할 수 있는 가능성은 사전에 배제한다. 다만, 사이비임이 판명된 종교에 대한 방송에 있어서는 교리 의식 등을 비판할 수 있다.

제 8 항
노사 문제는 객관적이며 공정한 시점에서 촬영해야 하며 노동의 가치와 직업의 존귀함을 부정적으로 다루지 않는다.

제 9 항
인명을 경시하거나 자살, 불륜 등을 미화하는 내용으로 촬영·보도하지 않으며 범죄의 수단이나 방법, 패륜행위 등의 내용을 필요이상으로 자세하게 묘사하지 않는다.

제 10 항
범죄사건을 다룸에 있어서 용의자나 범인의 가족과 주변 인물에 대해 불필요한 영상을 취재하지 않으며 피해자와 관련된 사항도 인간의 기본권을 존중하는 범위내에서 취급한다.

제 11 항
변사사건을 다룰 때는 당사자의 유족이나 친척의 사생활을 보호해야 하며 유족들에게 고통이나 모욕감을 줄 수 있는 촬영 행위를 삼가한다.

제 12 항
환자나 사고, 재난에 의한 피해자의 입원 치료를 취재할 때는 당사자들의 동의 없는 취재는 가급적 삼가며, 입원 사실 이상의 정보는 의료 당국의 제보 및 자료 제공에 의존한다.

제 13 항
우리는 정당이나 정치 단체에 가입하지 않으며, 정치나 정치조직을 위한 활동을 하지 않는다. 그 밖의 특정 이익 집단을 위한 편향적 취재 활동을 하지 않는다.

제 14 항
취재를 위해 개인의 사적인 공간, 즉 주거 지역이나 집무실에 무단출입 하지 않으며 취재 대상자의 의사에 반하여 인터뷰를 강요하지 않는다.

제 15 항
인터뷰를 할 때에는 대상자에게 방송을 전제로 할 것인지 또는 단순한 정보로 이용할 것인지를 미리 알려야 하고, 인터뷰 내용을 편집할 때는 전체의 흐름을 왜곡시키거나 방송사의 주관이나 이익을 위한 일방적인 방향으로 제작하지 않는다.

제 16 항
선거유세, 시위, 집회, 공연 등의 옥내·외 현장을 취재할 때에 그 행사의 흐름을 방해 하지 않는다. 특히 대규모 행사나 집회의 경우, 신중하고 객관적인 시각으로 영상취재를 함으로써 오해의 소지가 없도록 한다.

제 17 항

모든 영상자료는 정당한 방법으로 취득하며, 방송사나 취재자의 이익과 편의를 위하여 위장이나 속임수로 촬영 협조를 구하지 않는다.

제 18 항

영상녹화, 음향녹음 등으로 취재한 보도자료는 명백하고도 절실한 국익이나 공익을 위한 경우가 아니면, 함부로 외부에 공개하지 않으며 보도자료 공개를 요구하는 일체의 압력을 배격한다.

제 19 항

타 방송사나 타 언론 매체의 자료와 영상을 표절하지 않으며, 외부의 자료와 영상을 활용할 때는 그 출처를 명시한다.

제 20 항

우리는 보도영상취재 활동을 함에 있어 특정인이나 특정 기업의 부당이익을 초래할 수 있는 일체의 상업적인 영향력을 배제한다.

제 21 항

우리는 직무와 관련해 외부에서 제공하는 금품이나 무료 서비스, 향응 등을 일체 거부한다.

제 22 항

우리는 전문 방송인으로서 신분을 악용하지 않으며, 이권에 개입하거나 외부에 부당한 청탁을 하지 않으며, 직무와 관련해 청탁을 받지 않는다.

제 23 항

우리는 취재·편집 제작과정에서 방송인으로서의 전문성과 품위를 유지하며 방송 결과에 대해서는 책임을 진다.

포토라인 운영준칙

출처: 한국영상기자협회

[제1장] 총칙

제1조(목적)

이 준칙은 취재현장에서의 포토라인을 설정하고 실천하는 세부 규정을 정하는 것을 목적으로 한다. 이를 통해 국민의 알권리를 실현하고 취재원의 인권보호를 도모한다. 또한, 취재 경쟁의 폐단을 막고 취재현장에서 신문, 방송, 인터넷언론, 통신사 등의 상호협력에 의한 원활한 취재와 언론 본연의 임무를 다하기 위해 이 준칙을 제정 시행한다.

제2조(정의)

이 준칙에서 사용된 용어의 정의는 다음과 같다.

1. 포토라인-다수의 취재진이 제한된 공간에서 취재를 해야 할 경우, 취재진의 동선을 제한하여 혼란을 막기 위한 자율적 제한선
2. 취재진-국·내외 언론사 소속 언론인
3. 취재원-언론 취재의 대상이 되는 인물 또는 현장.
4. 프레스 카드-완장, 조끼 등의 형태로 포토라인 취재에 참여함을 나타내는 표식
5. 인터뷰 풀(Pool)-각 매체의 취재기자 1인씩을 대표로 정하여 인터뷰를 하고 그 내용을 공유하기로 한다.

제3조(주요 시행 장소)

1. 공공기관-검찰, 법원, 경찰, 청와대, 국회 등
2. 공항-사회적 관심이 되는 취재원의 입출국 및 기타 행사
3. 기자회견장-중요한 뉴스가 되는 기자회견
4. 각종 발표회, 시상식장 등의 행사장
5. 장례식장
6. 공권력에 의해 질서와 통제가 이뤄지는 사건사고 현장
7. 기타 취재진의 경쟁이 심해 포토라인이 필요한 곳

[제2장] 포토라인의 설정

제1조(포토라인의 시행결정)

1. 사전 조정이 가능한 경우-각 협회 대표단을 구성해 취재가 이루어지는 기관이나 장소의 대표자와 포토라인의 실행을 위한 구체사항을 조율하여 각 회원사에 통보 한다.
2. 취재원이 포토라인을 요청한 경우-취재원이 협회에 포토라인 설정을 요청하면 취재원과의 사전 조정을 통해 실행 방안을 정하고, 그 내용을 각 회원사에 통보한다.
3. 취재현장에서 포토라인의 설정이 필요할 경우-현장에서 각 언론매체가 자율적으 로 대표를 선출, 포토라인의 운영을 취재원과 조정해 확정한다.

제2조(포토라인의 통보와 준비)

1. 포토라인의 통보-포토라인의 운영이 결정되면 각 협회는 그 안을 회원사와 취재원에 통보하고 협회홈페이지를 통해 공고한다.
2. 회원사 이외의 포토라인 참가자의 사전접수-포토라인의 운영과 관련해 한국방송카메라기자협회, 한국사진기자협회, 한국인터넷기자협회 소속 회원이 아닌 경우 TV동영상취재는 카메라기자협회, 사진취재는 사진기자협회, 인터넷매체 취재는 인터넷기자협회의 사무국에 포토라인 취재 참가를 신청한다.

제3조(프레스카드와 포토라인의 제작과 배포)

1. 각 협회는 프레스카드를 준비하여 각 회원사에 배포한다.
2. 각 협회는 시행주체의 명칭이 인쇄된 포토라인을 제작하여 각 회원사에 배포한다.
3. 프레스카드와 포토라인의 디자인은 각 협회가 함께 논의하여 결정한다.

제4조(프레스카드와 포토라인의 운용)

1. 프레스 카드의 사용은 정해진 색깔의 프레스카드를 취재자들에게 사전에 또는 현장에서 배포해 이를 소지하지 않은 취재자들의 포토라인 취재 참가를 제한한다.
2. 포토라인용 테이프는 포토라인이 운용되는 현장에서 방송카메라기자, 사진기자, 인터넷기자 대표가 입회한 아래 취재원과의 협의를 통해 설치한다.

제5조(취재인원의 제한)

포토라인 취재에 참여하는 언론사는 각 사 1팀만 취재에 참가할 수 있고, 그 외 인원은 포토라인 밖의 제한선에서 취재한다. 1사 1팀을 원칙으로 하되 방송사 내부 별도의 취재팀, 신문, 인터넷언론, 통신사의 경우 동영상팀을 운영 할 경우에는 사안에 따라 취재인원의 규모(1사2팀)를 결정하도록 한다.

[제3장] 포토라인의 현장운영

제1조(취재원의 인권보호와 취재안전을 위한 충분한 공간확보)

1. 취재원의 인권보호와 취재안전을 위해 현장에서 취재원의 동선과 취재진과의 간격을 엄격히 제한한다.
2. 일반적으로 도보거리는 현장 상황에 따라 정하고, 인터뷰 장소는 도보거리 내 적정한 위치에 설치한다.

제2조(통제선의 설치)

원활한 취재와 안전을 위해 포토라인으로 부터 3미터 뒤에 통제선을 설치한다.

제3조(포토라인 상의 위치)

현장 도착 순서에 따라 우선순위를 정한다.

제4조(취재원에게 협조 요청)

취재원이 부득이한 상황으로 포토라인 설정에 대한 사전인지가 어려웠을 경우 포토라인 현장대표가 취재원의 협조를 구한다.

제5조(포토라인 내 이동금지)

포토라인 내에서 영상취재가 시작되면 참여한 취재자들은 취재 도중에 자리 이동을 해서는 안 된다. 이동시 포토라인 규칙 위반으로 간주한다. 단, 여유공간이 넉넉하고 사전에 합의가 된 경우는 예외로 한다.

제6조(취재원을 따라 움직이는 취재 금지)

취재원의 동선이 긴 경우 취재자들은 사전합의가 된 경우를 제외하고는 정해진 포토라인을 넘어선 과잉 동행취재를 금지한다. 단, 주요지점에 복수의 포토라인이 필요한 경우 사전협의를 통해 운용방법을 정하도록 한다. 그리고, 동행취재가 꼭 필요한 경우 각 협회는 풀단을 구성해 카메라기자, 사진기자, 인터넷매체기자 각 1팀씩 대표취재가 가능하다. 풀단의 경우 대표 취재자임을 정확히 표시할 수 있는 표식(조끼 등)을 착용해 현장에서의 혼선을 막는다.

제7조(인터뷰 풀)

포토라인 내에서 대표 인터뷰는 각 매체의 대표기자 1인씩 총 3명이 포토라인 내 정해진 자리에서 인터뷰를 시도하도록 한다.

제8조(취재원의 인권보호와 취재안전을 위한 충분한 공간확보)

포토라인 내에서 대표 인터뷰는 각 매체의 대표기자 1인씩 총 3명이 포토라인 내 정해진 자리에서 인터뷰를 시도하도록 한다.

제9조(연단위의 취재 금지)

행사와 각종 시상식의 취재 시 포토라인은 식장 밑에 설치하며 연단위에 올라가지 않는다. 단 취재진이 많지 않은 경우는 예외로 한다.

제10조(취재 공간이 협소한 경우)
취재시간을 한정하여 포토타임을 취재원에게 요청하고, 순번을 정해 취재한다.

제11조(분향소나 장례식장의 경우)
조문객의 왕래를 방해하지 않는 지점에 포토라인을 설정하고 근접촬영은 풀단을 구성하여 대표취재 하는 것을 원칙으로 한다.

[제4장] 포토라인 위반시 벌칙

포토라인 위반으로 인해 취재 자체가 무산되거나 취재원에 대한 중대한 인격 침해, 기타 상식에 벗어난 중대 사고 발생 시 각 협회에서 정한 별도규칙에 따른 벌칙을 시행한다.

[제5장] 각 협회의 상시교류

각 협회는 포토라인과 관련한 집행업무 담당자를 각 협회에 두고, 원활한 정보교류와 현장 진행을 위해 최선의 노력을 기울인다.

[제6장] 부칙

제1조(시행)
이 준칙은 선포일로부터 1개월간 홍보기간을 두고 2006년 10월 1일부터 시행한다.

제2조(개정)

포토라인의 운영상 문제가 발생하였을 경우 포토라인 준칙 운영위원회를 구성, 협의해 개정 시행한다.

개정안 발의는 각 협회의 공식 개정 요청 공문이 접수되면 가능하다.

제3조(예외의 경우)

본 준칙에 없는 특별한 사항은 통상 관례에 따른다.

2006년 8월 31일
한국방송카메라기자협회
한국사진기자협회
한국인터넷기자협회

인권보도 준칙

출처: 한국기자협회

[전 문]

언론은 모든 사람이 사람답게 사는 세상을 위해 인류 보편적 가치인 인권의 증진을 목표로 삼는다.

언론은 이를 위해 인권문제를 적극 발굴?보도하여 사회적 의제로 확산시키고 인권보장을 위한 제도가 정착되도록 여론형성에 앞장선다.

언론은 일상적 보도과정에서 인권을 침해하는 내용이 포함되지 않도록 주의를 기울인다. 아울러 '다름'과 '차이'가 차별의 이유가 되지 않도록 노력한다.

언론은 인권의 증진이 기본적 사명임을 깊이 인식하여 국민의 인권의식 향상과 인권존중문화 확산에 기여한다.

이에 따라 한국기자협회와 국가인권위원회는 다음과 같이 인권보도준칙을 제정하여 이를 준수하도록 권고한다.

[총 강]

1. 언론은 세계인권선언을 비롯한 국제규범과 헌법에서 보장된 인권이 실현되도록 노력한다.
2. 언론은 '모든 사람은 태어날 때부터 자유롭고 존엄하며 평등하다'는 세계인권선언의 정신을 누구에게나 예외없이 적용한다.

3. 언론은 표현의 자유 등 민주적 공동체 구현에 필수 불가결한 기본권의 신장과 모든 사람의 알권리 보장을 위해 힘쓴다.
4. 언론은 인권 사각지대의 인권 현안을 적극 발굴하여 우리 사회의 인권신장에 앞장선다.
5. 언론은 사회적 약자나 소수자들의 인권 보장을 위해 그들이 차별과 소외를 받지 않도록 감시하고 제도적 권리 보장을 촉구한다.
6. 언론은 고정관념이나 사회적 편견 등에 의한 인권침해를 방지하기 위해 용어 선택과 표현에 주의를 기울인다.
7. 언론은 사진과 영상보도에서도 인권을 침해하지 않도록 주의한다.
8. 언론은 생명권 보장과 생명존중 문화 확산에 기여하고 자살보도에 신중을 기한다.
9. 언론은 인권교육매체로서 우리 사회의 인권의식 향상과 인권감수성 향상에 기여한다.
10. 언론은 오보 등으로 인해 인권을 침해한 경우 솔직하게 인정하고 신속하게 바로잡는다.

[주요 분야별 요강]

제1장 민주주의와 인권

1. 언론은 민주주의와 국민주권을 훼손하는 표현을 사용하지 않는다.
   가. 권위적인 용어와 국민을 낮춰보는 용어 사용에 주의한다.
   나. 사회 각 부문의 권력층을 지나치게 예우하는 용어를 사용하지 않는다.
   다. 민주적 기본권인 집회?시위를 부정적으로 묘사하지 않는다.
2. 언론은 특정 집단이나 계층에 편향되거나 차별적인 보도를 하지 않도록 주의한다.
   가. 특정 정치인(집단)을 옹호하거나 비하하는 용어 사용에 주의한다.
   나. 노사 관계에 대해 편파적인 보도나 헌법 제33조에 보장된 노동3권을 무시하는 표현을 하지 않는다.
   다. 계층 간 갈등을 조장하거나 빈부격차를 정당화하고, 기업의 입장에서 사용하는 용어를 일반화하지 않도록 한다.

라. 특정 지역을 비하하거나 지역 간 차별을 조장하는 용어를 사용하지 않는다.

제2장 인격권

1. 언론은 개인의 인격권(명예, 프라이버시권, 초상권, 음성권, 성명권)을 부당하게 침해하지 않는다.

가. '공인'이 아닌 개인의 얼굴, 성명 등 신상 정보와 병명, 가족관계 등 사생활에 속하는 사항을 공개하려면 원칙적으로 당사자의 동의를 받아야 한다.

나. '공인'의 초상이나 성명, 프라이버시는 보도 내용과 관련이 없으면 사용하지 않는다.

다. 취재 과정에서 인격권 침해와 개인 정보 유출이 일어나지 않도록 주의한다.

라. 사망자와 유가족의 인격권을 침해하지 않는다.

마. 자살 예방을 위해 가급적 자살 사건을 보도하지 않으며, 보도가 불가피한 경우에는 자살을 미화?합리화하거나 실행방법을 묘사하지 않는다.

바. 인용이나 인터뷰를 이용하여 인격권을 침해하거나 차별을 조장하지 않는다.

2. 언론은 범죄 사건의 경우 헌법 제27조의 무죄추정의 원칙, 공정한 재판을 받을 권리 등 국민의 기본권을 침해하지 않도록 주의한다.

가. 수사나 재판 중인 사건을 다룰 때 단정적인 표현을 사용하지 않는다.

나. 용의자, 피의자, 피고인 및 피해자, 제보자, 고소?고발인의 얼굴, 성명 등 신상 정보는 원칙적으로 밝히지 않는다.

다. 유죄 판결을 받은 경우에도 범죄자의 얼굴, 성명 등 신상 정보 공개에 신중을 기한다.

라. 피해자의 2차 피해를 막기 위해 범죄 행위를 자세히 묘사하지 않는다.

마. 성폭행 피해자의 익명성을 보장하고 피해 상황을 설명할 때는 신중을 기해야 하며, 특히 피해자의 상처를 사진이나 영상으로 촬영, 공개하지 않는다.

바. 범죄 발생의 원인이 피해자 측에 있는 것처럼 묘사하지 않는다.

사. 사건에 대한 사회구조적인 문제점을 진단하고 인권친화적인 방향으로 정책 변경과 제도 개선이 이뤄지도록 노력한다.

제3장 장애인 인권

1. 언론은 장애인이 자존감과 존엄성, 인격권을 무시당한다고 느낄 수 있는 보도를 하지 않는다.

   가. 장애인을 비하하거나 차별하는 표현에 주의한다.

   나. 통상적으로 쓰이는 말 중 장애인에 대해 부정적 뉘앙스를 담고 있는 관용구를 사용하지 않는다.

   다. 장애 유형과 장애 상태를 지나치게 부각하지 않는다.

   라. 장애인을 보장구에 의지하여 살아가는 수동적 존재로 묘사하지 않는다.

   마. 동정 어린 시각이나 사회의 이질적 존재라는 인상을 주지 않도록 한다.

   바. 장애를 질병으로 묘사하거나 연상시킬 수 있는 표현을 사용하지 않는다.

2. 언론은 장애인에 대한 차별을 해소하는 데 적극 나선다.

   가. 장애에 대한 잘못된 고정관념과 편견을 강화할 수 있는 표현을 사용하지 않는다.

   나. '미담 보도'의 경우 장애인을 대상화하거나 도구화하지 않는다.

   다. 장애인을 인터뷰하거나 언론에 노출할 경우 반드시 당사자의 입장을 고려한다.

   라. 장애인을 위한 제도 개선과 사회의 인식을 개선하기 위해 항상 노력한다.

제4장 성 평등

1. 언론은 성별과 성 역할에 대한 고정관념을 강화하는 성차별적 표현을 사용하지 않는다.

   가. 양성의 특성을 지나치게 부각하거나 성별을 불필요하게 강조하지 않는다.

   나. 가부장적 표현이 드러나지 않도록 주의한다.

   다. 성별에 대한 고정관념을 야기하는 표현을 사용하지 않는다.

   라. 양성의 성 역할을 이분법적으로 고정화하여 표현하지 않는다.

2. 언론은 사람을 성적으로 대상화하거나 성을 상품화하는 보도를 하지 않는다.

   가. 성적 또는 신체적 특성을 과도하게 강조하지 않는다.

   나. 사람의 특정 신체 부위를 부각하는 사진이나 영상을 사용하지 않는다.

제5장 이주민과 외국인 인권

1. 언론은 다양한 문화를 존중하고 여러 민족이 더불어 살아가는 사회가 되도록 노력한다.

    가. 출신 국가, 민족, 인종, 피부색, 체류 자격, 국적 유무와 관계없이 모든 사람의 인권을 존중하고 증진하도록 힘쓴다.

    나. 특정 국가나 민족, 인종을 차별하거나 비하하는 표현을 사용하지 않는다.

    다. 이주민이 한국문화에 동화?흡수되도록 유도하거나 한국의 문화와 가치를 강요하는 보도를 자제한다.

    라. 이주민을 한국의 관점이나 기준으로 평가해 구경거리로 만들거나 동정을 받아야 할 대상으로 묘사하지 않는다.

2. 언론은 이주민에 대해 희박한 근거나 부정확한 추측으로 부정적인 이미지를 조장하거나 차별하지 않는다.

    가. 체류 허가를 받지 않은 외국인에게 '범죄자'라는 부정적 이미지를 덧씌울 수 있는 용어 사용에 주의한다.

    나. 이주노동자 등을 잠재적 범죄자 또는 전염병 원인 제공자 등으로 몰아갈 수 있는 표현을 사용하지 않는다.

    다. 이주노동자를 동정의 대상으로 삼거나 어눌한 한국어 표현 등에 주목해 웃음거리로 묘사하지 않는다.

제6장 노인 인권

1. 언론은 노인 문제를 제도적이고 종합적인 관점으로 접근한다.

    가. 노인을 지나치게 의존적 존재로 부각하지 않으며, 부정적 이미지를 조장하지 않는다.

    나. 노인의 경제적 어려움, 학대, 범죄, 자살 등을 개인 문제로 다루지 않고 사회적, 정책적 해법의 필요성을 제시한다.

2. 언론은 노인의 독립과 사회참여, 자아실현, 존엄성을 존중한다.

    가. 연령을 이유로 노동시장 등 사회생활에서 차별받지 않도록 보도한다.

    나. 노인 인권 침해, 특히 시설 생활 노인 등의 인권에 지속적으로 관심을 갖고

살펴본다.

다. 노인의 결혼과 이혼 등에 대해 선정적으로 접근하지 않는다.

제7장 어린이와 청소년 인권

1. 언론은 어린이와 청소년을 어른과 동등한 인격체로 인식하는 자세를 갖는다.

    가. 어린이와 청소년이 어리다는 이유로 그들의 권리를 무시하지 않는다.

    나. 따돌림, 학교폭력, 체벌, 인터넷 중독 등을 다룰 때 어린이와 청소년의 입장을 고려한다.

2. 언론은 어린이와 청소년의 안전에 미칠 영향에 대해 세심하게 배려한다.

    가. 어린이와 청소년에게 충격을 줄 우려가 있는 선정적?폭력적 묘사를 자제한다.

    나. 주변의 도움이나 후원을 받는 경우 얼굴, 성명 등 신상 정보가 공개되지 않도록 주의한다.

    다. 범죄 사건을 재연할 경우 아동을 출연시키지 않는다.

    라. 피해자의 2차 피해를 막기 위해 익명성을 보장하고 피해상황과 관련한 사진과 영상은 원칙적으로 공개하지 않는다.

제8장 성적 소수자 인권

1. 언론은 성적 소수자에 대해 호기심이나 배척의 시선으로 접근하지 않는다.

    가. 성적 소수자를 비하하는 표현이나 진실을 왜곡하는 내용, '성적 취향' 등 잘못된 개념의 용어 사용에 주의한다.

    나. 성적 소수자가 잘못되고 타락한 것이라는 뉘앙스를 담지 않는다.

    다. 반드시 필요하지 않을 경우 성적 지향이나 성 정체성을 밝히지 않는다.

    라. 성적 소수자에 대해 혐오에 가까운 표현을 사용하지 않는다.

2. 언론은 성적 소수자를 특정 질환이나 사회병리 현상과 연결 짓지 않는다.

    가. 성적 소수자의 성 정체성을 정신 질환이나 치료 가능한 질병으로 묘사하는 표현에 주의한다.

    나. 에이즈 등 특정 질환이나 성매매, 마약 등 사회병리 현상과 연결 짓지 않는다.

제9장 북한이탈주민 및 북한 주민 인권

1. 언론은 북한이탈주민을 우리 사회의 구성원이라는 관점으로 접근한다.

　가. 본인과 가족의 안전을 위해 동의가 없는 한 성명, 출신 등 신상정보가 공개
　　되지 않도록 주의한다.

　나. 북한이탈주민을 항상 도움이 필요한 수동적이고 자립심이 부족한 사람으
　　로 묘사하지 않는다.

　다. 사회 부적응 등 부정적 사례를 보도할 경우, 개인적인 문제가 아니라 제도
　　적 관점에서 살펴본다.

2. 언론은 통일이라는 장기적이고 성숙한 관점으로 북한 주민을 바라본다.

　가. 북한 주민의 경제 상황이나 외부와 고립되어 형성된 독특한 문화를 비하
　　하거나 희화화하지 않는다.

　나. 북한의 도발이나 긴장 유발 시 북한의 잘못은 지적하되 북한 주민들에 대
　　해서는 적대감을 표출하지 않는다.

　다. 안전이 보장될 때에만 식별이 가능한 사진과 영상을 사용한다.

2011년 9월 23일 제정 / 2014년 12월 16일 개정
한국기자협회·국가인권위원회

자살예방 보도준칙 4.0

출처: 한국기자협회

[전 문]

자살보도에는 사회적 책임이 따릅니다.
<자살예방 보도준칙 4.0>은 언론인과 콘텐츠 생산자 등에게 자살보도의 사회적 책임을 인식시키고, 자살예방에 동참할 것을 권유하고자 마련한 기준입니다. 잘못된 자살보도는 모방 자살을 일으킬 수 있습니다. 반면에 자살보도 방식을 바람직하게 바꾸면 소중한 생명을 구할 수 있습니다.

미디어 환경 변화에 맞는 보도 윤리가 필요합니다.
인터넷·스마트 기기가 대중화된 디지털 시대에는 자살 관련 보도와 콘텐츠가 무분별하게 재생산될 수 있어 언론과 콘텐츠 생산자의 윤리적?실질적인 각성이 더욱 필요합니다.

자살예방 보도준칙의 실천과 확산이 필요합니다.
기자·언론사·언론단체 등이 활동하는 매스미디어, 경찰청·소방청 등 국가기관, 블로그·사회관계망 서비스(SNS) 등 1인 미디어에서 함께 이 준칙을 실천할 때 비로소 자살을 예방하고 소중한 생명을 지킬 수 있습니다.

[자살예방 보도준칙 4.0 4가지 원칙]

1. 자살 사건은 가급적 보도하지 않는다.
2. 구체적인 자살 방법, 도구, 장소, 동기 등을 보도하지 않는다.
3. 고인의 인격과 유족의 사생활을 존중한다.
4. 자살예방을 위한 정보를 제공한다.
※ 블로그·사회관계망 서비스(SNS) 등 1인 미디어에서도 엄격히 준수하여야 합니다.

1. 자살 사건은 가급적 보도하지 않는다.

1) 자살 사건을 보도하지 않으면 자살예방에 도움이 됩니다.

　㉠ 자살 사건을 보도하지 않는 나라에서 자살이 감소하는 사례가 보고됐습니다. 자살 사건을 보도하지 않는 것이 자살예방에 도움이 됩니다.

　㉯ 사람의 생명보다 더 큰 보도의 가치는 없습니다. 자살이 부각된 보도는 또 다른 자살을 유발할 수 있으므로 방송 보도나 신문지면 등에서 자살 사건을 가급적 다루지 않습니다.

　㉰ 특히 유명인의 자살은 파급력이 크므로 보도에 더욱 신중해야 합니다.

　㉱ 1인 미디어에서 다룬 자살 사건을 재인용하는 보도는 하지 말아야 합니다.

　　- 심의 규정이 명확하지 않아 자극적이고 선정적인 1인 미디어의 자살 관련 내용을 언론이 재인용하여 보도하지 않습니다.

2) 자살 사건을 보도해야 할 경우, 기사 제목에 '사망하다' 또는 '숨지다'와 같은 표현을 사용합니다.

　㉠ 자살은 결코 '선택'일 수 없습니다. '극단적 선택'이라는 표현 등 자살을 '선택' 사항인 것처럼 오인할 수 있게 하는 용어를 쓰지 않습니다. 자살을 미화하는 표현도 사용하지 않습니다. 그 대신 '사망하다' 또는 '숨지다'라는 가치 중립적 용어를 사용합니다. 사회적 문제 제기 등을 위해 부득이하게 사망의 원인을 밝혀야 한다면 수사기관에서 사망원인이 '자살'로 확정된 것에 한하여 본문에 '자살'을 그대로 사용합니다.

　㉯ 사회적 문제 제기를 위한 자살보도도 신중해야 합니다.

　　- 자살보도를 통해 사회적 모순이나 제도적 문제를 제기할 때에도 자살의 구체적인 내용을 언급하는 것을 피하고 건설적인 해결 방법을 제시합니다.

3) 자살을 합리화하지 않습니다.

  ㉮ 자살로 불명예스러운 사건이 종결되거나 자살이 억울함을 해소하는 방법
  이 될 수 있다는 논리가 전달되지 않도록 유의합니다.

  ㉯ '벼랑 끝 선택', '어쩔 수 없는 선택', '마지막 탈출구', '○○을 이기지 못해
  뒤따라 자살' 등과 같은 표현을 사용하지 않습니다.

4) 자살을 객관적이고 신중하게 다룹니다.

  ㉮ 명확한 사실관계가 확인되기 전까지 자살을 단정하는 보도는 삼가야 하
  며, 명확한 사실관계가 확인된 후 보도하는 것이 좋습니다.

  ㉯ 목격자의 인터뷰 내용이나 경찰청·소방청 등 관련 기관의 발표라도 추측
  성 보도를 하지 않습니다. 경찰청이나 소방청에서도 사망원인이나 자살 동
  기를 추측하거나 예단하지 말아야 합니다.

  ㉰ 다른 사람을 살해하고 자살하는 행위를 '동반자살'로 표현하지 않습니다.
  이는 '살해 후 자살'이나 '자살교사'로 표현해야 하는 범죄 행위입니다.

2. 구체적인 자살 방법, 도구, 장소, 동기 등을 보도하지 않는다.

1) 자살 방법, 도구, 장소는 구체적으로 보도하지 않습니다.

  - 자살 방법 등을 상세하게 설명·묘사하는 행위는 자살을 생각하고 있는 사람
  들에게 자살에 관한 정보를 제공하는 것과 같습니다.

2) 자살 동기를 단순화하거나 추정하지 않습니다.

  - 자살은 복잡한 요인들로 일어나므로 표면적인 자살 동기만을 보도할 경우
  잘못된 보도가 될 수 있습니다. 또한 유사한 상황에 처한 사람에게 모방 자
  살을 일으킬 수 있습니다.

3) 자살 사건과 관련한 시각 자료 사용을 자제합니다.

  ㉮ 자살 장소, 방법, 도구 등에 관련한 사진이나 영상 또는 자살을 암시하는 자
  료 등은 사용하지 않습니다.

  ㉯ 유명인 자살은 파급력이 더욱 크므로 고인의 자살과 관련한 영상이나 사진
  사용을 자제해야 합니다.

3. 고인의 인격과 유족의 사생활을 존중한다.

1) 고인과 유족의 신분을 노출하지 않습니다.
   - 고인의 거주지, 나이, 직업, 경력 등 구체적인 신상을 밝히는 것은 유족(특히 어린 자녀)에게 2차 피해를 유발할 수 있습니다.

2) 유서와 관련한 사항을 보도하지 않습니다.
   - 고인과 유족의 사생활을 보호하고 자살에 대한 합리화를 방지하기 위해 유서와 관련한 사항은 보도하지 않습니다.

3) 유족의 심리 상태를 배려합니다.
   - 고인의 갑작스러운 사망 소식으로 충격을 받고 절망감을 느낄 유족이 자살 사건 보도로 더욱 고통받을 수 있다는 점을 감안해야 합니다.

4) 고인의 인격과 비밀은 살아있는 사람처럼 보호해야 합니다.
   - 고인의 인격을 침해하거나 비밀을 노출하는 보도는 고인과 유족의 권리나 법익을 해칠 수 있습니다.

4. 자살예방을 위한 정보를 제공한다.

1) 자살에 대한 잘못된 믿음을 바로잡을 수 있는 정보를 제공합니다.
2) 자살예방 관련 긴급 도움 요청 기관 정보를 제공합니다.

> 우울감 등 말하기 어려운 고민이 있거나, 주변에 이런 어려움을 겪는 가족·지인이 있을 경우 자살예방 상담전화 ☎109 또는 SNS상담 마들랜(마음을 들어주는 랜선친구)에서 24시간 전문가의 상담을 받을 수 있습니다.
> * 본 기사는 자살예방 보도준칙 4.0을 준수하였습니다.

3) 전문가의 의견을 반영하고 생명의 소중함을 강조합니다.
4) 자살의 부정적 결과를 명확히 전달합니다.

2013년 9월 10일 제정 / 2018년 7월 31일 개정 / 2024년 11월 7일 개정
한국기자협회·보건복지부·한국생명존중희망재단

재난보도 준칙

출처: 한국기자협회

재난이 발생했을 때 정확하고 신속하게 재난 정보를 제공해 국민의 생명과 재산을 지키는 것도 언론의 기본 사명 중 하나이다. 언론의 재난보도에는 방재와 복구 기능도 있음을 유념해 피해의 확산을 방지하고 피해자와 피해지역이 어려움을 극복하고 하루빨리 일상으로 돌아갈 수 있도록 기능해야 한다. 재난 보도는 사회적 혼란이나 불안을 야기하지 않도록 노력해야 하며, 재난 수습에 지장을 주거나 피해자의 명예나 사생활 등 개인의 인권을 침해하는 일이 없도록 각별히 유의해야 한다. 2014년 4월 16일 세월호 침몰 참사를 계기로 우리 언론인은 이런 의지를 담아 재난보도준칙을 제정하고 이를 성실하게 실천할 것을 다짐한다.

[제1장] 목적과 적용

제1조(목적) 이 준칙은 재난이 발생했을 때 언론의 취재와 보도에 관한 세부 기준을 제시함으로써 취재 현장의 혼란을 방지하고 언론의 원활한 공적 기능 수행에 기여함을 목적으로 한다. 제2조(적용) 이 준칙은 다음과 같은 재난으로 대규모 인명피해나 재산피해가 발생하거나 발생할 가능성이 있을 경우에 적용한다. 전쟁이나 국방 분야는 제외한다. ① 태풍, 홍수, 호우, 산사태, 강풍, 풍랑, 해일, 대설,

낙뢰, 가뭄, 지진 등과 이에 준하는 자연 재난 ② 화재, 붕괴, 폭발, 육상과 해상의 교통사고 및 항공 사고, 화생방 사고, 환경오염, 원전 사고 등과 이에 준하는 인적 재난 ③ 전기, 가스, 통신, 교통, 금융, 의료, 식수 등 국가기반체계의 마비나 이에 대한 테러 ④ 급성 감염병, 인수공통전염병, 신종인플루엔자, 조류인플루엔자(AI)의 창궐 등 질병재난 ⑤ 위에 준하는 대형 사건 사고 등 사회적 재난

[제2장] 취재와 보도

1. 일반준칙

제3조(정확한 보도) 언론은 재난 발생 사실과 피해 및 구조상황 등 재난 관련 정보를 국민에게 최대한 정확하고 신속하게 보도해야 한다.

제4조(인명구조와 수습 우선) 재난현장 취재는 긴급한 인명구조와 보호, 사후수습 등의 활동에 지장을 주지 않는 범위 안에서 이루어져야 한다. 재난관리 당국이 설정한 폴리스라인, 포토라인 등 취재제한은 특별한 사유가 없는 한 준수한다.

제5조(피해의 최소화) 언론의 역할 중에는 방재와 복구기능도 있음을 유념해 재난 피해를 최소화하는 데 기여해야 한다.

제6조(예방 정보 제공) 언론은 사실 전달뿐만 아니라 새로 발생할지도 모르는 피해를 예방하기 위해 안내와 사전 정보를 제공하고, 피해자 및 지역주민에게 필요한 생활정보나 행동요령 등을 전달하는 데도 노력해야 한다.

제7조(비윤리적 취재 금지) 취재를 할 때는 신분을 밝혀야 한다. 신분 사칭이나 비밀 촬영 및 녹음 등 비윤리적인 수단과 방법을 통한 취재는 하지 않는다.

제8조(통제지역 취재) 병원, 피난처, 수사기관 등 출입을 통제하는 곳에서의 취재는 특별한 사유가 없는 한 관계기관의 동의를 얻어야 한다.

제9조(현장 데스크 운영) 언론사는 충실한 재난 보도를 위해 가급적 현장 데스크를 두며, 본사 데스크는 현장 상황이 왜곡돼 보도되지 않도록 현장 데스크와 취재기자의 의견을 최대한 존중한다.

제10조(무리한 보도 경쟁 자제) 언론사와 제작책임자는 속보 경쟁에 치우쳐 현장 기자에게 무리한 취재나 제작을 요구함으로써 정확성을 소홀히 하도록 해서는 안 된다.

제11조(공적 정보의 취급) 피해 규모나 피해자 명단, 사고 원인과 수사 상황 등 중요한 정보에 관한 보도는 책임 있는 재난관리당국이나 관련기관의 공식 발표에 따르되 공식발표의 진위와 정확성에 대해서도 최대한 검증해야 한다. 공식 발표가 늦어지거나 발표 내용이 의심스러울 때는 자체적으로 취재한 내용을 보도하되 정확성과 객관성을 최대한 검증하고 자체 취재임을 밝혀야 한다.

제12조(취재원에 대한 검증) 재난과 관련해 인터뷰나 코멘트를 하는 인물에 대해서는 사전에 신뢰성과 전문성을 충분히 검증해야 한다. 재난 발생시 급박한 취재 여건상 충실한 검증이 어려운 점을 감안해 평소 검증된 재난 전문가들의 명단을 확보해 놓고 수시로 검증하여 활용하도록 한다. 취재원을 검증할 때는 다음과 같은 사항들을 확인하기 위한 노력을 기울여야 한다.

① 취재원의 전문성은 충분하며, 믿을 만한가
② 취재원이 고의, 또는 실수로 사실과 다른 발언을 할 가능성은 없는가
③ 취재원은 어떤 경위로 그런 정보를 입수했는가
④ 취재원의 정보는 다른 취재원을 통해서도 확인할 수 있는가
⑤ 취재원의 정보는 문서나 자료 등을 통해서도 검증할 수 있는가

제13조(유언비어 방지) 모든 정보는 출처를 공개하고 실명으로 보도하는 것을 원칙으로 한다. 확인되지 않거나 불확실한 정보는 보도를 자제함으로써 유언비어의 발생이나 확산을 막아야 한다.

제14조(단편적인 정보의 보도) 사건 사고의 전체상이 파악되지 않은 상황에서 불가피하게 단편적이고 단락적인 정보를 보도할 때는 부족하거나 더 확인돼야 할 사실이 무엇인지를 함께 언급함으로써 독자나 시청자가 정보의 한계를 인식할 수 있도록 노력한다.

제15조(선정적 보도 지양) 피해자 가족의 오열 등 과도한 감정 표현, 부적절한 신체 노출, 재난 상황의 본질과 관련이 없는 흥미위주의 보도 등은 하지 않는다. 자극적인 장면의 단순 반복 보도는 지양한다. 불필요한 반발이나 불쾌감을 유발할 수 있는 지나친 근접 취재도 자제한다.

제16조(감정적 표현 자제) 개인적인 감정이 들어간 즉흥적인 보도나 논평은 하지 않으며 냉정하고 침착한 보도 태도를 유지한다. 자극적이거나 선정적인 용어, 공포심이나 불쾌감을 줄 수 있는 용어는 사용하지 않는다.

제17조(정정과 반론 보도) 보도한 내용이 사실과 다를 경우에는 독자나 시청자가

납득할 수 있는 적절한 방법으로 신속하고 분명하게 바로잡아야 한다. 반론 보도 요구가 타당하다고 판단될 때는 전향적으로 수용해야 한다.

2. 피해자 인권 보호

제18조(피해자 보호) 취재 보도 과정에서 사망자와 부상자 등 피해자와 그 가족, 주변사람들의 의견이나 희망사항을 존중하고, 그들의 명예나 사생활, 심리적 안정 등을 침해해서는 안 된다.

제19조(신상공개 주의) 피해자와 그 가족, 주변사람들의 상세한 신상 공개는 인격권이나 초상권, 사생활 침해 등의 우려가 있으므로 최대한 신중해야 한다.

제20조(피해자 인터뷰) 피해자와 그 가족, 주변사람들에게 인터뷰를 강요해서는 안 된다. 인터뷰를 원치 않을 경우에는 그 의사를 존중해야 하며 비밀 촬영이나 녹음 등은 하지 않는다. 인터뷰에 응한다 할지라도 질문 내용과 질문 방법, 인터뷰 시간 등을 세심하게 배려해 피해자의 심리적 육체적 안정을 해치지 않도록 각별히 유의해야 한다.

제21조(미성년자 취재) 13세 이하의 미성년자는 원칙적으로 취재를 하지 않는다. 꼭 필요하다고 판단될 경우에는 부모나 보호자의 동의를 얻어야 한다.

제22조(피해자 대표와의 접촉) 피해자와 그 가족들이 대표자를 정했을 경우에는 이들의 의견을 적절히 수용하고 보도에 반영함으로써 피해자와 언론 사이에 불필요한 마찰이나 갈등, 오해가 생기지 않도록 노력한다. 자원봉사자와의 접촉도 이와 같다.

제23조(과거 자료 사용 자제) 과거에 발생했던 유사한 사건 사고의 기사 사진 영상 음성 등을 사용하는 것은 해당 사건 사고와 관련된 사람의 아픈 기억을 되살리고 불필요한 불안감을 부추길 수 있으므로 가급적 자제한다. 부득이 사용할 경우에는 과거 자료라는 점을 분명히 밝힌다.

3. 취재진의 안전 확보

제24조(안전 조치 강구) 언론사와 취재진은 취재 현장이 취재진의 생명과 안전을 위협할 수 있다고 판단될 경우에는 취재에 앞서 적절한 안전 조치를 강구해야 한다.

제25조(안전 장비 준비) 언론사는 재난 취재에 대비해 언제든지 취재진에게 지급할 수 있도록 기본적인 안전 보호 장비를 준비해두어야 한다. 취재진은 반드시

안전 장비를 갖추고 취재에 임해야 한다.

제26조(재난 법규의 숙지) 재난 현장에 투입되는 취재진은 사내외에서 사전 교육을 받거나 회사가 제정한 준칙 등을 통해 재난 관련 법규를 숙지해야 하며 반드시 안전지침을 준수해야 한다.

제27조(충분한 취재지원) 언론사는 재난 현장 취재진의 안전 교통 숙박 식사 휴식 교대 보상 등을 충분히 지원해야 하며, 사후 심리치료나 건강검진 등의 기회를 제공해야 한다.

4. 현장 취재협의체 운영

제28조(구성) 각 언론사는 이 준칙이 제대로 지켜질 수 있도록 협의하고 협력하기 위해 필요한 경우 현장 데스크 등 각사의 대표가 참여하는 '재난현장 취재협의체'(이하 취재협의체)를 구성할 수 있다. 각 언론사는 취재협의체가 현장의 여러 문제를 줄이고, 재난보도준칙의 효과를 기대할 수 있는 현실적이고도 유효한 대안이라는 점에 유념해 취재협의체 구성에 적극 협력하고 그 결정을 존중한다. 사전에 이 준칙에 대한 동의 의사를 밝힌 사실이 없는 언론사라 하더라도 취재협의 체에 참여하게 되면 준칙 준수에 동의한 것으로 간주한다.

제29조(권한) 취재협의체는 이 준칙에 따라 원활한 취재와 보도를 할 수 있도록 재난관리 당국에 현장 브리핑룸 설치, 브리핑 주기 결정, 브리핑 담당자 지명, 필요한 정보의 공개, 기타 취재에 필요한 사항 등과 관련해 협조를 요구할 수 있다.

제30조(의견 개진) 취재협의체는 재난관리 당국이 폴리스라인이나 포토라인 설정 등 취재에 직간접적인 영향을 주는 사안을 결정할 경우 사전에 의견을 개진하고 사후 운영 방법에 대해서도 개선이나 협의를 요청할 수 있다.

제31조(대표 취재) 취재협의체는 재난 현장에 대한 접근이 제한받을 경우, 과도한 취재인원으로 피해자의 인권을 침해하거나 구조작업 등에 지장을 줄 우려가 있을 경우, 기타 필요하다고 판단될 경우에는 논의를 거쳐 대표 취재를 할 수 있다.

제32조(초기 취재 지원) 취재협의체는 취재 초기에 취재진이 미처 준비하지 못한 생활용품이나 단기간의 숙박 장소, 전기?통신?이동수단 등을 확보하기 위해 현장의 관계당국이나 자원봉사단체 등과 협의할 수 있다. 취재협의체는 사후 정산을 제안하거나 수용할 수 있으며 언론사가 소요경비를 분담해야 할 경우 각 언론사는 취재협의체의 결정을 존중해야 한다.

제33조(현장 제재) 이 준칙에 따라 취재협의체가 합의한 사항을 위반한 언론사의 취재진에 대해서는 취재협의체 차원에서 공동취재 배제 등의 불이익을 줄 수 있다. 위반 정도에 따라 소속 언론 단체에 추가제재도 요청할 수 있다.

[제3장] 언론사의 의무

제34조(지원 준비와 교육) 언론사는 재난보도에 관한 교재를 만들어 비치하고 사전 교육을 실시함으로써 취재진의 빠른 현장 적응을 돕는다.

제35조(교육 참여 독려) 언론사는 사내외에서 실시하는 각종 재난교육과 훈련 프로그램에 소속 기자들이 적극적으로 참여하도록 독려한다. 언론사는 가능하면 재난보도 담당 기자를 사전에 지정해 평소 전문지식을 기르도록 지원한다.

제36조(사후 모니터링) 언론사는 재난 취재에서 돌아온 취재진을 대상으로 설문조사나 의견청취, 보고서 제출 등을 통해 다음 재난 취재시 더 실질적이고 효율적인 지원을 할 수 있는 방안을 강구한다.

제37조(재난취약계층에 대한 배려) 언론사는 노약자, 지체부자유자, 다문화가정, 외국인 등 재난 취약계층에게도 재난정보를 신속하고 정확하게 전달할 수 있는 방안을 마련하는데 힘쓴다.

제38조(언론사별 준칙 제정) 언론사는 필요할 경우 이 준칙을 토대로 각사의 사정에 맞춰 구체적이고 효율적인 자체 준칙을 만들어 시행한다.

제39조(재난관리당국과의 협조체제) 언론사는 회사별로, 또는 소속 언론사 단체를 통해 재난관리당국 및 유관기관과의 상시적인 협조체제를 구축함으로써 효율적인 방재와 사후수습, 신속 정확한 보도를 위해 노력한다.

제40조(준칙 준수 의사의 공표) 이 준칙의 제정에 참여했거나 준칙에 동의하는 언론사는 자체 매체를 통해 적절한 방법으로 준칙 준수 의사를 밝힌다.

제41조(자율 심의) 이 준칙의 제정에 참여했거나 준칙에 동의하는 언론사는 각 언론사별, 또는 소속 언론사 단체별로 자율심의기구를 만들어 준칙 준수 여부를 심의하도록 한다.

제42조(사후 조치) 이 준칙의 제정에 참여했거나 준칙에 동의하는 언론사의 특정 기사나 보도가 준칙을 어겼다고 판단될 경우에는 심의기구별로 적절한 제재조치

를 취한다. 구체적인 제재 절차와 방법, 제재 종류 등은 심의기구별로 자체 규정을 만들어 운영한다.

① 한국방송협회 회원사, 또는 방송사업자는 방송법에 따라 방송통신심의위원회의 사후 심의를 받는다.

② 한국신문협회 회원사와 한국온라인신문협회 회원사, 신문윤리강령 준수를 서약한 신문사는 기존의 자체 심의기구인 한국신문윤리위원회의 신문윤리강령 및 실천요강과 이 준칙에 따라 심의를 받는다.

③ 한국인터넷신문협회 회원사와 인터넷신문위원회 서약사는 기존의 자체 심의기구인 인터넷신문위원회의 인터넷신문윤리강령과 이 준칙에 따라 심의를 받는다.

[부 칙]

제43조(시행일) 이 준칙은 2014년 9월 16일부터 시행한다.

제44조(개정) 이 준칙을 개정할 경우에는 제정 과정에 참여한 5개 언론 단체 및 이 준칙에 동의한 언론단체로 개정위원회를 만들어 개정한다.

2014년 9월 16일
한국신문협회·한국방송협회·한국신문방송편집인협회
한국기자협회·한국신문윤리위원회

언론을 위한 생성형 인공지능 준칙

출처: 한국기자협회

[서문]

생성형 인공지능(Generative AI, 이하 인공지능이라 한다)은 뉴스의 생산과 유통 방식에 근본적 변화를 초래하고 언론 활동 전반에 지대한 영향을 미치는 변혁의 촉매가 되고 있다. 인공지능 기술의 무한한 잠재력을 올바로 활용한다면 뉴스 생산의 효율성과 창의성을 높이고 콘텐츠의 질적 수준을 향상하는 혁신의 도구가 될 수 있다. 인공지능을 악용한 허위·조작 콘텐츠가 범람하는 진실성의 위기에 대응하기 위해서도 언론은 인공지능을 이해하고 적극 활용해야 한다. 그러나 동시에 오류와 차별적 내용이 담긴 콘텐츠를 생성할 가능성이 있으며 저작권 침해 등 여러 법률적·윤리적 문제를 초래할 위험성 또한 적지 않다. 따라서 언론의 인공지능 활용은 무엇보다 철저한 사실 확인과 검증을 전제로 다양성, 독립성, 투명성, 책무성 같은 저널리즘 가치를 준수하며 실행되어야 한다. 또한 언론이 인공지능 환경에서 민주주의와 인권의 보루이자 공동체가 신뢰할 수 있는 정보의 원천이 되기 위해서는 언론의 노력뿐 아니라 정부와 기업, 이용자의 관심과 지원을 필요로 한다. 본 준칙은 언론이 공적 책무를 수행하면서 발전된 디지털 기술을 활용할 수 있도록 그 기준을 제시하는 것을 목적으로 한다. 이 준칙은 기성 언론사 조직뿐 아니라 뉴스 형식의 콘텐츠를 생산하는 모든 행위자에게 적용되어야 한다.

[원칙과 실천 방안]

제1조
(인간의 관리와 감독) 인공지능은 뉴스 생산에 보조적 수단으로 활용되어야 하며 인간의 관리 및 감독하에 사용되어야 한다.

(1) 뉴스 콘텐츠 생산에서 인공지능 기술이 인간을 완전히 대체하는 일은 없어야 한다. 즉, 인공지능은 인간의 업무를 보완하기 위한 보조적 수단으로 사용되어야 한다.

(2) 언론사는 인공지능의 사용 목표, 방침, 범위, 조건에 대한 명확한 기준을 구성원에게 제시하고 공유해야 한다.

(3) 언론사 내부에 인공지능 활용 정책을 수립, 집행, 감독하는 책임자를 지정해야 한다.

제2조
(책무성) 뉴스 생산에 인공지능을 활용하는 경우 언론은 이로 인해 발생한 문제에 대해 법률적·윤리적 책임을 진다.

(1) 인공지능으로 생산한 뉴스 콘텐츠에 오류가 있다면 즉각 수정하고 그 사실을 명확하게 표시하여 이용자들이 인지할 수 있도록 해야 한다.

(2) 인공지능 활용으로 인한 문제점을 상시 점검하고 이에 대처할 수 있는 시스템을 구축하여야 한다.

(3) 인공지능 활용은 각 언론사의 기존 윤리강령 및 취재보도준칙 등이 정한 기준에 부합하여야 한다.

제3조
(사실 확인과 검증) 인공지능을 활용하여 생산하는 뉴스 콘텐츠는 반드시 사실 확인 및 적절한 검증 과정을 거쳐야 한다.

(1) 인공지능은 기술적 한계로 인해 생성된 결과물에 부정확한 사실이나 허구의 내용이 포함될 수 있다. 뉴스는 진실성이 생명이므로 인공지능이 만들어낸 콘텐츠를 사실 확인이나 검증 없이 그대로 보도해서는 안된다.

(2) 인공지능에 활용된 데이터의 사실 여부와 정확성도 확인해야 한다.

(3) 기자가 확인과 검증을 할 수 없는 내용이라면 인공지능으로 생산해서는 안
된다.

(4) 인공지능으로 만든 결과물이 사실과 다르거나 현실을 왜곡했다고 판단된 경
우 즉시 시정하고 그 결과물은 반드시 폐기해야 한다.

제4조

(활용 범위) 인공지능을 뉴스 생산 및 유통에 활용하는 경우 그 범위와 한계를 명
확히 제시해야 한다.

(1) 뉴스 생산을 위한 기획과 기초 자료 조사, 아이디어 제공, 녹취 및 문자 변환,
번역, 오탈자 확인, 방대한 양의 정보 처리, 데이터 분석, 시각화 자료 생성 등
보조적 작업은 원칙적으로 제한 없이 활용할 수 있다.

(2) 날씨, 주가, 기업 공시, 재난, 스포츠 등의 분야에서 자동화 방식으로 데이터
를 객관적으로 사실 보도하는 경우에도 활용할 수 있다.

(3) 뉴스 제목 추출과 내용 요약은 보도의 핵심적 부분이므로 기사의 내용과 맥
락에 일치하는지를 반드시 확인하는 등 활용에 주의해야 한다.

(4) 뉴스 내용의 이해를 돕기 위한 삽화와 영상 생성의 경우, 기사 맥락에 부합해
야 하며 사실 관계를 오인하도록 해서는 안 된다.

(5) 실제 현실을 보여주는 사진·영상·오디오를 인공지능 기술로 변형 또는 합성
하는 행위는 사실의 혼란을 초래할 수 있어 원칙적으로 사용하지 않아야 한
다. 다만 사실을 왜곡하지 않고 이용자에게 도움이 되는 경우 예외적으로 허
용될 수 있다.

(6) 인간이 촬영하거나 제작한 사진, 동영상, 이미지, 삽화 등을 우선적으로 사용
하여야 한다.

(7) 내용 전부를 인공지능이 자동으로 생성한 기사와 영상은 사용하지 않는 것이
바람직하다.

제5조

(투명성) 인공지능을 뉴스 생산에 활용한 경우 이를 이용자들이 인식할 수 있도
록 명확하고 구체적으로 밝혀야 한다.

(1) 인공지능이 생성한 글, 이미지, 영상, 오디오가 뉴스 생산에 직접적으로 사용

된 경우 그 사실을 알림 문구나 워터마크, 안내 음성 등의 방법으로 구체적이고도 명확하게 표시한다.

(2) 뉴스 생산을 위한 기획과 기초 자료 조사, 녹취 및 문자 변환, 번역, 오탈자 확인, 방대한 양의 정보 처리, 데이터 분석, 시각화 자료 생성 등에는 표시를 생략할 수 있다.

(3) 뉴스 생산자는 사용 중이거나 사용했던 인공지능의 활용 기록, 프롬프트 활용 방법, 사용된 인공지능 도구 등을 필요한 경우 공개할 수 있어야 한다.

(4) 언론사는 인공지능 활용 정책과 방법, 도구 등을 홈페이지를 통해 공개하여 이용자의 올바른 미디어 이용에 도움을 주고 적극적으로 소통하여야 한다.

제6조

(다양성·공정성·비차별성) 인공지능을 활용한 뉴스 콘텐츠는 다양성과 공정성, 비차별성의 가치에 부합해야 한다.

(1) 인공지능은 알고리즘 구조와 학습 데이터에 의해 편향성을 내재할 위험성이 있음에 주의해야 하며, 뉴스 콘텐츠 생성 목적의 인공지능의 경우 학습데이터에 대한 설명이나 공개가 가능해야 한다.

(2) 인공지능이 생성한 결과물은 사회에 유해한 결과를 초래할 수 있는 편견과 차별, 혐오 표현 등을 포함할 위험이 있으므로 이를 차단하고 부정적 효과를 줄이기 위해 노력해야 한다.

(3) 인공지능을 활용한 뉴스 콘텐츠는 다양한 사회 가치와 이해관계를 고르게 반영하고, 정치적·종교적 균형을 유지하며 사회적 약자를 보호해야 한다.

제7조

(권익 보호) 인공지능을 활용하는 과정에서 명예나 사생활, 초상권, 개인정보, 재산권 등 타인의 권리나 이익을 침해하지 않도록 해야 한다.

(1) 인공지능에 의해 제공되는 정보가 타인의 권리와 이익을 침해하는 내용을 포함하는지 확인할 책임은 언론에 있다.

(2) 인공지능을 활용하여 생산한 뉴스 콘텐츠가 개인의 권익을 침해한 것으로 확인될 경우 신속하게 삭제나 정정 등의 조치를 취한다.

(3) 인공지능 활용 과정에서 개인정보를 본인 의사에 반하여 수집·공개·유포해

서는 안되며, 개인정보를 입력하여 인공지능이 학습하지 않도록 주의한다.

(4) 맞춤형 서비스 등을 위해 개인정보를 활용하는 경우에는 이용자들이 자신의 개인정보가 어떻게 사용되는지를 확인할 수 있어야 한다.

(5) 인공지능을 활용해 정보 가치가 낮은 뉴스를 대량으로 무분별하게 확산시켜 정보를 소비하는 시민의 권리를 손상하지 않도록 주의한다.

제8조

(저작권 보호) 인공지능에 의해 뉴스 저작권이 침해받지 않도록 노력하고 동시에 인공지능을 활용한 뉴스 콘텐츠가 타인의 저작권을 침해하지 않도록 주의한다.

(1) 인공지능이나 플랫폼은 보상 없이 뉴스 콘텐츠를 학습 데이터로 활용함으로써 뉴스 저작권을 침해하지 않아야 하며, 언론은 뉴스 저작권 보호를 위해 공동 노력한다.

(2) 뉴스 생산에 인공지능을 활용할 경우 타인의 저작권을 침해하지 않도록 주의하며, 침해 요소가 있는 경우 신속하게 시정해야 한다.

(3) 언론 상호 간에도 독자적 뉴스의 저작권을 존중하고 인공지능을 활용한 뉴스 콘텐츠에 표절 요소가 있는지를 주의하고 점검한다.

제9조

(플랫폼의 사회적 책임) 뉴스 서비스를 제공하거나 매개하는 플랫폼 사업자는 인공지능으로 생산·유통되는 정보 및 서비스에 대한 사회적 책임을 다해야 한다.

(1) 뉴스 서비스를 제공하거나 매개하는 플랫폼 사업자는 인공지능 활용의 범위와 방식을 공개해야 한다.

(2) 플랫폼 사업자는 인공지능을 활용한 뉴스 콘텐츠가 독자적이고 원천적인 뉴스 생산을 저해하지 않도록 노력해야 한다.

제10조

(갱신과 교육) 인공지능 기술 발전과 달라질 뉴스 환경에 맞춰 준칙의 내용을 지속적으로 갱신하고 필요한 교육을 실시해야 한다.

(1) 발전하는 인공지능 기술이 저널리즘 가치에 부합하게 활용될 수 있도록 지침과 기준을 지속적으로 개선한다.

(2) 언론사는 정기적으로 구성원들에게 인공지능 윤리, 기술, 제도 등에 관한 교육 프로그램을 제공한다.

* 이 준칙은 인공지능 기술 발달에 따라 개선될 수 있습니다.

2024년 12월 5일
한국신문협회·한국방송협회·한국기자협회·한국신문방송편집인협회
한국인터넷신문협회·한국온라인신문협회

트라우마 예방을 위한 재난보도 세부 지침, 언론인 트라우마 관리

출처: 트라우마 예방을 위한 재난보도 가이드라인
발행: 2022년 11월
발행처: 국립정신건강센터, 한국언론진흥재단

『트라우마 예방을 위한 재난보도 가이드라인』 중
- 트라우마 예방을 위한 재난보도 세부 지침 : 8~15페이지
- 언론인 트라우마 관리 : 16~21페이지

[트라우마 예방을 위한 재난보도 세부 지침]

준비단계

1. 언론사는 재난보도로 인한 트라우마를 최소화할 수 있도록 연간 1회 이상 교육을 시행합니다.

   ① 언론사는 재난 관련 교육 및 훈련 과정을 마련하여 재난 발생 시 기자가 신속하고 안전하게 대응할 수 있도록 합니다.

   ② 언론사는 기자들이 재난 당사자의 심리적 반응을 이해하고 취재과정에서 발생할 수 있는 트라우마를 최소화할 수 있도록 정신건강 교육과 면담을 시행합니다.

2. 기자는 재난현장에 대한 정보를 적극적으로 수집하고 언론사는 기자가 취재에 적합한 건강상태인지 점검합니다.

① 재난현장에 대한 준비가 충분할수록 현장에서 신속하고 안전한 대처가 가능하며, 언론인의 트라우마 예방에 도움이 됩니다.

② 재난현장에 가기 전, 자신이 재난현장 취재에 적합한 상태인지 점검하고, 데스크와 의논합니다.

취재단계

1. 재난 당사자의 신체와 심리상태를 확인한 후 취재를 시작합니다.

   ① 재난 당사자와의 개별적 접촉보다는 가급적 재난대책본부나 재난 당사자 대표와 사전 조율을 통해 취재를 진행합니다.

   ② 재난 당사자가 다음과 같은 반응을 보인다면 취재하기 적절한 상황이 아니므로 연기하거나 다른 취재원을 찾습니다.

   아래와 같은 상태의 재난 당사자는 안정이 우선입니다.
   - 멍하거나 몸이 마비된 듯 아무 행동도 하지 않을 때
   - 질문에 답을 하지 않거나 느리게 답변할 때
   - 진술의 앞뒤가 맞지 않거나 문장이 연결되지 않는 경우
   - 기억을 제대로 하지 못하는 경우
   - 안색이 창백하거나 현기증을 호소한다거나, 몸을 부들부들 떠는 등 통제하기 어려운 신체적 반응이 나타날 때
   - 울음을 그칠 수 없거나 숨을 쉬기 어려워하거나, 연령에 맞지 않는 퇴행 행동, 몸이 앞뒤로 흔들리는 등의 강한 정서적 반응이 나타날 때
   - 행동에 지향점이 없거나 미친 듯이 뭔가를 찾는 행동을 할 때
   - 생명에 위험한 행동의 시도

   ③ 재난 당사자가 심리적 어려움을 겪고 있다면, 재난심리지원기관* 등을 안내하거나 의뢰할 수 있습니다.

   이럴 때 즉시 의뢰해야 합니다.
   - 심각한 신체적 부상을 당했거나, 심각한 정신건강 문제가 보일 때
   - 자살 및 자해 또는 다른 사람을 해칠 가능성이 클 때
   - 사회적 약자(노인, 아동, 장애인 등)에 대한 학대나 유기의 상황이 보일 때
   - 술·약물에 대해 문제 행동을 보일 때

   * 재난대책본부 등 해당 재난책임기관에 심리지원 담당 기관을 확인하여 안내합니다. 또는 정신건강위기상담전화(1577-0199)를 안내할 수 있습니다.

2. 재난 당사자의 자발적 의사를 바탕으로 취재를 진행합니다.
   ① 재난 당사자에게 신분을 명확히 밝히고 촬영 계획, 질문 내용 및 방법, 인터
      뷰 시간, 방송사용 등에 대해 가급적 자세히 설명하고 취재 동의를 얻습니다.
   ② 재난 당사자가 최대한 안전하고 편안하게 느낄 수 있는 장소, 시간, 동반자
      등을 선택하도록 주도권을 주어 상황을 통제할 수 있다는 조절감과 안정을
      찾을 수 있게 합니다.
   ③ 재난 당사자가 인터뷰를 통해서 하고 싶은 말이나 의사를 전달하고 싶은
      내용이 있는지 확인합니다.

3. 재난 당사자의 특수한 상황을 이해하고, 공감하는 태도를 유지합니다.
   ① 재난 당사자에게 해가 되지 않으며, 신뢰 관계 형성에 도움을 주는 안전한
      인터뷰를 위한 행동지침을 활용합니다.

안전한 인터뷰를 위한 행동지침

■ 도움이 되는 행동
  • 대화 시 호응, 제스처를 통해 경청하고 있음을 표현한다.
  • 차분한 어조와 태도로 인내심을 가지고 대화한다.
  • 간결하고 명확하게 말한다.
  • 당사자들의 고통, 감정, 생각 등을 잘 듣고 공감을 표현한다.
  • 당사자들의 강점과 스스로 잘 대처하고 있는 부분을 인정하고 격려한다.
  • 인터뷰 중이나 직후 당사자들의 심리적 상태를 확인하며 신중히 진행한다.

■ 주의해야 할 행동
  • 재난 관련 회상은 당사자의 트라우마 반응을 유발할 수 있으므로 재난 당사자가 원하
    지 않을 시 사건에 대해 반복 질문하거나 자세하게 설명하라고 하지 않는다.
  • 재난 당사자의 행동, 감정을 판단하거나 넘겨짚지 않는다.
  • 전문적인 단어를 사용하지 않는다.
  • 재난 관련 사항들에 대해 부정적으로 표현하는 것을 삼간다.
  • 잘못된 정보를 제공하지 않는다.
  • 지킬 수 없는 약속을 하지 않는다.

---

   ② 인터뷰 시에는 섣부른 위로보다는 재난 당사자의 말을 인정, 반영, 요약하
      며 이해와 공감을 전달하는 것이 좋습니다. '다 이해한다.', '좋아질 것이다.'
      와 같은 상투적인 표현은 재난 당사자 입장에서 자신의 고통을 얕은 것으

로 치부하거나 공감받지 못하는 것으로 느낄 수 있으며, 부정적 감정에 대한 표현이 어려워질 수 있습니다.

■ **도움이 되는 표현**
- 상대를 말을 반영, 요약, 질문을 통해 적극적 경청과 공감을 표현
  - (너무 무서워서 꼼짝도 못했어요) → "많이 무서우셨군요."
  - "지금 하신 말씀이…라고 제가 이해했는데 맞나요?"
- 상대의 상태를 확인하며 관심을 기울임
  - "계속 말씀하시기 괜찮으신가요?"
  - "무엇이 도움이 되실까요?"
  - "잠시 쉬었다 말씀하셔도 됩니다."
- 인정, 격려의 표현
  - "그 상황에선 당연히 화가 날 수 있겠어요", "정말 당황스러웠을 것 같아요."
  - "(잘 대처한 점에 대해) 그 상황에서 빠르게 / 침착하게 / 안전하게 행동하셨네요."

■ **주의해야 할 표현**
- 성급한 추정, 편견 섞인 위로
  - "지금 어떤 기분인지 압니다."
  - "이겨내지 못할 아픔일 것 같아요."
  - "더 힘든 분도 있어요." / "이 정도로 끝나서 다행입니다."
  - "그래도 다른 사람은 살았잖아요."
- 재난에 대한 개인적 차이를 간과한 표현
  - "곧 좋아지실 거예요."
  - "언젠가는 이 일에서 진정한 의미를 찾으실 거예요."
  - "긍정적으로 생각하시는 게 좋아요. / 극복하셔야 해요."
  - "가족들을 생각해서라도 힘내세요."

③ 인터뷰 마무리 시 취재 참여에 감사를 표현하고 재난 당사자가 추가로 전달하고 싶은 내용이 있는지 확인합니다.

4. 언론사는 기자의 신체적·심리적 안전에 주의를 기울이고 트라우마 예방과 대응을 위한 조치를 취합니다.
   ① 언론사는 기자에게 충분한 자율성을 부여하여 재난현장의 돌발상황에 유연하게 대응할 수 있도록 합니다.
   ② 데스크는 현장 기자에게 위험한 현장의 접근 및 재난 당사자의 인권침해가 우려되는 상황에서의 인터뷰 시도 등 무리한 취재를 요구하지 않습니다.

③ 기자는 재난 당사자 또는 재난 상황에 대해 업무 범위를 벗어나 지나치게 몰입하지 않도록 주의합니다.

④ 언론사는 재난 취재 중 기자의 트라우마 여부를 점검하고 필요시 휴가나 업무 변경 등 적극적으로 대응합니다.

⑤ 기자도 자신의 트라우마에 대해 적극적으로 살피고 주변의 도움을 요청합니다.

보도단계

1. 재난 당사자 및 가족의 사생활과 인격을 존중합니다.

① 재난 당사자 취재 시 동의하지 않거나 신상정보 및 사생활 노출로 인한 피해가 발생하지 않도록 유의합니다.

② 재난 당사자나 가족의 오열이나 극도의 흥분상태가 여과 없이 보도되지 않도록 주의합니다.

③ 보도 후 재난 당사자의 반응을 경청하고 적극적으로 수용합니다. 재난 당사자와 가족 대부분이 언론 대응에 익숙하지 않으며 심한 충격 직후의 혼란스러운 상태로 취재 전후의 반응이 다를 수 있음을 인지해야 합니다.

사례 | 사생활과 인격존중
- 세월호 유가족 인터뷰 시 오열 장면 근접 보도, 미성년 당사자의 신상 등을 무분별하게 보도
- 헝가리 유람선 참사 보도 시 생존자와 희생자의 실명, 직업, 관계 등을 지나치게 자세히 보도하여 특정될 위험을 높임
- 코로나19로 충북 진천에서 생활하는 우한 교민들이 빨래 널거나 휴대폰 하는 모습 등을 클로즈업하여 보도해 사생활 침해

대안 사례 | 사생활과 인격존중
- 세월호 참사로 인해 유족의 오열을 담아내기보다 시신을 운구하는 발걸음과 유가족의 흐느끼는 소리 등을 담아 차분하게 보도[1]

2. 재난 당사자에게 낙인이나 부정적 인상을 남길 수 있는 보도를 지양합니다.

① 특정 지역, 재난 당사자, 공동체에 대해 낙인을 찍거나 부정적 감정을 부추기는 보도를 하지 않도록 주의합니다.

---

1) "Children's bodies recovered from ferry". 2014.4.21. CNN

② 재난을 보상·배상, 정치·이념 이슈, 책임 유무와 연관 지어 재난 당사자가 비난받거나 사회적 분열을 초래하지 않도록 유의합니다.

3. 보도 시 심리적 고통을 가중할 수 있는 표현이나 자료가 포함되지 않도록 주의합니다.

① (기사) 제목이나 본문에 공포심, 불쾌감을 줄 수 있는 과장되거나 자극적 수식어를 사용하지 않습니다.

② (영상·사진) 재난의 참혹한 장면을 직접적·반복적으로 송출하거나 과거 유사 사건 자료 및 재난 순간을 재연하는 장면의 사용은 이용자들의 스트레스를 높이고 관련인들의 트라우마 반응을 유발할 수 있어 주의해야 합니다.

사례 | 자극적 장면 및 과거 유사 사건 자료의 반복적 사용 지양
- 세월호 침몰사고 직후 몇 주간, 사고 당일부터 세월호 침몰이나 구조 장면을 불필요하게 반복적으로 보여줌.
- 아베 전 총리 피격 보도 시, 아베 총격 직후 피 흘리는 모습을 모자이크 없이 보도
- 선박 침몰 사고 관련, 세월호 참사와 영화 타이타닉의 배 침몰 장면을 함께 송출하거나, 헝가리 유람선 참사 시, 다뉴브강과 맹골수도 유속 비교 등을 통해 유사 사건의 회상 유발[3]

4. 재난 당사자와 재난업무 종사자, 지역공동체의 복구·회복 활동에 대한 보도는 사회 통합과 공동체의 성장을 촉진할 수 있습니다.
   ① 재난 당사자의 피해 사실뿐만 아니라 복구를 위한 노력, 회복, 공동체 기여 등 모든 과정을 균형 있게 보도하여 누구보다 회복을 위해 노력하는 주체임을 알립니다.

사례 | 재난 당사자의 복구, 회복력에 대한 보도
- 베트남전 피해자 판티 킴 푹은 '킴 재단' 설립, 전쟁 반대 및 전쟁 트라우마 겪는 사람을 위한 활동 보도[4]
- 세월호 유가족이 안전교육을 하거나 봉사현장을 찾아가는 등 지역사회와 함께 살아가고자 노력함을 보도[5]

   ② 재난 업무 종사자와 지역공동체의 노력을 알려 사회의 화합과 성장에 기여합니다.

---

2) 코로나 국내 첫 확진자 나온 날부터 10주 동안, 주요 일간·경제지 18개사 관련보도 분석". 한국기자협회보. 2020.4.8.

3) 헝가리 유람선 참사 전한 방송뉴스, 5년 전과 달랐을까. 2019.6.14. 민주언론시민연합 방송 모니터보고서

4) ""울부짖던 '네이팜 소녀' 잊으세요" 베트남전 피해자의 용서". 중앙일보. 2022.6.8.

5) "'유가족다움'과 싸우는 세월호 유가족…산불 현장 봉사하고 어린이 안전교육 나가기도". 2022.4.14. 서울신문.

- 코로나19 극복을 위해 의료진을 포함한 대응 인력과 국민의 연대 및 노력 보도[6]
- 2022년 8월, 집중호우로 인한 침수 피해를 접하고 일상 회복을 돕는 자원봉사자들의 사례 보도[7]

5. 재난 보도 시 재난심리지원 등 사회지원서비스 정보나 콘텐츠를 함께 안내합니다.

재난 보도 시, 아래의 내용을 기사 하단에 첨부 부탁드립니다(예시).
※ 직·간접적으로 재난을 경험한 뒤 불안, 우울 등 심리적인 어려움이 있는 경우, 아래의 번호에서 전문가의 상담을 받을 수 있습니다. 국가트라우마센터 02-2204-0001(평일 주간) 정신건강 위기상담전화 1577-0199(24시간)

[언론인 트라우마 관리]

1. 언론인의 트라우마

- 언론인은 직업 특성상 취재 도중 실제 위험에 처하거나 참혹한 현장을 자주 접하게 되며, 당사자 인터뷰를 통해 트라우마에 간접적으로 노출되기도 하는 트라우마 고위험군 직종입니다. 한국의 현직 기자 중 78.7%가 근무 중 트라우마 경험이 있다고 응답하였으며[8], 세월호 취재 기자들에서 취재 직후 49.2%가 외상 후 스트레스 증상을 호소하였고 이 중 25.4%는 6개월 이후에도 외상 후 스트레스가 완화되지 않은 것으로 보고되었습니다.[9]
- 한국 기자들은 취재 시 트라우마의 강도가 높은 사건으로 '희생자 가족 취재', '아동학대', '자살', '대형화재 및 폭발·침몰 사고', '성범죄' 순으로 응답하였습

6) "'코로나19 극복! 온 국민이 응원합니다'". NEWSIS. 2020.3.23.

7) "여행 취소하고, 휴가 내고… 수해민 돕는 '봉사 릴레이'". 동아일보. 2022.8.12.

8) 이정애. (2022). 현직 기자 10명 중 8명, 심리적 트라우마 경험-국내 언론인 트라우마 관련 첫 공식 조사 보고서. 방송기자, 66, 44-47.

9) 이미나, 하은혜, & 배정근. (2015). 세월호 취재기자의 심리적 외상의 지속양상과 영향요인에 관한 종단연구. 한국언론학보, 59(5), 7-31.

니다.[10] 트라우마 위험이 높은 종류의 사건을 취재할 때에는 기자의 심리적 안전에 더욱 주의를 기울여야 합니다.

- 무엇보다도 업무와 관련된 기자의 트라우마는 개인의 능력만으로 관리하기 어려우며 조직적인 차원에서의 충분한 지원이 필요합니다.

2. 언론인 트라우마 관리를 위한 세부 지침

트라우마 후 스트레스 반응에 적절히 대처하고, 정신적 후유증을 예방하기 위해서는 자신의 몸과 마음의 신호를 빠르게 알아차리는 것이 중요합니다. 다음과 같은 스트레스 반응이 지속되거나 일상생활과 업무에 지장이 될 정도로 심각한 경우에는 전문가 상담이나 진료가 필요합니다.

재난보도 업무와 관련된 트라우마 스트레스 반응
- 가슴 두근거림, 호흡곤란, 긴장성 두통과 같은 신체적 징후
- 내가 할 수 있는 일이 아무것도 없는 것 같은 느낌
- 자신, 사랑하는 사람들, 동료들에게 나쁜 일이 생길까 봐 지나치게 걱정함
- 남들은 무섭지 않다고 생각하는 상황에서 두려움, 공포를 느낌
- 모든 상황에서 위험하고 충격적인 결과를 예상함
- 보고 들었던 문제들 때문에 괴로움에 시달리고 떨쳐내기 어려움
- 항상 조마조마하고 경계심을 느끼면서 쉽게 놀람
- 다른 사람들의 외상 경험이 본인의 일 같다는 느낌
- 지쳐서 탈진될 정도임. 압도당함
- 술이나 약물 사용이 늘어남
- 냉소적임. 다른 사람들과 단절되고, 감정이 결여되고, 무관심해짐

---

(1) 조직 차원의 관리방안
<사전 단계>

- 재난 현장에서 반복적인 트라우마를 겪은 기자는 다양한 신체적·정신적 어려움을 경험할 수 있습니다. 이는 개인적인 대처나 능력의 문제가 아니며 언론사는 기자가 경험할 수 있는 심리적 어려움에 대해서 미리 준비하여야 합니다.
- 언론사는 재난보도 전문성을 높이는 교육 및 훈련 과정을 마련하여 재난에 대비하고 재난현장 취재에 필요한 안전장비를 충분히 지원해야 합니다.

---

10) 이정애. 앞의 글.

재난 안전 용품

- 물(식수용 및 위생용)
- 배터리 구동 또는 수동식 라디오
- 추가 배터리
- 방진 마스크 또는 방역용 마스크
- 물티슈, 쓰레기봉투, 비닐 타이
- 수동식 통조림 따개(식료품용)
- 소화기, 방수 용기에 든 성냥
- 휴대용 식기류
- 구급상자
- 식료(최소 3일치의 부패하지 않는 식품)
- 손전등
- 호루라기(도움 요청 시 신호용)
- 플라스틱 시트 및 덕트 테이프
- 렌치(전기, 가스, 수도 차단용)
- 1인용 침낭 또는 따뜻한 담요
- 여성용품 및 개인 위생 용품
- 지역 지도

※ 주기별로 필요 사항을 확인하고 유통기한이 지난 품목은 교체해야 합니다.

● 재난현장 취재로 발생하는 기자들의 트라우마를 예방하고 관리할 수 있는 지원체계를 갖추어야 합니다.

- 재난 트라우마의 이해와 관리를 위한 교육을 연 1회 이상 실시해야 합니다. 이는 관리자와 기자 모두에게 필요합니다.
- 사내 심리상담센터를 설립하거나 전문상담기관과 협약하여 직원들이 필요할 때 적절한 심리지원을 받을 수 있도록 합니다.
- 언론인의 심리적 위험에 즉각적으로 개입하기 위해서는 동료지원이 중요합니다. 언론사에서 동료지원을 위한 교육을 시행합니다.
- 상담 접근성을 높이기 위해 고충상담시스템 등의 공식 채널과 사내 게시판, 채팅방, 커피타임과 같은 비공식적인 채널을 다양하게 마련하는 방안을 생각해볼 수 있습니다.
- 경력 기자와 신입 기자를 멘토, 멘티 관계로 묶어 멘티가 트라우마의 위험이 있을 때 멘토가 격려 및 도움을 줄 수 있습니다.
* <트라우마 예방을 위한 재난보도 가이드라인> 28쪽 트라우마에 대한 유용한 자료 "호주 ABC, 영국 BBC, 로이터 통신의 동료지지 지원체계" 참고.

● 재난현장 투입 전 사전 평가, 면담 등을 통해 해당 기자가 현장 취재에 적절한 건강상태인지 검토하는 과정이 필요합니다. 기자의 과거 경험, 현재의 스트레스, 건강상태에 따라 특정 사건·시점에서 트라우마 위험도가 다를 수 있어 가능하면 이를 고려하여 업무 배치가 이루어져야 합니다. 이는 기자의 역량, 책임과 무관하며, 특정 사건 취재에 어려움을 느끼더라도 다른 유형의 사건 취재는 원활히 수행할 수 있습니다.

<취재 단계>
- 위험이 예상되는 재난현장을 취재할 때 기자를 단독으로 파견하는 일은 지양해야 합니다. 두 명 이상의 다수를 파견하여 서로의 안전에 주의를 기울이고 재난 상황에 대한 어려움을 의논할 수 있도록 합니다.
- 기자에게 취재에 대한 충분한 자율성을 부여하여 재난현장의 돌발적인 상황에 유연하게 적응할 수 있도록 합니다.
- 언론사와 데스크는 재난현장에서 취재하는 기자의 신체와 정신 건강상태를 지속적으로 확인하고 그에 맞는 조치를 해야 합니다.
- 한 명의 기자를 재난현장에 장기 파견하기보다 교대 근무를 통해 장기간 스트레스에 노출될 위험을 낮추는 것이 중요합니다.

<사후 단계>
- 언론사는 재난현장 취재 후 충분한 휴식을 보장해서 재난현장과 심리적 경계를 만들어 어려움 없이 일상업무로 복귀할 수 있도록 배려합니다.
- 재난현장 취재와 같은 강도 높은 업무를 수행한 기자에게는 적절한 보상, 업무 조정 등을 통해 스트레스를 관리할 수 있도록 지원합니다.
- 복귀 후에도 지속해서 심리적인 어려움을 호소하는 경우에는 정신건강 전문가의 도움을 받을 수 있도록 지원합니다.
- 재난보도 후 명예훼손 및 온라인 공격 등 기자에 대한 괴롭힘이 있을 수 있습니다. 언론사에서는 관련해 법률·행정적 지원을 할 수 있도록 합니다.

(2) 개인 차원의 관리방안
<사전 단계>
- 재난 트라우마 교육을 필수적으로 이수하여 재난현장의 특성을 이해하고 심리적인 대처방안을 숙지한 뒤 재난현장으로 갈 수 있도록 합니다.
- 재난 취재 전 충분한 수면과 휴식, 음식섭취, 운동과 같은 건강관리가 정신건강에도 도움을 줍니다.
- 재난현장에서 환경 변화로 인한 스트레스를 줄이고 빠르게 적응할 수 있도록 다음의 체크리스트를 활용합니다.

재난현장 파견 전 체크리스트

	분류	내용	✓	비고
1	건강	신체적 ☐ / 심리적 ☐ / 이상있음 증상 :	☐	
2	가족돌봄	가족 ☐ / 지인에게 출장기간, 연락방법을 알렸다. ☐	☐	
		보호가 필요한 가족 ☐ 반려동물 ☐ 돌봄 조치 ☐	☐	
3	물품준비	〈개인물품준비〉 의복 ☐. 세면도구·위생용품 ☐. 비상약품 ☐. 복용약물 ☐ 현금·카드 ☐. 신분증 ☐. 여가용품 ☐	☐	
4	일정조정	개인일정점검(교육, 모임, 행사, 병원진료 등)	☐	
5	환경점검	〈정기 서비스 점검〉 (신문, 우유, 택배, 우편 등 변경, 자동이체)	☐	
		집안일 정리 ☐. 쓰레기(음식물) 버리기 ☐	☐	
		가스 ☐. 전기 ☐. 냉난방기 ☐. 문단속(현관문, 창문) ☐. 점검	☐	
6	현장안전	보호구 교육 및 준비 ☐	☐	
		본인 및 동료 건강상태 확인 ☐	☐	
		숙소 ☐ / 이동수단 ☐ / 비상연락망 ☐	☐	

<취재 단계>

● 기자는 타인의 고통을 가까이에서 접하기 때문에 간접 트라우마를 겪게 됩니다. 그러나 본연의 역할에서 벗어나 재난 상황이나 대상에 지나치게 몰입하게 되면 기자 개인과 재난 사이의 경계가 무너지고, 이는 직무뿐 아니라 건강에도 영향을 미칠 수 있습니다.

● 재난 트라우마 현장에서 재난 당사자를 인터뷰하는 것은 기자에게 죄책감과 윤리적인 딜레마를 느끼게 할 수 있습니다. 이러한 상황에서는 재난 보도가 재난의 예방, 대비, 대응, 회복 과정의 핵심이며 사회적 책임을 지닌 중요한 역할이라는 점을 기억하는 것이 도움이 됩니다.

● 재난현장에서도 자기관리는 계속되어야 합니다. 재난현장에서도 평소 생활 패턴을 유지하기 위해 노력합니다. 현장 상황으로 인해 적절한 균형 유지가 어렵다면 수면 안대, 귀마개, 간편한 영양 보충식을 준비해 갈 수 있으며, 스트레칭과 같은 간단한 운동을 업무 중 틈틈이 시행합니다.

● 가족과 친구, 동료와 소통을 지속하세요. 신뢰할 수 있는 사람과의 소통은 사회적 연결감을 유지하여 힘든 감정을 극복하는 데 도움이 됩니다.

● 자신의 스트레스 반응에 주의를 기울이십시오. 재난현장과 같이 높은 스트레

스가 지속되는 환경에서는 스트레스 감소 기법을 통해 긴장을 완화시킬 수 있습니다. (<트라우마 예방을 위한 재난보도 가이드라인>의 스트레스 감소기법 26~27쪽 참고)

- 인터뷰 시 기자는 자신의 직업적·인간적 한계를 인식해야 합니다. 재난 당사자에게 기자의 역할과 업무 범위를 넘어서는 도움이 필요할 때에는 관련 담당자에게 도움을 요청합니다.

<사후 단계>

- 취재 직후에는 스트레스 반응을 정상적으로 경험할 수 있습니다. 자신의 신체와 정신건강상태를 계속해서 모니터링하며 건강한 대처를 통해 스트레스를 완화할 수 있도록 합니다.

> **스트레스 감소에 도움이 되는 일상 행동**
> - 근무시간을 합리적으로 조정하고 체력을 안배해야 합니다. 규칙적인 휴식 시간을 정하고 그 시간에 무엇을 할지 계획해 봅니다.
> - 창조적인 활동(글쓰기, 그림 그리기, 노래하기 등)을 통해 자신의 감정을 충분히 표현해 보도록 합니다.
> - 아주 사소한 일일지라도 하루 동안 성취한 일들의 목록을 만드는 일은 업무에서의 조절감을 확보할 수 있도록 도움을 줍니다.
> - 충분한 수면을 위해 수면 패턴을 일정하게 유지하고 스마트폰 사용을 자제합니다. 수면을 취하기 전 술이나 카페인을 섭취하지 않습니다.
> - 하루가 끝날 때 감사한 일의 목록을 적습니다. 감사한 일을 생각하는 것은 회복 탄력성을 강화시킵니다.

- 재난현장에서 복귀하고 3~4주가 지나도 심리적인 어려움이 나아지지 않거나 뒤늦게 심한 트라우마 반응이 나타나면 정신건강 전문가의 도움을 받도록 합니다.
- 재난보도 후 인터넷 댓글 등을 통해 기자의 신상 공개, 언어폭력, 위협 등의 문제로 인해 심리적 고통을 겪을 수 있습니다. 기자를 상대로 한 이러한 공격에 언론사는 법적 자문 등 대책을 마련해야 합니다. 기자 개인은 악성 댓글이 일부의 반응일 뿐 일반화할 수 없음을 인지하고 동료들과 이야기를 나누는 것도 좋습니다.

참고문헌

제2장

BBC 편집가이드라인(BBC Editorial Guidelines)

독일 예술저작권법(Kunsturhebergesetz, KUG)

법무부 훈령 <형사사건 공보 규정>

공수처 훈령 <사건공보 준칙>

언론중재위원회 <알면 유용한 언론분쟁 Q&A>

한국영상기자협회 <집회·시위 취재시 안전을 위한 유의 사항>

Al Jazeera: "Undercover in the UK Health System"

The Guardian: "Panama Papers Investigation"

BBC Panorama: "Undercover in the Food Industry"

한국영상기자협회 <윤리강령>

이창근, 기만적 취재 행위의 윤리적 문제에 대하여: 기자의 신분 위장과 몰래 촬영을 중
　　　심으로, <한국언론학보>, 제44-1호

영상기자협회 <소방헬기 안전을 위한 드론 취재 자제 요청>

<포토라인 운영준칙>

<2020 KBS 방송제작 가이드라인>

제3장

경찰청 <수갑 등 사용 지침>

법무부 훈령 제1437호 <형사사건의 공보에 관한 규정>

일본 TBS, 영상보도가이드라인

SBS <YouTube 영상 이용에 대한 가이드라인>

이윤녕, 공영방송의 책임감 있는 AI 사용, 핵심은 신뢰와 투명성에. <신문과방송>

제4장

<국가안보 위기 시 군 취재·보도 기준>

한국기자협회 <언론자유 제한하는 여권법, 개정 논의 시작하자>

한겨레 <[단독] 분쟁 지역 취재 싹 자른 외교부 제한…9년간 23명만 허가>

한국기자협회 등 언론 4기관 〈재난보도 준칙〉

포터와 릭카르티 〈취재기자를 위한 재난보도 매뉴얼〉 Walter H. Potter, Mario
　　　Ricardi, <Disaster Reporting Manual for Journalists>,

한국기자협회, 방송기자연합회, 한국과학기자협회 <감염병 보도준칙>

한국기자협회 <코로나19 보도준칙〉

SBS <위험지역 취재·제작 안전가이드>

한국기자협회, 보건복지부, 한국생명존중희망재단 <자살예방 보도준칙 4.0>

2024년 대검찰청 범죄 분석(개정판)

한국기자협회, 보건복지부, 중앙정신건강복지사업지원단 <정신건강 보도 권고기준>

제5장

KBS <콘텐츠 관리규정〉

한국영상기자협회 45개 회원사

KBS	MBC경남
MBC	춘천MBC
SBS	부산MBC
YTN	안동MBC
연합뉴스 TV	MBC강원영동
MBN	울산MBC
JTBC	전주MBC
OBS	제주MBC
아리랑TV	포항MBC
EBS	원주MBC
CBS	광주MBC
KNN	대전MBC
JTV	여수MBC
TJB	후지(FUJI)TV 서울지국
ubc	AP통신 서울지국
G1방송	TV동경 서울지국
KBC	TBS 서울지국
KCTV	로이터(Reuters)통신 서울지국
JIBS	NTV방송 서울지국
CJB	NHK 서울지국
대구MBC	ABCNEWS 서울지국
목포MBC	TV아사히 서울지국
MBC충북	

영상보도 가이드라인
2025 개정

개정4판 발행일 **2025년 9월 17일**

기획 **나준영**
연구 및 집필 **김병수 나준영 라웅비 박동혁 선상원 양재규 이승선 정상보**

펴낸이 **유윤선**
펴낸곳 **미디어Q**
출판등록 **2022년 8월 24일 제 2022-000165호**
주소 **서울 마포구 양화로 81 5층 532호**
전화 **070-4800-5004**
전자우편 operation@audiopub.kr
ISBN **979-11-7425-494-8 (93070)**

한국영상기자협회
07995 서울특별시 양천구 목동동로 233 한국방송회관 15층
TEL **02-3219-6476**
FAX **02-3219-6478**
E-MAIL kvja6476@gmail.com
www.tvnews.or.kr

이 책은 삼성언론재단의 연구모임 출판지원을 받아 출간되었습니다.